Übergänge

KIRCHE IM AUFBRUCH
Reformprozess der EKD

Herausgegeben vom Kirchenamt der EKD
Band 9

Übergänge

Predigt zwischen Kultur und Glauben

Im Auftrag des
Zentrums für evangelische Predigtkultur

herausgegeben
von Kathrin Oxen und Dietrich Sagert

 EVANGELISCHE VERLAGSANSTALT
Leipzig

Bibliographische Information der Deutschen Nationalbibliothek
Die Deutsche Nationalbibliothek verzeichnet diese Publikation in der
Deutschen Nationalbibliographie; detaillierte bibliographische Daten
sind im Internet über http://dnb.dnb.de abrufbar.

© 2013 by Evangelische Verlagsanstalt GmbH · Leipzig
Printed in Germany · H 7694

Das Buch wurde auf alterungsbeständigem Papier gedruckt.

Umschlagfoto: Übergang © Christian Melms
Gesamtgestaltung: Kai-Michael Gustmann, Leipzig
Druck und Binden: Druckhaus Köthen GmbH

ISBN 978-3-374-03329-4
www.eva-leipzig.de

Geleitwort

Nur was man selbst verstanden hat, kann man weitergeben.
Man kann nur über etwas sprechen, das einen bewohnt.

(Frère Roger)

„Übergänge" heißt der dritte Band, in dem wir Einsichten und Erfahrungen aus unserer Arbeit im Zentrum für evangelische Predigtkultur zusammengestellt haben. Ein wesentliches Merkmal unserer Arbeit als eines der vier Reformzentren der EKD ist es, eine Grundhaltung der Veränderungsbereitschaft und Freude an der Weiterentwicklung auch auf die Predigtaufgabe zu übertragen.

Immer wieder suchen wir nach Anregungen und Impulsen, die geeignet sind, Predigerinnen und Prediger aus der Einsiedelei der Predigtvorbereitung am Schreibtisch zu lösen und ihnen Mut zu neuen, noch nicht begangenen Pfaden in der Auslegung biblischer Texte zu machen. Dabei geht es vielen Predigtmenschen offenbar so ähnlich wie Exemplaren der Gattung *pagurus bernhardus*, auch Einsiedlerkrebse genannt. Diese Tiere sind auf ein schützendes Schneckenhaus für ihren weichhäutigen Hinterleib angewiesen und bis in den Körperbau hinein an dieses angepasst. Erst die Lösung aus dem bekannten Gehäuse ermöglicht ihnen das Wachstum. Eine Zeit der Unbehaustheit und Ausgesetztheit ist dabei aber nicht zu umgehen, sie ist ein Merkmal wohl aller Übergangsprozesse.

Wir bemerken diese besondere Empfindsamkeit auch bei der Arbeit an Text und Performanz der eigenen Predigt. Predigten und ihre Verfasser sind als Spezies, so lässt sich nach unserer bisherigen Erfahrung sagen, keine besonders robusten Objekte für die Etablierung einer Feedbackkultur. Schnell ziehen sich die Autoren von Predigten wieder in das

5

Gehäuse des Unzweifelhaften und Erwartbaren zurück, um nicht eigene Berührbarkeit und Durchlässigkeit zeigen zu müssen. Was Predigerinnen und Prediger bewohnt, was sie selbst anrührt, begeistert und inspiriert, bekommen wir in Stadien der Lösung vom allzu Bekannten und Vertrauten zu Gesicht. Das Hervorlocken dieser Erfahrung ist eine methodische Grundlegung unserer Arbeit im Zentrum für Predigtkultur.

Die vielfältigen Beiträge in diesem Band zeigen unser Bemühen um unterschiedliche Zugänge zur Predigt und die Suche nach Inspiration außerhalb des kirchlich-theologischen Diskurses. Unsere eigene Gedanken- und Sprachwelt kann ein Schneckenhaus sein, in dem wir in perfekter Anpassung leben. Andere Gedankenwelten locken uns heraus, bisweilen zerren sie regelrecht an uns. Exemplarisch dafür stehen die Zugänge zum immer wieder herausfordernden Begriff der Säkularisierung in diesem Band. Einen Blick in die weite homiletische Welt hat uns besonders die Tagung der Societas Homiletica in Wittenberg gewährt. Den Dialog mit Künsten und Kulturwissenschaft suchen wir ebenso wie das konkrete Experiment an neuen Sprachformen für die Predigt, wie es am Beispiel des Phänomens „Predigt-Slam" sichtbar wird.

Ich danke allen, die sich aus den Schneckenhäusern ihrer jeweiligen Fachgebiete herausgewagt, ihre Erfahrungen mit uns geteilt und für den Abdruck in diesem Band zur Verfügung gestellt haben. Für die Zusammenstellung der vielen ganz unterschiedlichen – und einander doch überraschenderweise immer wieder berührenden – Texte zu einem Buch danke ich meinem Kollegen Dr. Dietrich Sagert sehr herzlich.

Übergänge sind Phasen des Wachstums, der Erneuerung und der Lebendigkeit. Man weiß, dass der *pagurus bern-*

hardus im Stadium der Unbehaustheit durch seine weiche Haut sogar Atem holen kann. Diese unverhoffte Zufuhr an Inspiration wünsche ich allen Leserinnen und Lesern dieses Bandes.

Kathrin Oxen
August 2013

Inhalt

Einführung

Übergänge – Predigt zwischen Kultur und Glauben

ἐγώ εἰμι ἡ ὁδὸς καὶ ἡ ἀλήθεια καὶ ἡ ζωή
„Ich bin der Weg und die Wahrheit und das Leben."

Gedanken wandern. Sie verändern sich. Sie verlassen ihre knöchernen Gehäuse, verstecken sich und tauchen in unerwarteter Gestalt wieder auf. Dies lässt sich derzeit besonders an religiösen Gedanken, Vorstellungen und Themen beobachten. Kürzlich noch konnte man von ihrem Verschwinden hören, nun kehren sie zurück in Kunstprojekten, philosophischen Diskursen und Literatur, auch in bizarren Zusammenhängen. Philosophie, Literatur-, Kunst- und Kulturwissenschaften forschen in religiösen und theologischen Themenfeldern. Sie kommen zu aufregenden Ergebnissen, die inspirierend auf kirchliche und theologische Diskussionen zurückwirken, deren Begrenzungen nicht nur erweitern, sondern ureigene schöpferische Potenziale (re)aktivieren können. Wenn Gedanken auf diese Weise wandern, bewegen sie sich aus ihrem angestammten Territorium, suchen sich neue Unterkünfte und kehren wieder zurück. Sie schaffen Übergänge auf zweierlei Art und Weise: Sie gehen über von einem Ort in einen anderen und sie verändern sich dabei selbst, verformen sich, gehen in einen neuen Zustand über. Sie gestalten Bewegungen des Denkens, die einer festlegenden, einordnenden und Wissen lediglich verwaltenden Herangehensweise entgehen. Diese kann nur konstatieren, was zurückbleibt und zu den Akten nehmen. Wenn aber Gedanken überhaupt irgendwo sind, dann sind sie am ehesten in Übergängen, im Zwischen, dort, wo das Geländer zu Ende ist. Dort verlieren Gedanken vorübergehend ihre Form, sie werden formlos[1] und verändern sich, transformieren.

Was passiert mit den Gedanken, wenn sie sich auf den Weg machen, auf Wanderschaft gehen? Was, wenn sie sich verstecken, verschwinden, anderen, fremden Gedanken begegnen?

Walter Benjamin hat für derartige Übergänge die französische Übersetzung des deutschen Wortes ins Spiel gebracht: Passagen. Passagen sind Zwischenräume, Räume des Übergangs, „Denkmäler eines nicht mehr Seins" (D°, 4). Für Benjamin sind Passagen konkrete Orte, die er genau beschrieb. Sie sind also Realfiguren. Sprichwörtlich für die Passagen in Benjamins Werk ist sein unvollendetes „Passagen-Werk" (Frankfurt a.M. 1983).

Diese überbordende Materialsammlung dokumentiert alles, was Benjamin vor allem über die Passagen von Paris finden konnte. Eine Passage ist demnach eine „Straße, die sich durch Häuser zieht" (A°, 1). Passagen stellen Verhältnisse zu anderen Gebäuden her; aber eben nicht nur durch Türen oder andere für Verbindungen zuständige Einrichtungen. Passagen bahnen sich andere Wege, ziehen durch Häuser hindurch als Straße. Auf diese Weise entstehen Verbindungen im Modus der Unähnlichkeit: „Passage und Bahnhof: ja / Passage und Kirche: ja / Kirche und Bahnhof: Marseille /" (A°, 14).

Passagen sind bei Walter Benjamin aber auch Gedankenfiguren. Er dokumentiert nicht nur, er reflektiert zugleich die Art des sich beim Dokumentieren vollziehenden Denkens, die Einbildungskraft/*imagination*. Die denkerische Kraft,

---

[1] Zu einer theologischen Grundierung vgl. Jacob Taubes, Zur Rechtfertigung des Häßlichen in urchristlicher Tradition, in: Vom Kult zur Kultur, München 2007, 114–134 und Hans Blumenberg, Jacob Taubes, Briefwechsel, Frankfurt a.M. 2013, 141–146.

die in den Passagen arbeitet, nennt Benjamin Dialektik: „Die Dialektik durchwühlt sie, revolutioniert sie, sie wälzt das Oberste zuunterst" (D°, 4).

> „Es gibt eine völlig einzigartige Erfahrung der Dialektik. Die zwingende, die drastische Erfahrung, die alles ‚Allgemach' des Werdens widerlegt und alle scheinbare ‚Entwicklung' als eminent durchkomponierten dialektischen Umschlag erweist, ist das Erwachen aus dem Traum. [...] Und somit präsentieren wir die neue, die dialektische Methode der Historik: mit der Intensität eines Traumes das Gewesene durchzumachen, um die Gegenwart als die Wachwelt zu erfahren, auf die der Traum sich bezieht!" (F°, 6).

Für beide Ebenen der Figur Passage heißt das: „Passagen: Häuser, Gänge, die keine Außenseite haben. Wie der Traum" (F°, 9). Die Dialektik der Passage, des Überganges, die Benjamin hier skizziert, ist eine Dialektik der Öffnung und des Umschlages, sie entspricht nur bedingt der philosophischen Dialektik von These, Antithese, Synthese, wie wir sie aus der Philosophiegeschichte kennen. Auch Hegels Figur der Dialektik bildet nur eine Vorlage. Sie ist durch die Begriffe „Position", „Negation" und „doppelte Negation" beschrieben. Was in diesem Denkvorgang passiert, ist das „Aufheben" eines Gedankens auf eine höhere Ebene. Im herkömmlichen Sinne zumindest ist Dialektik eine Art Denkmechanik, mit der Argumente durch ihre Gegenargumente geprüft und dann zusammengefasst, also gegeneinander ausgeglichen werden und sich so weiterentwickeln. Ob diese allgemeine Praxis der Dialektik der Hegelschen Komplexität entspricht, sei dahingestellt. Deutlich ist jedoch sofort, dass die Dialektik der Passage auf Anhieb weniger nach abwägendem Argumentieren, sondern nach Erfahrung und Emotion klingt: Sie durchwühlt, revolutioniert und schlägt in etwas anderes um. Diese Dialektik ist nicht der Ausgleich zweier Formen, die als solche unterschieden bestehen, sich ineinander auflösen, um sich weiterzuentwickeln. Sie betont einen Moment der Formlosigkeit. Wie kann eine derartige Dialektik genauer beschrieben werden? Welche Merkmale könnte das Denken einer Passage, eines Überganges haben?

Im Anschluss an ein anderes „Passagen Werk" der künstlerischen Avantgarde hat der Philosoph und Kunsthistoriker Georges Didi-Huberman die Typologie einer solchen Dialektik entwickelt. Sie entstand sowohl im Kontakt als auch im Kontrast zu der Hegels[2] und beobachtet gerade die Momente der Formlosigkeit und der daraus folgenden Transformation des Denkens und der Erkenntnis (vgl. Georges Didi-Huberman, Formlose Ähnlichkeit oder die Fröhliche Wissenschaft des Visuellen nach Georges Bataille, München 2010, 209–357). Die Isolierung seiner Topologie einer Dialektik des Überganges aus ihrem künstlerischen Kontext und ihre Übertragung auf den Kontext der Predigt im Übergang zwischen Kultur und Glauben erlauben es, die schöpferischen Möglichkeiten eines In-Bewegung-Setzens des Denkens genauer in den Blick zu nehmen, zu denken und zu beschreiben. Hierin wird deutlich, dass Predigt, soll sie im Übergang zwischen Kultur und Glauben gedacht und praktiziert werden, nicht einfach stehenbleiben kann als eine wie auch immer zu beschrei-

---

2 Hinter den hier übernommenen Denkfiguren steht eine komplexe philosophische Auseinandersetzung, die mit der Hegelrezeption in Frankreich zu Beginn des letzten Jahrhunderts zusammenhängt. Sie verlief parallel zu künstlerischen Denkentwürfen der Avantgarden in Kino, Malerei und bildender Kunst. Einen guten Überblick über den philosophischen Hintergrund, der seine Auswirkungen auch auf die deutsche Philosophie hatte, erhält man neben der angegebenen Literatur in Rüdiger Safranski, Ein Meister aus Deutschland. Heidegger und seine Zeit, Frankfurt a. M. 2006, 382–384 und in Rita Bischof, Tragisches Lachen. Die Geschichte von Acéphale, Berlin 2010, 261–296.

bende feste Größe, sondern sich einer Transformation aussetzen muss, bei der sie sich verändert – wie Gedanken eben. Bildet Predigt Gedankengänge zwischen Kultur und Glauben ab oder bringt sie sie zum Ausdruck, wird Predigt in Denken, Sprache, Tonfall und Geste vielleicht Spuren, Abdrücke, Verschmutzungen, Verletzungen, Wunden, vielleicht Narben dieses Überganges an sich tragen. Eine Dialektik des Überganges, soviel ist schon nach Walter Benjamin deutlich, ist keine Dialektik eines antiseptischen reinen Geistes, sie formt, verformt, geht ins Fleisch: Sie ist inkarnativ.

Eine Dialektik des Überganges ist zunächst (1) eine „häretische Dialektik" und dies in doppelter Hinsicht. Zuerst ist sie häretisch in Bezug auf die hegelianische philosophische Figur der Dialektik. Sie nimmt die begriffliche Form Hegels nicht als Axiom des Denkens und führt darin eine Denkoperation durch, sondern entführt diese Form und verschiebt ihren Gebrauch. Sie experimentiert mit ihr, mit der Absicht, etwas Neues herauszubekommen, etwas, das man vorher noch nicht wusste. Häretische Dialektik verwendet die dialektische Denkfigur also nicht axiomatisch, sondern heuristisch (a. a. O., 212). Sie tut dies in einem konkreten Bereich, dem Visuellen, den wir in unserem Zusammenhang auf den Bereich der Predigt übertragen, bzw. das aus dem visuellen Bereich herausnehmen, was für das Denken der Predigt im Übergang zwischen Kultur und Glauben übertragbar ist. Georges Didi-Huberman geht in seiner Topologie dem künstlerischen Denken zu Beginn des 20. Jahrhunderts auf die Spur. Er nimmt die ästhetischen Äußerungen und die damit verbundenen Denkbewegungen als solche ernst und stellt sie in philosophische Zusammenhänge bzw. arbeitet diejenigen heraus, die in ihnen versteckt sind. Er sucht neue Begriffe für neue Erfahrungen. Die Kunst der sogenannten Avantgarde macht sichtbar, was vorher nicht zu sehen war. Didi-Huberman macht somit denkbar, was vorher nicht denkbar war, sei es, weil es tabu war, sei es, weil es auf neuen Erkenntnissen und Erfahrungen fußt. Ebendeshalb bietet es sich als Instrumentarium für ein Denken von Übergängen zwischen Kultur und Glauben an, das in Predigten sich einen Ausdruck sucht. Hier kommt die zweite Bedeutung von „häretisch" in der „häretischen Dialektik" ins Spiel und knüpft an seine klassische theologische Bedeutung an. Wenn die „häretische Dialektik" als Dialektik in Übergängen die Aufgabe hat, Gedanken nicht nur in Bewegung zu bringen, sondern „in ihrem eigenen *In-Bewegung-Setzen* lebendig zu *halten*", erfindet sie im Vollzug „eine Operation, die es ermöglicht, in jedem ‚Dokument' des Realen die Realität sowohl zu *dementieren* als auch ‚verrückt', vielförmig, aktiv und schöpferisch wuchern zu lassen" (a. a. O., 222). Für den Bereich der Predigt bedeutet das, auch überlieferte theologische Gedanken-„Dokumente" nicht nur in neue Erfahrungshorizonte zu stellen, sondern auch neu zu denken, sie in konkreten Situationen als offene Fragen zu betrachten.

Weiterhin (2) ist die Dialektik der Passage eine „negative Dialektik", die unablässig der Frage nachgeht, wie man die Philosophie und in unserem Zusammenhang die Theologie öffnen kann. Darin ähnelt sie der negativen Theologie. Die „negative Dialektik" stützt sich nicht auf vorgefundene Begriffe. Sie geht lediglich von ihnen aus, nimmt sie zum Ausgangspunkt und lässt sie hinter sich: „Wie nirgendwo sonst werden hier Begriffe immer wieder verschoben, *neu konfiguriert* und derart intensiv betrachtet, dass sie dadurch ihren ursprünglichen Bereich *überschreiten*" (a. a. O., 228). So geht es zum Beispiel darum, einen Begriff nicht nur aufzuheben, sondern ihn zu zersetzen. Das bedeutet nicht, ihn zu zerstören, aber ihn jeglicher Form zu entkleiden und lediglich die Spuren seiner Herkunft zu wahren. Das „aber nur in der Absicht, seine Problematik selbst noch lebendiger zu *erhalten*" (a. a. O., 230). „Negative Dialektik" betont also den experimentellen Prozess des Denkens selbst und nicht sein Ergebnis, darin ist sie rückhaltlos, ohne Geländer und setzt sich selbst einem Übergang aus.

Außerdem (3) ist die Dialektik des Überganges eine „regressive Dialektik". In ihrem Zentrum steht das Entwerfen: „Der Entwurf zeigt einen Moment der *Formierung* an, ein In-Bewegung-Setzen". Die Form ist noch nicht da, sie wird erfunden. Die „regressive Dialektik" rückt das Denken „in die Nähe des *Spiels*". Und dies in allen Facetten des Wortes, den Zufall und den Unfall inbegriffen. Das Adjektiv „regressiv" ist mit Absicht zweideutig und psychologisch unromantisch gewählt, es meint auch das, was am Kinderspiel nervt, grausam ist und rücksichtslos. Es ist „der unmittelbarste, der niedrigste: der *kindlichste*" Sinn von Spiel gemeint (a. a. O., 244), bei dem sich Formen erst ausbilden, zufällig oder als Unfall entstehen.

Nicht weit entfernt vom regressiven Aspekt der Dialektik des Überganges folgt ein weiterer (4), die „alterierende Dialektik". Das Wort „alterierend" fasst zwei französische Worte zusammen: *altération*, also Bewegung, Wachsen, Veränderung und *altérité*, die Andersheit. Die „alterierende Dialektik" fragt nach dem Ursprung, nach dem Anfang, wie also aus einem vorhandenen Gedanken ein neuer entsteht, inklusive eines Moments der Ablösung – aber eben nicht Vernichtung; und sie fragt nach dem Anderen, was dadurch entsteht, nach dem anderem Zustand. Es entspricht der Art und Weise, in der Kinder Wände bemalen, oder der Beunruhigung des Lachens und ist angeregt von Rudolf Ottos Doppeldeutigkeit des Heiligen als *fascinosum* und *tremendum* (vgl. a. a. O., 264). Die „alterierende Dialektik" ist eine direkte Parallelbildung zu Walter Benjamins „dialektische[m] Bild":

„Ursprung, wiewohl durchaus historische Kategorie, hat mit Entstehung dennoch nichts gemein. Im Ursprung wird kein Werden des Entsprungenen, vielmehr dem Werden und Vergehen Entspringendes gemeint. Der Ursprung steht im Fluss des Werdens als Strudel und reißt in seine Rhythmik das Entstehungsmaterial hinein" (Walter Benjamin, Ursprung des deutschen Trauerspiels, zitiert a. a. O., 273). Der Übergang eines Gedankens zu einem anderen „alteriert" ihn, setzt ihn einem Strudel der Veränderung aus, der Begegnung eines anderen Gedankens, der zerstörend und faszinierend zugleich ist.

Ebenso dicht dran an den beiden vorigen Aspekten der Dialektik des Überganges, das Entwerfen weiter ausdifferenzierend, steht (5) die „verworrene Dialektik". Sie bezeichnet die Verwirrung der Verschiedenheiten, Abweichungen und Abstände, die in Übergängen passieren. Wie berühren sich die Abweichungen und Abstände von Gedanken in Bewegungs- und Veränderungs-, also Übergangssituationen? Sie werden selbst labil, verschwommen, Grenzen werden unscharf. Berührung wird klebrig oder gar infektiös, schließt monströse Gedanken nicht aus, überlagert wahr und falsch. Sie ist übergriffig. Die Berührung selbst schafft neue Abweichungen, Verformungen, „missbildende Aufpfropfungen" (a. a. O., 298), eben ein Gewirr. Es geht nicht um die Klassifikation von Unterschieden oder Gegensätzen, sondern um verwirrende Entstellungen selbst. Die „verworrene Dialektik" nimmt denkerisch die Situationen als Übergänge ernst, in denen die thematischen Fäden verlorengehen, in denen das Unbehagen darüber liegt, dass man nichts versteht und nicht weiterweiß.

Ein weiterer (6), ebenso naheliegender Aspekt der Dialektik der Passage ist die „konkrete Dialektik". Bei den erwähnten Facetten des in Bewegung gesetzten Denkens, die gewöhnlich eher aus dem Denken ausgeschlossen werden, bleibt eine Dialektik des Überganges aber eine „konkrete Dialektik". Sie hält und erhält die Spuren ihrer Herkünfte und ihrer Formen konkret im Blick. Sie sucht nach ihrer Intensivierung. Hierin ist die „konkrete Dialektik" der Montage im Film ähnlich. Sie steigert die Intensität der Einzelbilder durch die Gegenüberstellung mit anderen, fremden Bildern und deren Formen der Unähnlichkeit. Die „konkrete Dialektik" bildet einen Kontrapunkt zur regressiven, alterierenden und verworrenen Dialektik, die der Gestus der Dekomposition eint. „Konkrete Dialektik" montiert die zerstückelten, verschobenen, überlagerten Gedankensplitter gegeneinander. Analog zur Seherfahrung montierter Bilder schaffen montierte Gedanken auch Gegensätze und Konflikte, so dass die „konkrete Dialektik" zu einer „Funktionsweise voller Intensität oder Spannung" führt (a. a. O., 294) und diese Konflikte und Spannungen nicht auflöst, sondern markiert und schöpferisch werden lässt. Verallgemeinert bezeichnet das hier beschriebene dialektische Verfahren eine „Dialektik von Attraktion und Konflikt" und ist in ihrer Entstehung „auf die Filmmontage zugeschnitten, könnte gleichzeitig aber auch leicht auf jegliche Produktion von Zeichen, Formen, Gesten oder Darstellungen übertragen werden", ja auf jede Kommunikation. In diesem Sinne ist Kommunikation eine Kommunikation durch Zusammenstöße (a. a. O., 301).

Eine „heuristische Überfülle, die blitzhaft erhellen, gleichzeitig aber auch verwirren kann" (a. a. O., 297), ergibt sich aus dem unablässigen In-Bewegung-Setzen und In-Bewegung-Halten der Denkfiguren in Übergängen, eine Kulmination aus „Irritation und Verführung" (a. a. O., 303): Sie führt (7) zu einer „ekstatischen Dialektik". Diese dreht sich um Begehren und Grausamkeit. Sie entspricht dem Moment des Erwachens in Walter Benjamins o. g. Bild der Dialektik der Passage,

21

jenem „Sprung, in der Bewegung des Erwachens" und meint nicht nur die Gedanken selbst, sondern auch das denkende Subjekt, das „im Angesicht des Unmöglichen" seinem Kopf entkommt wie einem Gefängnis (a. a. O., 311 ff.).

Schließlich (8) kommt der heikelste Schritt, der die dialektische Bewegung zu einem Abschluss bringt, ohne sie abzuschließen, also ohne Synthese, ohne Totalität, um auf die klassische Version von Dialektik zurückzukommen. Es ist die „symptomale Dialektik". Zunächst drückt sie die Unmöglichkeit einer Synthese aus und meint selbst einen Übergang, das Ungewöhnliche oder Anormale, was jeder Kommunikation eigen ist. Immer bleibt ein kleiner Moment von Missverständnis, ein kleiner Makel, ein letztes Unvermögen, ein Symptom des Seins selbst, der Tod. Es bleibt ein Rest des Formlosen, des Niedrigen bei der Herausbildung jeder Form. An dieser Stelle tritt das Denken ins Leben selbst ein, es bleibt ein Ungenügen des denkenden Subjektes, es ist unvollendet. In diesem Sinne bleibt auch die religiöse Erfahrung symptomal, es bleibt ein Moment des Lachens und des Nichtwissens. „Das Nichtwissen öffnet, aber was es öffnet, ist eine ‚Wunde', eine Wunde im Objekt des Wissens, eine Wunde im Subjekt des Wissens, eine verallgemeinerte Wunde, die bewirkt, dass das Wissen sich selbst öffnet, sich spaltet, sich verschwendet." (A. a. O., 344)

Warum diese merkwürdigen, schwierig zu beschreibenden Denkbewegungen der Dialektik der Übergänge? Es geht um die ständige Unterscheidung von Erfahrungen, die in Begriffen geronnen sind, eben solcher wie Übergang und Dialektik. Geradezu automatisch werden Erfahrungen mit Begriffen wie idealistisch, ontologisch, metaphysisch oder positivistisch verbunden, nur scheinbar verstanden und eingeordnet. Im Zusammenhang von Dialektik geschieht dies meist als Vereinheitlichung, Synthese oder Totalität.

Das Denken von Übergängen fordert etwas anderes. Es geht um die Offenheit der Denkbewegung selbst. Sie zielt nicht auf ein Ergebnis, sondern nimmt es allerhöchstens in Kauf, sie sucht keine Synthese, sondern setzt zusammen und kann wieder auflösen, sie verweigert sich jeglicher übergeordneten Einheit, die man nur überwinden kann, um sie dann zu einer neuen Einheit zu subsumieren und somit zu kontrollieren, zu normieren und festzustellen. Der Ausweg ist ein experimentelles Denken, das die gewohnten Bahnen vermeidet, nur hin und wieder kreuzt. Entsprechende Denkmodelle sind in nichttheologischen Bereichen entworfen worden; in unserem Falle kommen sie aus dem künstlerischen Bereich. Oft waren christliche Begriffe für Künstler und Denker geradezu beispielhaft für abgeschlossenes, ja repressives Denken, von dem es sich zu befreien galt. Gelegentlich barg es allerdings Erinnerungen, die man freisetzen konnte, an deren poetischen Glanz sich anknüpfen ließ, oder die man sprengen konnte, entgrenzen und somit befreien für neue Erfahrungen, die auf diese Weise in Kontakt treten konnten mit alten, in Begriffen vertrockneten. Das eröffnet unerwartete Denkmöglichkeiten für diese Begriffe selbst. Ganz im Sinne des Auswanderns von Gedanken, die unterwegs mit anderen, fremden Erfahrungen aufgeladen werden und verändert wieder auftauchen. Derartige Transformationsprozesse des Denkens sind Übergänge.

Übergänge im Sinne von Passagen lassen sich also mit Georges Didi-Huberman in achtfachem Sinne als dialektische Gedankengänge beschreiben. Im Bezug auf unser Thema vollziehen sie sich als Denkbewegungen zwischen Kultur und Glauben, stellen Verbindungen her, testen diese, fragen und lassen sich fragen, vermischen sich, lösen sich auf, stoßen sich ab ...

Im Zusammenhang der Arbeit des Zentrums für evangelische Predigtkultur suchen sie in einem ständigen Hin und Her ihren Ausdruck in dem, was wir Predigt zu nennen gewohnt sind. Soll Predigt als Übergang gedacht werden, müsste die beschriebene Art von Dialektik konkret auf ihre Denkweise übertragen werden und die diesem Denken entsprechende sprachlich-performative Ausdrucksformen finden können.

Was würde passieren, wenn z. B. die Geschichte vom zwölfjährigen Jesus im Tempel als Erzählung einer „regressiven Dialektik" gelesen würde? Oder die Überlieferung des Abendmahls im Sinne der „ekstatischen Dialektik" gedeutet? Oder die Geschichte der Marter Jesu als „verworrene Dialektik" und die der Kreuzigung als „alterierende Dialektik", die Heilungen als „konkrete Dialektik", die Thomasgeschichte als „symptomal"? Was hieße es, klassische theologische Topoi im entsprechenden Sinne „aufgeschlossen" zu denken?

Biblische Geschichten und Theologie im Sinne einer hausgemachten Dialektik zu lesen und damit ihren Horizont und ihre oft dramatische Darstellungsweise entsetzlich zu verkleinern, ist weitverbreitete Praxis. Ihr ist nur mit Mühe zu entkommen.

Im Sinne der Erneuerung der Predigtkultur und der Förderung der Lust an der Predigt unternimmt das Zentrum für evangelische Predigtkultur verschiedene Suchbewegungen in diesem Feld der Übergänge und experimentiert mit Formen und Denkungsarten, die in diese Richtung weisen. Darüber gibt der vorliegende dritte Band des Zentrums für evangelische Predigtkultur Auskunft und beschreibt in unterschiedlichen Formen Erfahrungen aus seinem Programm des Jahres 2012. Die Lesenden dieses Buches sind eingeladen, selbst Übergänge zu riskieren, neue Straßen durch ihre gewohnten Denk- und Praxishäuser zu ziehen, Gänge, die keine Außenseite haben, wie Träume.

Es ist nicht ausgeschlossen, dass so manche überkommene homiletische Praxis plötzlich als ein Denkmal ihres eigenen Nicht-mehr-Seins zurückbleibt. Predigerinnen und Prediger in unseren Kirchen würden es wagen zu predigen, als entstünden ihre Predigten während sie predigen. Die Zuhörenden könnten daran teilhaben und somit selbst die „Übergänglichkeit" dessen zu entdecken, was sie glauben. Das klänge dann österlich und jubilatorisch.

Homiletisches Fachgespräch I

Das homiletische Fachgespräch dient zuerst der Vernetzung der Homiletik-Lehrenden der unterschiedlichen Ebenen der universitären und kirchlichen Aus-, Fort- und Weiterbildung. Zudem bietet das Programm dieser Tagung von eineinhalb Tagen Dauer einen Impuls aus einem nichttheologischen, aber für einen Übergang ins Homiletische geeigneten Feld und einen Bericht aus der homiletischen Praxis. Im Jahr 2012 war das Thema des Impulses: „Kapitalismus und Religion"; der Theologe und freie Journalist Christoph Fleischmann stellte seine Studien auf diesem Gebiet zur Diskussion. In kleinen Gruppen wurde sich anschließend darüber ausgetauscht, inwiefern begriffliche Verschiebungen (von Credo zum Kredit) homiletisch von Bedeutung sind. Wie „normale" Menschen an Predigten mitwirken können, und zwar als Experten, zeigt das Projekt „Lebensexperten", an dem Thomas Hirsch-Hüffel und das Gottesdienstinstitut der Nordkirche in Hamburg arbeiten.

Christoph Fleischmann

Kapitalismus und Religion

Über die Wandlung religiöser Begriffe in der frühen Neuzeit

1. Die sprachliche Nähe von Religion und Wirtschaft als Indiz

Auf die Nähe von religiösen Begriffen und solchen aus dem Wirtschaftsleben ist schon oft hingewiesen worden: Im Credo bekennt der Gläubige seinen Glauben – und im Kredit drückt sich das Vertrauen des Gläubigers in die Rückzahlungsfähigkeit seines Schuldners aus. Dabei sind die Schuld bzw. die Schulden in beiden Bereichen unterschiedlich verteilt: Der Gläubige sieht die Schuld auf seiner Seite, während der Gläubiger einen anderen Menschen zum Schuldner macht. In beiden Sphären gibt es die Hoffnung auf Erlösung bzw. Erlös – aber wiederum mit markanten Unterschieden: Der Gläubiger erhofft sich durch die Schulden des Anderen, die verzinst zu ihm zurückfließen, einen Erlös, aber der schuldbeladene Gläubige sucht Erlösung von seiner Schuld, die er nicht zurückzahlen kann. Die Offenbarung und der Offenbarungseid bringen vielleicht beide zum Vorschein, was sonst nicht offenkundig ist, aber auch sie trennt einiges: Die Offenbarung Gottes offenbart den ganz Anderen, der Offenbarungseid die eigenen Schulden und Vermögen. Am ehesten kann man noch bei der Messe eine recht bruchlose Parallelität sehen: der Ort der Wandlung und des Warenumschlages, also der Wandlung von Geld in Ware. Wobei das Homonym Messe wohl auf den schlichten Umstand zurückzuführen ist, dass die ersten Märkte in Europa bei Kirchen und zeitlich nach der Messe stattfanden, so dass der Begriff der Messe von einem Geschehen auf das andere wandern konnte.

Schon die Tatsache, dass bei den meisten Begriffen, die in beiden Sphären vorkommen, keine Bedeutungsparallelität zu beobachten ist, sollte denen eine Warnung sein, die von einer „Strukturhomologie" von Religion und Wirtschaft, bzw. Wirtschaftstheorie reden.[1]

Vielmehr legt bereits diese oberflächliche Betrachtung der Worte den Verdacht nahe, dass es zu semantischen Verschiebungen oder gar einer Umwertung von Begriffen gekommen ist, als die Begriffe von dem einen in den anderen Bereich gewandert sind. Dabei bleibt es natürlich signifikant, dass die – in der Regel – älteren religiösen Begriffe sich offensichtlich für den wirtschaftlichen Bereich angeboten haben oder zumindest von diesem Bereich angezogen wurden. Aber auch die in den letzten Jahren wieder vermehrt diskutierte These von Walter Benjamin, wonach der „Kapitalismus als Religion" zu verstehen sei, geht ja keineswegs nur von Parallelen zwischen Religion und Kapitalismus aus, sondern betont gerade die Eigenheit der Kapitalismus-Religion gegenüber den herkömmlichen Religionen:[2]

---

1 So z. B. Jochen Hörisch, Man muss dran glauben. Die Theologie der Märkte, München 2013, 49 u. ö.; ähnlich methodisch problematische Parallelisierungen zwischen Christentum und Geldwirtschaft bei Christina von Braun, Der Preis des Geldes. Eine Kulturgeschichte, Berlin 2012; vgl. dazu meine Auseinandersetzung: Die Geschichte(n) des Geldes. Über Sinn und Grenzen der Historie für die Wirtschaft, in: Zeitzeichen 7/2012, 18–20.

2 Walter Benjamin, Kapitalismus als Religion, in: Ders., Gesammelte Schriften. Band VI, hrsg. v. Rolf Tiedemann und Hermann Schweppenhäuser, Frankfurt a. M. 1985, 100–103; zur Diskussion besonders der Sammelband von Dirk Baecker (Hrsg.), Kapitalismus als Religion, Berlin 2003 und Ulrich Steiner, Kapitalismus als Religion, in: Burkhardt Lindner (Hrsg.), Benjamin-Handbuch. Leben – Werk – Wirkung, Stuttgart 2006, 167–174.

Der Kapitalismus sei eine reine Kultreligion ohne spezielle Dogmatik; was ihn zumindest vom Christentum unterscheidet. Außerdem sei der kapitalistische Kult ein permanenter – „ohne Traum und ohne Gnade"; auch das unterscheidet ihn vom Rhythmus der Zeiten, wie ihn die Religionen in der Regel kennen. Der Kult ist drittens verschuldend, was im deutlichen Gegensatz zu den anderen Religionen steht: „Der Kapitalismus ist vermutlich der erste Fall eines nicht entsühnenden, sondern verschuldenden Kultus. [...] Ein ungeheures Schuldbewusstsein, das sich nicht zu entsühnen weiß, greift zum Kultus, um in ihm diese Schuld nicht zu sühnen, sondern universal zu machen." Und schließlich, auch das befremdlich für „normale" Religionen, müsse der Gott dieser Religion, das Kapital, verheimlicht werden.

Noch deutlicher wird diese Wandlung von der in Europa vorherrschenden Religion hin zum Kapitalismus in den wenigen Sätzen, mit denen Benjamin die historische Seite seiner These skizziert: Der Kapitalismus habe sich wie ein Parasit auf dem Christentum entwickelt; schließlich habe der Parasit seinen Wirt verschlungen. „Das Christentum zur Reformationszeit hat nicht das Aufkommen des Kapitalismus begünstigt, sondern es hat sich in den Kapitalismus umgewandelt." Damit bezieht Benjamin eine pointierte Gegenposition zu der seinerzeit schon bekannten These von Max Weber, wonach „das Christentum zur Reformationszeit" die geistigen Grundlagen für den Kapitalismus, eben den „Geist des Kapitalismus" geliefert habe. Gegen diese vermeintlich passende Ergänzung, oder auch „Strukturhomologie" beider Größen, betont Benjamin einen Antagonismus zwischen Kapitalismus und Christentum, der in seiner Sicht einen Gewinner und einen Verlierer hervorgebracht hat.

Ich nehme diesen Pfad von Benjamin auf und will hier exemplarisch zeigen, wie sich die Bedeutungen der Begriffe Gier und Zeit zwischen dem europäischen Mittelalter und der frühen Neuzeit verändert haben.[3] In der Tat scheint mir ein Bruch zwischen der einstmals dominierenden Religion und der nachfolgenden geistigen Leitvorstellung, zwischen Christentum und Kapitalismus, zu liegen. Ein Bruch oder eine Wandlung, die letztlich nur in einem breiten ideen- und sozialgeschichtlichen Kontext begreifbar ist, also über den Aufweis von sprachlichen Verbindungen hinausgehen muss. Ein Bruch aber, der – auch wenn er weit zurückliegt – für die Adressierung bestimmter Themen in der Predigt bedeutsam ist.

2. Die Gier: Von der Todsünde zur Wirtschaftstugend

„Open-ended maximization of material possessions was considered morally inferior in pre-capitalist times, remained socially marginal, and was at best tolerated as unfortunately irrepressible. Under capitalism, by comparison, where material greed is satisfied through voluntary agreement instead of force, it figures as normal and is considered legitimate."[4]

So lautet das Urteil des Direktors des Max-Planck-Instituts für Gesellschaftsforschung, Wolfgang Streeck. Ihm ist ein Bedeutungswandel der Gier aufgefallen: Was früher als moralisch verwerflich gebrandmarkt wurde, wurde zum legiti-

---

3 Ausführlicher dazu mein Buch: Gewinn in alle Ewigkeit. Kapitalismus als Religion, Zürich 2010.

4 Wolfgang Streeck, Taking capitalism seriously: towards an institutionalist approach to contemporary political economy, in: Socio-Economic Review (9) 2011, 143; auch online unter <http://www.mpifg.de/pu/mpifg_dp/dp10–15.pdf>.

men, ja man könnte noch deutlicher sagen: zum geforderten, vermeintlich rationalen Verhalten in der Wirtschaft. Damit verlor der Signifikant Gier seine ursprüngliche Bedeutung. Dessen Signifikat (Maximierung materiellen Eigentums) hingegen wurde neu bewertet, bekam also einen neuen Signifikanten.

Aber der Reihe nach: Im Mittelalter war die Todsünde *avaritia* „die Begierde, zu viel Reichtümer zu erlangen, zu haben und zu behalten, was ein unersättliches Verderben ist. Wie der Wassersüchtige, der, je mehr er trinkt, umso mehr nach Wasser verlangt, so will die *avaritia* umso mehr erlangen, je mehr sie schon erlangt hat. Und wenn jenem kein Maß ist im Haben, so wird ihm auch kein Maß sein im Begehren"[5]. So eine Definition des karolingischen Theologen Alkuin von York (735–804). Dieses Laster hatte Bedeutung für die Bewertung wirtschaftlichen Verhaltens. Besonders Händler, die mitunter schnell reich wurden, waren in einer Gesellschaft, die den Status eines jeden ihrer Mitglieder durch seine Geburt festlegte, der Habgier verdächtig: Wer auf einmal mehr hat, als ihm von Geburt zusteht, muss einem anderen etwas weggenommen haben. Händler waren aber auch verdächtig, weil sie scheinbar gegen die Gerechtigkeit im Austausch verstießen: Sie kauften ein Gut billiger ein, als sie es verkauften: Also hätten sie entweder dem Verkäufer der Waren zu wenig gezahlt, oder dem Käufer zu viel abverlangt, so referiert Thomas von Aquin eine geläufige Ansicht über den Handel.[6] Damit hätte der Händler gegen die Forderung nach Gleichheit im Austausch verstoßen. Die Geschichte des scholastischen Wirtschaftsdenkens kann hier nicht nachge-

---

5 Alkuin, *Liber de virtutibus et de vitiis*, c.30; zitiert nach: Bettina Emmerich, Geiz und Gerechtigkeit. Ökonomisches Denken im frühen Mittelalter, Wiesbaden 2004, 193 f.

6 Thomas von Aquin, *Summa theologica* II–II, qu. 77 a. 4 sec.

zeichnet werden:[7] Natürlich hat man bald verstanden, dass der Händler auch einen Lohn für seine Arbeit erhalten solle, aber dennoch bildete die Forderung nach einer Gleichheit im Austausch lange Zeit den Hintergrund für elaborierte Überlegungen zum gerechten Preis und auch zur Wucherproblematik, also dem Zinsverbot: Beim verzinsten Darlehen schien diese Gleichheit eindeutig nicht gegeben, da der Darlehensgeber ja mehr verlange als er gegeben habe. Aber das Mittelalter war durchaus bunt und keineswegs nur von der kirchlichen Lehre dominiert. Eine weitere wichtige Tradition, die das mittelalterliche Geistesleben prägte, war das römische Recht, das ab der zweiten Hälfte des 11. Jahrhunderts wiederentdeckt und breit rezipiert wurde. Es galt als Autorität von hohem Rang und nahm eine grundsätzlich andere Bewertung wirtschaftlichen Verhaltens vor. Mit dieser Autorität mussten sich auch die Theologen auseinandersetzen. Ein Beispiel aus dem späten Mittelalter bzw. der frühen Neuzeit soll das zeigen:

> „Erstlich haben die Kaufleut unter sich eine gemeine Regel, das ist ihr Hauptspruch und Grund aller Finanzen, daß sie sagen: ‚Ich mag meine War so teuer geben, als ich kann.‘ Das halten sie für ein Recht, da ist dem Geiz der Raum gemacht und der Hölle Tür und Fenster alle aufgetan. Was ist das anders gesagt denn so viel: Ich frage nichts nach meinem Nächsten? Hätte ich nur meinen Gewinn und Geiz voll, was gehet michs an, daß es zehn Schaden meinem Nächsten tät auf

---

7   Eine gute Übersicht bietet: Diana Wood, Medieval Economic Thought, Cambridge 2002; einer der besten Kenner der Quellen ist Odd Langholm; von ihm besonders Economics in the Medieval Schools. Wealth, Exchange, Value, Money and Usury according to the Paris Theological Tradition 1200–1350, Leiden 1992 und ders., The Legacy of Scholasticism in Economic Thought. Antecedents of Choice and Power, Cambridge 1998.

einmal? [...] Denn wo das Schalksauge und der Geizwanst hie
gewahr wird, daß man seine War haben muß, oder der Käufer
arm ist und seiner bedarf, da macht ers ihm nutz und teuer."[8]

So polterte Martin Luther 1524 in seiner Schrift *Von Kaufhandlung und Wucher*. Er lieferte damit die publizistische
Begleitmusik zu einem Streit, der im Deutschen Reich ausgetragen wurde. Der sogenannte Monopolstreit beschäftigte
in den 20er Jahren des 16. Jahrhunderts diverse Reichstage:[9]
Es ging darum, die großen Handelshäuser wie die Fugger
und die Welser und wie sie alle hießen, in ihren Möglichkeiten zu beschränken; man warf ihnen vor, ihre Macht auf
gemeinwohlschädliche Weise auszuüben, besonders durch
ihre diversen Monopolstellungen, die sie immer wieder
errungen hatten. Interessant ist nun, dass Luther im Verhalten der Kaufleute Geiz, also Habgier, erblickt, während
diese als „Hauptspruch" anführen, dass sie ihre Waren so
teuer verkaufen dürften wie sie wollten. Dies entspricht in
der Tat der Perspektive des römischen Rechtes, wonach nicht
nur „Jedermann Herr und Lenker seiner eigenen Dinge"[10] ist,
sondern auch gilt: „Eine Sache ist so viel Wert, für wie viel sie
verkauft werden kann."[11] Dies aber führt Luther zufolge dazu,
dass die ausgenutzt würden, die arm seien und der ange-
botenen Waren dringend bedürften. Damit spricht Luther

---

8   Martin Luther, Von Kaufhandlung und Wucher, in: Ders.; Ausgewählte
    Werke. Fünfter Band (Münchener Lutherausgabe), hrsg. von H. H. Borcherdt
    und Georg Merz, 3. Aufl., München 1952, 116 [WA 15, 294 f.].

9   Vgl. dazu Bernd Mertens, Im Kampf gegen die Monopole. Reichstagsver-
    handlungen und Monopolprozesse im frühen 16. Jahrhundert, Tübingen
    1996.

10 *Corpus Iuris Civilis*, C. 4,35,21 und C. 4,38,14.

11 So die *Glossa ordinaria* zu D. 13,1,14 und D. 36,1,1,16 und D. 47,2,52,29; zitiert
    bei Odd Langholm, The Legacy of Scholasticism (Anm. 7), 78.

den Gehalt der Lehre vom gerechten Preis an, ohne sich in deren Kasuistik zu ergehen. Denn in der Tat kann man den Kern der Vorstellung von gerechten Preisen in einem gewissen Konsumentenschutz sehen: Waren des lebensnotwendigen Bedarfs sollten bei Knappheit (Missernten) nicht teurer verkauft werden als sonst. Solcherart die Not anderer auszunutzen galt als Ausdruck von Habgier.

Die vor den Reichstagen und durch die öffentliche Publizistik angegriffenen Handelsgesellschaften wehrten sich: Sie schickten einen Doktor beider Rechte, den Augsburger Stadtschreiber Conrad Peutinger, ins Rennen. Der verteidigte in diversen Gutachten für Kaiser und Reichstag die Position der Handelsgesellschaften und schaffte damit nach Meinung einiger Historiker den „Durchbruch des neuen ökonomischen Denkens".[12] Zuerst mal bestätigte er den Hauptspruch der Kaufleute, der Luther so empörte: „Der erste Grund [für die Preise im Gewürzhandel] ist, dass seine Hoheit als einziger und alleiniger Verkäufer solcher Gewürze existiert und nach seinem Willen für diese den Preis festlegt, weil ein jeder gleichsam Herr, Besitzer, Lenker und Richter seiner Waren ist."[13] Der König von Portugal, um den es hier geht und mit dem die Augsburger Gesellschaften im Geschäft waren, der

---

12 Clemens Bauer, Conrad Peutinger und der Durchbruch des neuen ökonomischen Denkens in der Wende zur Neuzeit, in: Ders., Gesammelte Aufsätze zur Wirtschafts- und Sozialgeschichte, Freiburg/Basel/Wien 1965, 253–265; kritisch dazu Karin Nehlsen-von Stryk, Die Monopolgutachten des rechtsgelehrten Humanisten Conrad Peutinger aus dem frühen 16. Jahrhundert. Ein Beitrag zum frühneuzeitlichen Wirtschaftsrecht, in: Zeitschrift für neuere Rechtsgeschichte (10) 1988, 1–18.

13 Conrad Peutingers Denkschrift für Karl V. von 1530, in: Clemens Bauer, Conrad Peutingers Gutachten zur Monopolfrage. Eine Untersuchung zur Wandlung der Wirtschaftsanschauungen im Zeitalter der Reformation. 1. Teil, in: Archiv für Reformationsgeschichte (45) 1954, 31.

mache nun mal die Preise – und das zu Recht, ist dies doch, wie gesehen, die Position des römischen Rechtes.

Das Wort Habgier nimmt Peutinger gar nicht in den Mund, aber er wehrt sich gegen den Vorwurf des Eigennutzes: „Dies [gemeinwohlschädlicher Eigennutz] wird den Gesellschaften zu Unrecht zum Vorwurf gemacht, da doch den eigenen Nutzen zu suchen, allen nicht nur in Geschäften, sondern auch in anderen Betätigungen gemäß dem Recht erlaubt und keinem verboten ist."[14] Wieder wird das Recht erwähnt. Aber Peutinger hat auch ein gewissermaßen gesellschaftspolitisches Argument zur Hand, das ihm den Ruf vom Durchbruch zum neuen ökonomischen Denken eingetragen hat, weil es das Argument von der unsichtbaren Hand vorwegzunehmen scheint.[15] Durch eine Begrenzung der Handelsaktivitäten „würde der Bedürftige und Arme dem Reichen gleich gemacht, was nicht von Nutzen sein kann. Vielmehr wäre es den öffentlichen Angelegenheiten nicht zuträglich. Deren Interesse liegt doch darin, wohlhabende Kaufleute zu haben, von denen die anderen sich vorteilhaft erhalten können."[16] Die Städte nehmen Steuern ein, die Waren werden in deutsche Lande gelenkt, dadurch entstehen auch neue Einkommensmöglichkeiten – all das mag Peutinger im Sinn gehabt haben, als er meinte, dass der Eigennutz der einen doch nicht schädlich sei für die anderen, sondern vielmehr auch zu deren Vorteil. Und schließlich: Wenn es unsere Kaufleute nicht machen, machen es andere – das ist das offensichtlich schon sehr alte Standortargument. Die Geburt der Wirt-

---

14 Ebd., 37.

15 Vgl. zu diesem Zusammenhang Winfried Schulze, Vom Gemeinnutz zum Eigennutz. Über den Normenwandel in der ständischen Gesellschaft der Frühen Neuzeit, in: Historische Zeitschrift (243) 1986, 591–626.

16 Gegengutachten Peutingers von 1522/1523, in: Clemens Bauer, Conrad Peutingers Gutachten (Anm. 13), 4.; vgl. auch 38.

schaftswissenschaften aus dem Geist des Unternehmer-Lobbyismus, das wäre mal eine reizvolle These, die diejenigen, die das wirtschaftstheoretische Genie von Peutinger loben, freilich nicht im Sinn hatten.

Zu Beginn des 16. Jahrhunderts trafen also zwei gegensätzliche Positionen aufeinander: Der moralisch verwerfliche „Geiz" steht dem berechtigten Eigennutz bzw. dem Streben nach Reichtum gegenüber. Eine Gerechtigkeitsordnung, die den Ausgleich garantiert, steht gegen das Recht des Einzelnen, mit seinen Waren nach seinem Belieben zu verfahren. Die Zügelung des Einzelinteresses um des Gemeinwohls willen steht gegen die Behauptung, dass die Verfolgung des eigenen Nutzens schließlich allen diene. Dieser Gegensatz konnte seinerzeit noch ausgetragen werden, weil die neue Position, die Peutinger vertrat, noch keineswegs selbstverständlich war, und die wirtschaftlichen Akteure, die diese Positionen hervorbrachten, noch nicht die gesamte Gesellschaft und Wirtschaft prägten.

Zu Beginn des 18. Jahrhunderts in einem der wirtschaftlich fortschrittlichsten Länder Europas war das aber anders: Die mittelalterliche Position war lächerlich geworden, weil offenkundig war, dass der Wohlstand und der Rang einer ganzen Gesellschaft auf genau den Lastern beruhte, die die mittelalterliche christliche Theologie verdammt hatte: „So klagt denn nicht: für Tugend hat's/ In großen Staaten nicht viel Platz"[17], schrieb Bernhard Mandeville in seiner *Bienenfabel* (1705) und wollte, dass „die Leute, die dauernd bei anderen Fehler finden, durch die Lektüre lernen möchten, bei sich selbst Einkehr zu halten, und durch Prüfung des eigenen Gewissens dahin kommen möchten, sich des fortwähren-

---

17 Bernard Mandeville, Die Bienenfabel oder Private Laster, öffentliche Vorteile, 2. Aufl., Frankfurt a. M. 1980, 92.

den Scheltens über das, dessen sie selbst mehr oder minder schuldig sind, zu schämen."[18] Die Fabel ist bekannt: Der Bienenschwarm befleißigte sich allerlei Laster – neben der Habsucht auch dem Luxus und der Völlerei, ja selbst die Unzucht steigert das Bruttosozialprodukt. Dabei lebte das Bienenvolk in Wohlstand. Dann aber kam die moralische Wende hin zur alten Tugend der Mäßigung: „Da man auf Luxus jetzt verzichtet,/ So ist der Handel bald vernichtet./ Manch Handwerk mehr und mehr verfällt,/ Betriebe werden eingestellt./ Darnieder liegt Kunst und Gewerb;/ Sie, aller Strebsamkeit Verderb,/ Zufriedenheit, lässt sie genießen/ Ihr Weniges und nichts vermissen."[19] Tugendhaft aber arm: Man musste früher Eicheln essen.

Die Gier war also längst zu einem strukturellen Erfordernis geworden, zur „objektiven Gier", wie es Heinz Dieter Kittsteiner genannt hat.[20] Oder um mit dem Soziologen Wolfgang Streeck das Problem zuzubinden: „The somewhat paradoxical problem capitalist societies must come to terms with is demarcating a space where egoistic – i.e. strictly speaking, amoral – action is to be considered morally acceptable."[21] Die Ordnung der Wirtschaft fordert ein Verhalten ein, das, wenn es allgemein werden würde, die Grundlagen der Gesellschaft unterminieren würde; darum muss es eingehegt werden, was aber in den letzten Jahrzehnten immer weniger gelungen ist – und vorher schon zu einer bedenklichen

---

18 Ebd., 61 f.

19 Ebd., 91.

20 Heinz Dieter Kittsteiner, Weltgeist, Weltmarkt, Weltgericht, München 2008, 136–145.

21 Wolfgang Streeck, Taking capitalism seriously (Anm. 4), 159; vgl. ders., Gekaufte Zeit. Die vertagte Krise des demokratischen Kapitalismus, Berlin 2013, wo er diesen Antagonismus zwischen Kapitalismus und Demokratie weiter ausführt.

Bewusstseinsspaltung und Überforderung derer geführt hat, die beides sein sollen: rationale Nutzenmaximierer und gute Staatsbürger oder auch noch gute Christen.

Was dem Soziologen Streeck aufgefallen ist – dass nämlich das, was früher Gier genannt wurde, mit dem Aufkommen des Kapitalismus zum wirtschaftlich vernünftigen Verhalten geadelt wurde – ist den Theologen leider weitgehend entgangen. Eine Suche in den einschlägigen theologischen Lexika zeigt, dass der Bedeutungswandel der Gier noch gar nicht erfasst wurde. Der *Theologischen Realenzyklopädie* ist die alte Todsünde obsolet geworden, also keinen Artikel mehr wert. Wer das Lemma noch führt, lässt von der Geschichte wenig erkennen und erklärt stattdessen: „Die Habgier ist das übersteigerte Streben nach Besitz oder dessen Vermehrung. [...] Psychologisch entdeckt man als Gründe für Habgier oft lebensgeschichtlich bedingte Mängel und Nöte im Bereich der Grundstrebungen nach Besitz, Geltung und Lust."[22] Der Signifikant „Habgier" bezeichnet heute also einen individuellen psychischen Defekt. Das alte Signifikat der Profitmaximierung, die man rechnerisch feststellen konnte, bekommt neue Signifikanten und wird zum legitimen und systemisch notwendigen Eigeninteresse. Damit fehlt erst einmal ein Begriff, um die Gemeinwohlschädlichkeit der Profitmaximierung zu adressieren. Dies ist heute nur noch systemisch möglich, das heißt, man müsste fragen, wie ein System der „objektiven Gier" reformiert werden muss, damit das Gemeinwohl nicht allzu sehr leidet.

Die im Zuge der Finanzkrise erneute Konjunktur der Gier, der sich zum Teil auch die Kirchen angeschlossen haben, ist keine Lösung, da man einen Bedeutungswandel nicht einfach rückgängig machen kann. Leider ist auch der Rat der EKD der

---

22 LThK Band IV, Sp. 1227 f.

Versuchung erlegen, mit einem Begriff aus der christlichen Tradition vermeintlich einleuchtend etwas zu erklären:

> „Zu den ursächlichen Faktoren der Krise gehört schließlich eine allgemeine Mentalität des schnellen Geldes. Wie selbstverständlich wurden auch von Verbrauchern kurzfristig hohe Renditen erwartet, ohne sie ins Verhältnis zu den damit verbundenen hohen Risiken zu setzen. Spekulative Geschäfte wurden durch eine verbreitete Gier genährt, ein Laster, das nicht auf Manager beschränkt, sondern in der gesamten Gesellschaft anzutreffen ist."[23]

So eine Analyse ist – höflich gesagt – nicht auf der Höhe der Zeit. Es lag ja nicht nur an einem moralischen Defekt der Leute, dass es zur Finanzkrise kam, sondern an einem System, dessen Rationale von den Leuten verlangt, so zu agieren, wie sie es getan haben. Dass man innerhalb dieser Vorgaben sich immer noch etwas mehr oder weniger gierig verhalten kann, soll nicht bestritten werden. Aber es ändert nichts an der Tatsache, dass eine Moralisierung systemischer Fragen nicht weiterhilft, ja letztlich eine Bestätigung des gemeinwohlschädlichen Systems ist: Wenn die Leute weniger gierig gewesen wären, hätte das mit dem Kapitalismus doch ganz gut funktioniert. Man müsste aus kirchlicher Perspektive vielmehr fragen, was es bedeutet, dass unser Wirtschaftssystem auf Voraussetzungen beruht, die ehemals als Todsünde angesehen wurden. Bei solchem Fragen kann einem dann der Gedanke kommen, dass Benjamin vielleicht recht hatte, wenn er meinte, dass der Kapitalismus über das Christentum gesiegt habe, bzw. es als dominante Leitvorstellung der Gesellschaft abgelöst habe.

---

23 Wie ein Riss in einer Mauer. Wort des Rates der EKD zur globalen Finanzmarkt- und Wirtschaftskrise (EKD Texte 100), Hannover 2009, 14.

Auch die Predigt, die ja kein gesellschaftliches Reform-
programm entwerfen soll, ist natürlich immer wieder in der
Gefahr, auf individualethische Kategorien zurückzugreifen,
wenn das Geld in der Predigt thematisiert wird. Aber vielleicht ist es dennoch möglich, die Gier als „objektive" oder
„strukturelle Gier" zu thematisieren,[24] oder wären ganz
andere theologische Topoi in diesem Zusammenhang angemessen: Dämonie, Gericht, Sündenverhängnis?

3. Die Zeit wird linear, berechenbar und verwertbar

„Wer die Zeit anwendet, um Löbliches zu lernen, zu denken, zu üben, der macht sie sich zu eigen; wer aber eine
Stunde nach der anderen müßig verstreichen lässt, ohne
irgendeine ehrenwerte Betätigung, der, gewiss, verliert sie.
Man verliert also die Zeit, wenn man sie nicht anwendet;
sie gehört dem, der sie anzuwenden weiß."[25] Dieses Lob
der rationalen Zeitausnutzung stammt nicht von einem
protestantischen Kaufmann, sondern von dem italienischen Universalgelehrten Leon Battista Alberti, der Mitte
des 15. Jahrhunderts sein Buch *Vom Hauswesen* schrieb und
damit einen Einblick in die Mentalität der Großkaufleute
und Bankiers der italienischen Renaissance gewährte. Drei
Dinge seien es, die der Mensch sein Eigen nennen könne:
Die Seele, den Körper und – die Zeit, lässt er in diesem Dialog seinen Onkel Gianozzo sagen. „Wer es versteht, keine Zeit
zu verlieren, wird fast alles zu leisten verstehen, und wer
die Zeit anzuwenden weiß, wird über alles, was er will, Herr

---

24 Ansätze dazu bieten Texte des ÖRK: The Sao Paolo Statement vom 05.10.
2012 und A Buddhist-Christian Common Word on Structural Greed vom
17.09.2010; beide greifbar auf: <http://www.oikoumene.org>.

25 Leon Battista Alberti, Vom Hauswesen *(Della Famiglia)*, München 1986, 217.

sein."[26] Schon Werner Sombart hat hier einen Vorläufer von Benjamin Franklin erblickt, der unter anderem mit seiner Parole „Zeit ist Geld" für Max Weber bekanntlich den Idealtypus des kapitalistischen Geistes veranschaulichte. Nicht in Genf, so Sombarts Spitze, sondern dort, wo der Kapitalismus auf europäischem Boden Fahrt aufgenommen hat, in der italienischen Renaissance, finden wir einen neuen Umgang mit der Zeit.

Diese Beobachtung Sombarts wird durch die Forschungen der Sozial- und Mentalitätshistoriker gedeckt:[27] Im Laufe des 14. Jahrhunderts verbreiteten sich die Turmuhren in den Städten – ausgehend von Oberitalien – in ganz Europa. Die exakte Uhr, also die Räderuhr mit Gewicht und Hemmung, produzierte Stunden, Minuten und Sekunden; Zeit, die man addieren und berechnen konnte. Dies trug sicher nicht wenig dazu bei, dass das zirkuläre Zeitbewusstsein der Menschen mehr und mehr durch ein lineares ersetzt wurde. Unter Theologen herrscht die Meinung vor, dass mit dem Christentum ein lineares Geschichtsdenken entstanden sei – eine These, die man auch noch mal differenzierter betrachten müsste[28] – aber abgesehen vom Geschichtsbild der Gelehrten haben die Menschen in der überwiegend agrarisch geprägten Welt des Mittelalters sich eher an den rhythmischen Zyklen des Tages- und Jahresablaufs orien-

---

26 Ebd., 277; zur Interpretation von Albertis Hauswesen: Sabrina Ebbersmeyer, Homo agens. Studien zur Genese und Struktur frühhumanistischer Moralphilosophie, Berlin/New York 2010, 256–279.

27 Vgl. dazu zusammenfassend das Kapitel „Zeit/Geschichte" in: Peter Dinzelbacher (Hrsg.), Europäische Mentalitätsgeschichte, München ²2008, 738–764 mit reichhaltigen Literaturangaben.

28 Vgl. Bedrich Löwenstein, Der Fortschrittsglaube. Geschichte einer europäischen Idee, Göttingen 2009 und Lucian Hölscher, Die Entdeckung der Zukunft, Frankfurt a. M. 1999.

tiert. Auch die Kirche hat mit dem Kirchenjahr diese zykli-
sche Zeiterfahrung gestützt. Zeit war etwas, das Gott gehört
und das sich unabhängig von den Menschen ereignet, die
hatten sich vielmehr dem Lauf der Zeiten mit ihren Tätigkeiten (Arbeit bei Tageslicht, Saat und Ernte, Wechsel von Feier
und Arbeit etc.) anzupassen.

Das Ungeheure der Sätze von Leon Battista Alberti kann
man vielleicht ermessen, wenn man es mit einem Text des
Theologen Wilhelm von Auxerre vom Beginn des 13. Jahrhunderts vergleicht, in dem er erklärt, warum der Wucherer ein
Zeitdieb ist:

> „Der Wucherer handelt dem allgemeinen Naturgesetz zuwi-
> der, denn er verkauft die Zeit, die allen Geschöpfen gemein-
> sam ist. Augustinus sagt [...], dass jedes Geschöpf sich selbst
> hingeben muss; die Sonne muss sich hingeben, damit es hell
> werde; ebenso muss die Erde alles hingeben, was sie erzeu-
> gen kann, ebenso das Wasser. Doch nichts gibt sich selbst auf
> naturgemäßere Weise hin als die Zeit; wohl oder übel haben
> die Dinge Zeit. Da also der Wucherer verkauft, was notwen-
> dig allen Geschöpfen gehört, schädigt er alle Geschöpfe im
> allgemeinen."[29]

Die Vorstellung dahinter war, dass Geld sich eigentlich nur
durch Arbeit vermehren könne. Der Wertzuwachs beim Geld-
verleiher lasse sich aber nicht durch dessen Arbeit erklären.
Zwischen Ausgabe eines Darlehens und der verzinsten Rück-
zahlung sei einfach nur Zeit verstrichen. Der Wucherer habe
also die Zeit verkauft und damit etwas verkauft, was ihm gar
nicht gehöre, sondern Gott bzw. allen Lebewesen.

---

29 Wilhelm von Auxerre, *Summa aurea*, zitiert in: Marcel Hénaff, Der Preis der
    Wahrheit. Gabe, Geld und Philosophie, Frankfurt a. M. 2009, 147 f.

Die großen Fernhändler und Bankiers der italienischen Renaissance taten genau das, was als verboten galt:[30] Sie investierten Geld mit dem Ziel seiner Vermehrung – und diese Vermehrung ließ sich eben nicht einfach als Wertzuwachs durch Arbeit verstehen. Die großen Händler wurden nicht reich durch calvinistischen Bienenfleiß, sondern in erster Linie durch das Ausnutzen von unterschiedlichen Preisniveaus. Das Berechnen von Angebot und Nachfrage an verschiedenen Orten zu verschiedenen Zeiten war die Kunst der Fernhändler, die vom heimischen Kontor aus Schiffsladungen über Länder- und Kontinentsgrenzen hinweg dirigierten. Der Kaufmann musste Wert und Preise an den einzelnen Orten kennen, er musste die Konjunkturen lange im Voraus einschätzen und die Wechselkurse berücksichtigen, da er an den verschiedenen Orten mit unterschiedlichen Währungen zu tun hatte. Beim Reisen wie beim Verkaufen drängte der Kaufmann immer zur Eile, denn – Zeit ist Geld – je kürzer die Zeit war, die diese Operation brauchte, desto weniger Kosten verursachte die Fracht und desto eher konnte er das erlöste Geld in neue Geschäfte investieren – ergo: desto größer war sein Gewinn. In jedem Fall musste er das tun, was ehedem verboten war: Er ließ die Zeit nicht geschehen, er plante und berechnete sie, er machte sich selbst zum Herrn über die Zeit.

Dabei rechnete er mit einer linearen Zeit. Die Struktur der Kapitalinvestition entsprach dem linearen Zeitempfinden und hat es sicher mit befördert. Die Journalistin Ulrike Hermann hat einmal geschrieben: „Der Investitionskredit ist eine kulturelle Erfindung, die in ihrer Wirkung unvergleichlich ist. Kein anderer menschlicher Einfall hat die Welt

---

30 Vgl. dazu Peter Spufford, Handel, Macht und Reichtum. Kaufleute im Mittelalter, Darmstadt 2004; Jean Favier, Gold und Gewürze. Der Aufstieg des Kaufmanns im Mittelalter, Hamburg 1992.

so geformt, verändert und auch zerstört."[31] Das gilt auch für das Zeitempfinden. Wer Kapital einsetzt, blickt auf einer langen Linie in die Zukunft. Es ist ja nicht so, dass das investierte Kapital einfach wieder zu seinem Anfangspunkt zurückkehrt, auch wenn räumlich die Schiffe der Händler wieder zum Ursprungshafen zurückkommen. Das Geld, dessen Ankunft der Händler gespannt erwartet, muss sich mit der räumlichen Wiederkehr vermehrt haben. Das heißt, mit der Zeit wird immer Neues erhofft und nicht die Wiederkehr des Gleichen. Diese Zeitlinie läuft auf ein Ziel zu, aber nicht auf ein Ende. Denn der erhaltene Gewinn ermöglicht eine neue Investition. Es ist die tendenziell unendliche Bewegung des Gewinnens, die sich auf eine unendlich in die Zukunft erstreckende Zeit verlässt. Dabei wird aber nichts kategorial Neues von der Zukunft erwartet: Das Unerwartete und Überraschende waren die Katastrophen wie der Untergang der Seefracht. Es wird ein geplantes Neues erwartet, nämlich die Vermehrung des eingesetzten Kapitals, also das, was sich logisch aus dem Vorherigen ergibt: Kapitaleinsatz erzeugt Gewinn. Zukunft wird also zur geplanten Konsequenz der Gegenwart.

Das heißt aber umgekehrt auch, dass der Geldeinsatz die Zukunft determiniert. Nicht nur Zeit ist Geld, es gilt vielmehr auch die Umkehrung: Geld ist auch Zeit, die Kapitalinvestition bestimmt die Zeit, das heißt, sie beschränkt die Möglichkeiten der Zukunft auf die wenigen Notwendigkeiten der Geldvermehrung. Mit der beständigen Ausweitung des Kreditmechanismus im Laufe der europäischen Neuzeit wird die Zukunft immer mehr zur Ware, weil zukünftige Werte gegenwärtig handelbar sind, was hier nur mit einem Zitat von Wolfgang Streeck angedeutet werden kann: „Capita-

---

31 Ulrike Hermann, Das Lebkuchen-Prinzip. Geld gibt es, um die Zukunft zu kaufen, taz vom 24.12.2010; <http://www.taz.de/!63330/>.

lism is more dynamic than other economic systems because it has found ways to turn promises and expectations into presently available resources, enabling the economy at any point in time to invest and consume more than it has already produced."[32]

All diese Veränderungen haben enorme lebenspraktische Bedeutung für das Zeitempfinden der Menschen. Zeit ist zu etwas Kostbarem geworden, mit dem man sparsam haushalten muss. Zeit ist auch im privaten Bereich etwas, das man investieren kann: in eine gute Ausbildung, in ständige Fortbildungen – mit dem Ziel, in Zukunft bessere Berufschancen zu haben, denn am Ende steht die Notwendigkeit, in der kommenden Zeit Geld zu verdienen – in zunehmend gedrängteren Intervallen. Die Schriftstellerin Anne Weber hat diesen Umgang mit der Zeit so charakterisiert, dass die Büromenschen Zeit investierten und in Geld verwandelten – wohingegen sie, die Schriftstellerin, Geld in Zeit verwandele.[33] Schon solch ein Perspektivenwechsel dürfte heute für viele Menschen aus mentalen wie lebenspraktischen Gründen schwerfallen. Der Signifikant Zeit bezeichnet heute also weithin eine Gestaltungsaufgabe, etwas, das man investieren kann und sichern muss. Das alte Signifikat der Zeit, das sich rhythmisch Ereignende, das den Menschen unverfügbar widerfährt, dem man sich nur überlassen kann, findet kaum noch einen Ausdruck. Auch wenn sich in der Finanzkrise eine gewisse „Wiederkehr des Verdrängten" zeigte, in dem sich die unverfügbare Unsicherheit der Zeit gegen die vermeint-

---

32 Wolfgang Streeck, Taking capitalism seriously (Anm. 4), 156; zu Bedeutung und Umgang mit der Zukunft in der Finanzwelt s. auch Elena Esposito, Die Zukunft der Futures. Die Zeit des Geldes in Finanzwelt und Gesellschaft, Heidelberg 2010.

33 Anne Weber, Gold im Mund, Frankfurt a. M. 2005, 34 f.

lichen Sicherungen der Zukunftskontrakte durchsetzte,[34] so bleiben die kategorialen Veränderungen im Zeitempfinden, die mit der Neuzeit eingesetzt haben, davon wohl unberührt.

Auch hier wäre also die anspruchsvolle Aufgabe der Predigt nicht einfach ein vermeintlich gutes altes Zeitempfinden mit Weisheiten wie „Meine Zeit steht in Deinen Händen" starkzumachen. Das, was da in Gottes Händen stehen soll, ist für viele Menschen eben die Zeit, die sie gestalten müssen. Wenn nun Gott damit zu tun haben soll, kann das bedeuten, dass Gott nur eine Aufgabe mehr ist, die in der knappen Zeit unterzubekommen ist. Das heißt, man muss das Zeitempfinden der Menschen, das ja mit inzwischen jahrhundertelangen Traditionen und mit realen wirtschaftlichen Zwängen zu tun hat, ernst nehmen. Auch hier kommt man letztlich um systemische Antworten nicht herum: Wie muss eine Wirtschaft beschaffen sein, die mehr Zeitwohlstand ermöglicht? Oder wenn man es individuell zuspitzen will: Wie können Menschen unter den gegebenen Bedingungen Räume für ein anderes Zeiterleben gewinnen? Wenn man sich diese Fragen in der Predigtvorbereitung ernsthaft stellt, wird man schnell merken, wie schwierig das ist, und sich hoffentlich einfacher Antworten in der Predigt enthalten. Wobei man sich insgesamt davor hüten sollte zu glauben, dass das Zeitempfinden des Mittelalters besser sei als das neuzeitliche. Das ist natürlich nicht *per se* der Fall. Als die Zeit zu einer Gestaltungsaufgabe wurde, war das ja auch mit großen Freiheitsgewinnen verbunden. Aber wir sehen heute auch die Ambivalenzen der Entwicklung. Es geht nicht

---

34 Dies fand seine literarische Darstellung schon vor der Krise in: Don DeLillo, Cosmopolis, München 2005; vgl. dazu die Interpretation von Joseph Vogl, Das Gespenst des Kapitals, Zürich 2010, 9–29.

um ein Zurück, sondern darum, unter heutigen Bedingungen das von den alten Gehalten wiederzugewinnen, dessen Verlust uns heute schmerzt.

4. Zuletzt: Kapitalismus als Religion?

Die obigen Hinweise auf die Predigt sind schmal und dienen nur als Vorlage für homiletische Weiterarbeit. Zum Schluss soll nur kurz noch der Ertrag für die implizite Behauptung des Titels, dass man die Wirtschafts- und Gesellschaftsform des Kapitalismus als eine Religion ansehen könne, eingesammelt werden. Man kann doch immerhin so viel sagen, dass sich der Kapitalismus in Europa in einem bemerkenswerten Gegensatz zur ehemals dominanten Religion, dem Christentum, entwickelt hat. Wenn man diesen Gegensatz erkennen würde – was vordem als moralisch verwerflich galt, wurde zur Strukturbedingung des Wirtschaftssystems – wäre analytisch schon viel gewonnen. Neue moralische Werte in Bezug auf die Wirtschaft haben die bislang geltenden Vorstellungen (Habgier, Gerechtigkeit als Gleichheit im Tausch) abgelöst.

Die Zeit wurde aus Gottes Hand genommen und von den Menschen privat angeeignet. In der Neuzeit hat sich bewahrheitet, was Wilhelm von Auxerre nicht wissen konnte, aber quasi prophetisch ausgesprochen hat: Der, der mit der Geldvermehrung rechnet, nimmt den anderen ihre Lebenszeit: Tier- und Pflanzenarten sind der modernen Industrie gewichen, Natur wurde zerstört, Menschenopfer mussten bluten für den wirtschaftlichen Fortschritt. Mit der Vergegenwärtigung der Zukunft im Kreditmechanismus gelang dem Kapitalismus etwas, was bisher der Religion vorbehalten war, eine Transzendierung der Gegenwart. Das investierte Kapital sprengt die Grenzen der gegenwärtig verfügbaren Dinge.

Die Wirtschaftstheorie des Liberalismus hat später das, was Peutinger nur sehr pragmatisch formuliert hat, zu einer Theorie ausgebaut, nämlich zur Überzeugung, dass der freie Markt den Eigennutz der Vielen zum Gesamtvorteil für alle wende.[35] Mit dieser Rechtfertigung des Marktes (Oikodizee) hat der Liberalismus dem Kapitalismus ein Dogma gegeben, das religiös ist, da es auf die (unbeweisbare) Güte des Ganzen zielt. Kapitalismus ist immer auch ein Versprechen.

---

35 Dazu ausführlich Kap. 5 meines Buches Gewinn in alle Ewigkeit (Anm. 3);
    vgl. auch Joseph Vogel, Das Gespenst des Kapitals (Anm. 34), bes. 31–52.

Thomas Hirsch-Hüffell

Gottesdienst mit Lebensexperten

1. Die Idee

Menschliche Erfahrungen aus erster Hand im Zentrum des Gottesdienstes: Die Gemeinde erhält Einblick in ein Thema, repräsentiert von Menschen, die damit unmittelbar befasst sind. Das Ganze live und im Originalton. Das ist das Anliegen vom „Gottesdienst mit Lebensexperten".

Wir möchten, dass sich im Gottesdienst neben der biblischen, pastoralen und liturgischen auch andere Welten zeigen können. Das heißt: Wir zitieren nicht nur menschliche Erfahrungen in der Predigt, sondern lassen sie selbst vorkommen durch die, die sie hatten. In der Regel sind es drei Menschen, die zu einem vorher abgestimmten Gesamtthema in der inszenierten Form eines „offenen Kunstwerks" sprechen. Sie führen uns in ihre Wirklichkeit ein – in einen Arbeitsbereich, eine besondere Fähigkeit, einen Erfolg oder einen Abgrund. Diese Menschen nennen wir „Lebensexperten", weil sie in einem Teilbereich menschlicher Existenz bewandert sind.

Solche Gottesdienste haben ein je eigenes Thema (z. B. „Geburt"), das aus unterschiedlichen Perspektiven erzählend behandelt wird. Wer solch einen Gottesdienst plant, spricht Menschen an, die etwas zum gewählten Thema beitragen können, erklärt ihnen die Idee, verpflichtet sie auf die Termine und Regeln und befragt sie nach einem Schema, das sich aus dem biblischen Zusammenhang des Themas ergibt. Die dabei entstehenden Berichte der Beteiligten werden zusammen mit ihnen redigiert und inszeniert, damit sich

Menschen und „Stoff" anregend und ohne Peinlichkeiten oder Verletzungen zeigen können.

Alle Beteiligten haben bei diesem Prozess Einblick in die gegenseitigen Absichten, Fragen, Berichte und Inszenierungsmodelle. Niemand wird funktionalisiert – weder als Privatperson von der Kirche (für missionarische oder andere Zwecke), noch als Gemeinde von politischen oder anderen Interessen. Nur wenn die Kirche „keusch", das heißt mit geklärten Absichten, nach den Erfahrungen der Menschen fragt, wird sie ihre Erfahrungen verstehen lernen, ohne sie gleich für eigene Gedankensysteme „verwenden" zu wollen.

So entsteht eine Art Collage zu einem Themenfeld. Sie ersetzt die Predigt und soll inklusive Musik nicht länger als 30 Minuten dauern. Diese Inszenierungsform wird angereichert mit Musik und einfachen Elementen theatraler Technik (z. B. Innehalten, Tempiwechsel, Lichtwechsel, Pausengestaltung usw.).

Die Collage wird komplettiert durch geistliches Wort, das sich in die Inszenierung einreiht. Dies Wort erklärt und deutet die anderen Beiträge nicht, sondern es weist auf biblische und geistliche Zusammenhänge hin. Die Kirche beschränkt sich damit freiwillig in ihrer Deutungshoheit – und dies im Zentrum gemeindlichen Lebens, dem Gottesdienst. Gleichzeitig steigert sie durch die Korrelation der Beiträge die Wirkung, indem es die geistlichen Zusammenhänge aus Leben und Bibel in den Köpfen und Herzen der Menschen inszeniert, statt sie fertig vorzulegen. *Was* dabei im Einzelnen verstanden wird, ist der kirchlichen Verkündigung entzogen. Darin steckt (beabsichtigte) homiletische und ekklesiologische Brisanz.

Der liturgische Rahmen ist der eines normalen Gottesdienstes – thematisch und mit Phantasie gestaltet.

Normalerweise wird eine Gemeinde solche Gottesdienste 2–3-mal jährlich feiern können. Die Vorbereitung ist etwas aufwendiger als sonst – aber sie lohnt. Solche Gottesdienste haben spürbaren Nachklang.

2. Darstellung des Projektverlaufs am Beispiel eines Themas und einer Gemeinde

2.1 Personen-Suche

Die Pastorin oder eine andere Initiativperson – besser noch beide zusammen – will im Advent kurz vor Weihnachten zum Thema „Geburt" einen Gottesdienst mit Lebensexperten veranstalten.

Sie sucht sich dafür drei geeignete Personen. Die sind im Themenfeld beruflich oder/und anderweitig durch eigene Erfahrungen versiert, und sie können vor vielen Menschen sprechen. Sie sind der Kirche mindestens gewogen, müssen aber weder Mitglied der Kirche, noch gläubig sein, noch die Meinung der Kirche vertreten. Aber sie müssen damit einverstanden sein, in einem öffentlichen Gottesdienst aufzutreten und im Nebeneinander mit den anderen Expertinnen und Experten sowie den christlichen Inhalten verglichen zu werden. Sie erleben im Gottesdienst keine weitere Befragung, sondern äußern sich selbständig nach einem vereinbarten Ablauf.

Mit ihrer Zusage lassen sie sich ein auf eine etwa 2-stündige Befragung, 1–2 Durchlaufproben à 2 und noch einmal 1 Stunde, den Gottesdienst selbst und evtl. noch ein Nachgespräch. Der Vorlauf geschieht am besten immer gemeinsam im Trio, damit alle Interesse aneinander entwickeln und die ganze Entstehung gleichzeitig mitverfolgen können. Damit

53

haben sie auch jederzeit Zugriff auf die Gestaltung, wiewohl diese einer klaren Regie bedarf. Das muss kein Widerspruch sein.

In der Regel muss man mindestens sechs Personen ansprechen, um drei geeignete zu finden.

2.2 Biblische Korrelation

Die Pastorin (und ggf. der zweite Leiter des Projekts) haben drei Menschen für den Gottesdienst gewinnen können, das heißt, sie wissen, mit wem sie es tun haben werden: eine Hebamme, ein Kinderarzt und eine Frau vom Jugendamt, die den Eltern die Neugeborenen „wegnehmen" kann, wenn sie den Eindruck hat, dass das „Kindeswohl" gefährdet ist.

Sie suchen sich nun eine biblische Passage aus, die sie als Grundlage für den Gottesdienst nehmen möchten. Die in der Bibel zur Schrift geronnene Lebens- und Glaubenserfahrung soll mit den Erfahrungen der Expertinnen und Experten korrelieren. Alle sollen einander im direkten Vergleich erhellen.

In diesem Fall „Geburt" fällt die Wahl nicht schwer. Die Weihnachtsgeschichte nach Lukas liegt nahe. In anderen Fällen ist es manchmal schwieriger. Wichtig bei der Wahl ist: Gibt die Bibelpassage einen interessanten Deutungszusammenhang ab für die Fragen und das Gespräch?

Ein Kollege hat sich zum Beispiel das Thema „Geschwisterlichkeit" als Grundidee für alte und neue Lebensformen gewählt. Eine ältere Diakonin, ein Wohnprojektler und ein Kommunitätsmitglied werden kommen. Hier muss er suchen. Soll der Akzent „Schwestern und Brüder Jesu und Kinder Gottes" sein (Paulus)? Dann prägt der Zusammenhang in die eher ausdrücklich christlich-bekennende Richtung. Der Mann aus dem Wohnprojekt ist aber ausdrücklich nicht christlich orientiert. Das passt also nicht. Oder wählt er die vielen „Gaben im einen Leib"? Das thematisiert versöhnte Verschiedenheit und kann im weiteren Sinn auch für Gemeinschaften gelten, die sich nicht christlich verstehen. Er entscheidet sich für die Korintherstelle mit den Gaben, weil er anhand dieser Dialektik am besten den Geist der jeweiligen Gemeinschaft ermitteln und vergleichen kann.

Der biblische Bezug soll im Folgenden auch die Grundlage der Fragen bilden, die den Expertinnen und Experten gestellt werden. Die Weihnachtsgeschichte hat als markantes Profil den ungewöhnlichen *Ort*, also legt sich die Frage nahe: „Was kann man über den Ort sagen, an dem Kinder zur Welt kommen?" Zum Zweiten durchzieht als Querschnittsthema die Frage „Wie soll ich (Herodes, Weiser, Hirte, Maria, Josef, Israel, Erde) dich, Jesus, *empfangen?*" – Entsprechend werden die Beteiligten gefragt, was sie erzählen können über die Reaktionen von Menschen und Einrichtungen auf eine Geburt, das heißt auch, wie technisch oder menschlich eine moderne Gesellschaft ihre Neugeborenen aufnimmt. Und drittens ist und bleibt Weihnachten ein *Wunder*, und die Pastorin fragt die Expertinnen und Experten also: „Wo ist das Wunder bei den Geburten, die ihr kennt?"

Diese drei Fragen bilden das Gerüst für das folgende Interview. Wenn es jemandem schwerfallen sollte, darauf zu antworten, werden sie offener fragen: z. B. „Was hat Sie überrascht?" oder „eine eindrückliche Begegnung". Aber rund um die Geburt gibt es vermutlich genug zu erzählen. Anhand der drei Fragen lässt sich später auch die Collage aus Antworten komponieren. Die Beschränkung auf drei Fragen hat sich bewährt, damit man nicht in Erzählungen ertrinkt. Die Collage soll inklusive der geistlichen Einlassungen und Musik 30 Minuten nicht überschreiten.

2.3 Interview

Die drei Expertinnen bzw. Experten werden möglichst gemeinsam befragt. Sie werden kaum miteinander reden während der Befragung, aber sie hören einander zu und werden durch die Antworten der anderen angeregt. Das Gesprächsklima soll von Anfang an offen sein, das heißt, die Pastorin wird sagen, dass sie die Beiträge der Experten mit dem biblischen Text korrelieren will, aber ihnen wiederum auch nichts vorschreibt. Alle sollen von allen wissen was sie denken und wollen.

Die Fragen sind offen gestellt, das heißt, sie wollen eine Episode oder eine Einsicht evozieren, nicht nur ein Ja oder Nein. Episoden sind konkrete Erlebnisse, detailgenau und farbig. Das Schöne lässt sich nicht zusammenfassen, man muss es in seiner ganzen Größe zeigen.

Einer stellt die Fragen und jemand anderes *protokolliert* die Episoden – jede auf eine *Karte* mit großer Überschrift – und mit kleinerer Schrift darunter die Leitmotive des Erzählten, damit man sich später gut erinnern kann. Jeder Person wird eine andere Kartenfarbe zugewiesen, damit man nachher die Personen anhand der Farben gut unterscheiden kann. In der Regel reichen die drei Fragen aus, um genügend Material zu sammeln, denn es ergeben sich aus dem Interview selbst noch überraschende andere Episoden, die dazukommen.

Ist das Interview fertig, kann man noch frei miteinander erzählen oder sich gegenseitig fragen. Aber das fließt nicht mehr in die Collage, es sei denn, dort zeigt sich noch eine kleine Sensation.

Die Experten werden nach dem Interview gebeten, ein *Requisit* aus ihrer Arbeit mitzubringen, das groß genug ist für die Kirche und anhand dessen man sie klar identifizieren kann (Arzt – Stethoskop). Außerdem überlegen alle gemeinsam ca. 30 Minuten in der Kirche, wo und wie sie sich präsentieren wollen. Gute Erfahrungen haben wir gemacht mit Bühnenpodesten, die Chöre verwenden: Größe ca. 2 mal 1 Meter, ca. 50 cm hoch, damit man gut von der Mitte der Kirche aus sehen kann. Jeder Experte bekommt ein Podest für sich, darauf stehen: der für sie typische Stuhl, ein Bodenbelag, der passt, eine elektrische Lampe, die man an- und ausschalten kann und andere Requisiten, die die besondere Expertise dieses Menschen ausmachen (z. B. Ordner für die Frau vom Jugendamt, ein Telefon u. a.). Diese optische Klarheit hilft der Gemeinde bei der schnellen Orientierung.

Die Interviewten erfahren, dass aus ihren Beiträgen nun bis zum nächsten Mal der erste Entwurf einer Collage gefertigt wird. Der wird ihnen beim nächsten Treffen vorgelegt, und sie haben auch da Mitspracherecht, das heißt, sie können streichen, ergänzen oder umstellen.

Dies Vorrecht, die Collage allein zu erstellen, minimiert die Debatten um die richtige Reihenfolge. Die Leiter können auch aus einem relativen Abstand heraus besser beurteilen, was entbehrlich ist für den Kasus.

Dann ist das erste Treffen beendet, und das nächste wird vorbereitet.

2.4 Drehbuch

Der Leiter formt bis zum nächsten Treffen – hier Probe 1 genannt – die o. g. Collage nach bestimmten Kriterien dramaturgischer Logik. Entscheidend bei dieser Kunstform ist: Es geht nicht um Effekthascherei, sondern es geht darum, die Beiträge so anzuordnen, dass sie in den Köpfen der Zuhörer miteinander anfangen zu sprechen. Die Stücke sollen max. zwei Minuten lang sein. Man soll den Menschen gut zuhören können, sie sollen nicht blamiert werden. Die Gesamtanordnung soll anregend und spannend bleiben. Dies alles erfordert ein paar einfache Kenntnisse der Gestaltung, für die es Regeln gibt.

Den Ertrag an Episoden legt man auf der Erde mit den Karten aus, schiebt sie hin und her und sortiert aus. Dahinein fügt man die eigenen Beiträge geistlicher Art an den Stellen, die einem sinnig erscheinen. Auch die sollen zwei Minuten nicht übersteigen. Dazu drei kleine Musikstücke, ebenfalls nicht länger als zwei Minuten, die am besten von einem improvisierenden Instrument vorgetragen werden, aber notfalls auch vom Band kommen können.

Dramaturgische Regeln für die Erstellung der Collage:

- Nach einer Musik gehen vor Beginn der Collage alle Beteiligten an ihre Plätze (Podeste).
- Die 1. Person beginnt, indem sie ihre Lampe anschaltet, aufsteht und ansatzlos eine Vorstellung oder eine Episode spricht.
- Es gibt keine Einleitung, keine Verlegenheitsrede („schön, dass sie so zahlreich erschienen sind", „als wir uns das erste Mal trafen, hatten wir viele Fragen" oder dgl.), keine Krankmeldung („wir hatten noch Probleme mit der Mikrophonanlage").
- Je schärfer die Schnitte, das heißt je unverbundener, desto mehr achten die Hörenden auf den Inhalt und desto intensiver müssen sie die Verbindungen selbst knüpfen.
- Max. zwei ähnliche Impulse nacheinander – z. B. ein- bis zweimal eine Selbstvorstellung, dann etwas anderes. Oder max. zwei Verläufe, dann Wechsel zum geistlichen Wort. Nicht dreimal hintereinander ähnliche Episoden, das ermüdet.

- Anfang: 1 bis 2 Personen stellen sich selbst zusammen mit ihrer Arbeit vor, dazwischen oder anschließend folgt z. B. von der 3. Person eine Episode ohne Vorstellung – die kann später (nach 3–5 Minuten) nachgereicht werden.
- Das Ende enthält eine knappe Pointe.
- Das Ende kommt ohne Moderationsrede aus (z. B. „wir wünschen noch einen schönen weiteren Verlauf des Gottesdienstes." oder „gleich geht's weiter mit Musik"). Die letzte Episode oder ein treffender Gedanke beschließt den Reigen der Beiträge. Danach gehen alle Lebensexperten weg von ihren Podesten auf ihre Plätze in der Kirche.
- In der Mitte gibt es 1–2 Höhepunkte. Mehr nicht. Also besonders Eindrückliches. Danach folgt jeweils Musik oder eine Pause.
- Die Höhepunkte folgen nicht direkt aufeinander.
- Nach einem dramatischen Höhepunkt kann etwas Heiteres folgen, das schafft Erleichterung und Kontrast: erst hält man den Atem an, dann lässt man ihn im Lachen laufen.
- Starke Episoden kann man vor ihrem Höhepunkt – an der spannendsten Stelle – unterbrechen durch Musik oder eine Pause, das steigert die Erwartung. Anschließend weiter, wo man aufgehört hat.
- Die geistlichen Einlassungen beziehen sich *ohne Moderationsrede* auf die anderen Inhalte. Nicht: „als ich das hörte, fiel mir eine Geschichte aus der Bibel ein", sondern sofort aus der Bibel zitieren oder paraphrasieren.

  Nicht: „Ich weiß nicht, wie es ihnen geht, aber mich beeindrucken solche Erzählungen." – das ist Meta-Sprache, die aussteigt aus dem Duktus der anderen. Es ist Pseudo-Beziehung zu den Hörenden. Besser: Ansatzlos in den eigenen Gedanken einsteigen, der einem wichtig ist: z. B. „Der Stall als Hütte Gottes bei den Menschen. Das Baby im Schuhkarton. Die Klarheit des Sterns ...". Die Menschen ziehen ihre Verbindungen *selbst*, nicht die Pastorin. Sie reiht sich ein in die parallelen Beiträge und verzichtet auf Moderation oder Ausdeutung der anderen Beiträge. Das erfordert etwas Disziplin, weil es gegen den üblichen Sprechduktus von Predigten geht. Es wird nicht alles ausgesprochen – die Andeutung als Lockform für eigene Gedanken.

- Ein *Kehrvers* kann die Collage durchziehen. Immer wieder steht eine Person auf und sagt einen prägnanten Satz (z. B. „Wer sich nicht in Gefahr begibt, kommt darin um.") und setzt sich wieder. Das ist auch chorisch möglich, das heißt, zwei oder drei Personen stehen auf und sprechen nur diesen Satz.

Wenn alles am vorerst richtigen Platz liegt, schreibt man die Karten und Impulse ab in ein Drehbuch in Tabellenform. Die 7-spaltige Tabelle hat links eine Nummernspalte, damit man bei den Proben genau nennen kann, wo etwas steht, dann folgt eine Zeit-Spalte für die Minutenangabe, dann die fünf Spalten für die drei Expertinnen bzw. Experten, die Pastorin und die Musik.

Diesen Entwurf bekommen bei der Probe 1 alle Anwesenden ausgehändigt.

2.5 Kirchraum und Requisiten

Die drei Podeste sind bei frontal orientierten Kirchen vorn anzuordnen, vielleicht nicht ganz brav symmetrisch, aber gut sichtbar. Ein Stehplatz mit Mikro ist der Leitung vorbehalten – Ehrenamtliche nicht in der Mitte, sondern eingereiht. Lässt die Kirche ein Halbrund zu, so kann man die

Experten in den Fokus des Halbkreises nehmen. Alle vier Sprechenden brauchen Mikrophone. Ansteckmikros sind für Laien nicht so gut geeignet, dann lieber ein richtiges Headset oder ein Mikro, das man in die Hand nimmt.

Dies alles ist für die Probe 1 aufgebaut und angeschlossen, damit man keine Zeit verliert mit technischen Tücken oder fehlender Ausstattung. Die eigens mitgebrachten Requisiten kommen zur Installation dazu.

2.6 Probe

Während dieser Probe geht man ca. 20 Minuten lang im Sitzen das Drehbuch durch. Dabei deutet die betreffende Person ihren je eigenen Schritt an, das heißt, sie spricht im Ansatz das, was sie auch im Interview gesagt hat, aber nicht ganz ausformuliert. Dabei wird auch klar, ob sie sich mit dem Schritt wohlfühlt oder noch etwas ergänzen oder streichen möchte. Ist alles durchgesprochen, schaut man auf die Gesamtanlage und klärt, ob sie so angeordnet ist, dass sich alle gut repräsentiert fühlen. Wenn nicht, sofort miteinander ändern.

Dann schließt sich ein erster Durchlauf an. Die Expertinnen und Experten setzen sich auf die Sitzgelegenheiten auf ihren Podesten, haben das Drehbuch bei sich als Stütze. Die Leitung nimmt ebenfalls Platz an der vereinbarten Stelle. Eine knipst ihr Licht an, steht auf und spricht ohne Vorreden die vereinbarte Episode frei, auswendig und ohne Papier – sie hat sie ja auch im Interview ohne Konzept vorgetragen. Wenn sie fertig ist, setzt sie sich, ein anderer dreht sein Licht an, erhebt sich usw., Pastorin ebenso. Wo das Licht an ist, da ist die Aufmerksamkeit. Dazwischen Phasen ohne Sprache, da spielt Musik, die vielleicht eher von hinten oder aus dem Mittelgang tönt.

Bei diesem Ablauf bekommen alle Beteiligten das erste Mal ein Bild von der Gestalt der ganzen Collage. Danach Nachgespräch und Korrekturen. Menschen, die selten vor Vielen sprechen, reden meist zu schnell und zu privat, das heißt eher vor sich hin wie im Wohnzimmer. Hier sind in der Regel Korrekturen nötig. Vielleicht ist etwas zu langatmig geraten oder stellt sich in der geplanten Reihung als holprig heraus. Hier nachjustieren und die Passage noch mal proben.

Hat die Leitung den Eindruck, man käme mit dieser Probe 1 aus, dann reicht eine weitere kurze Sprechprobe vor dem Gottesdienst. Manchmal müssen aber die Expertinnen und Experten noch mal ausführlicher in einer zweiten Probe Sprechen üben, denn es ist alles vergebens, wenn man sie nicht versteht. Da sich diese frei gesprochenen Passagen bei Laien, das heißt nicht professionell sprechenden Menschen, „abnutzen", das heißt ihre Frische verlieren können, muss man vermeiden, sie zu sehr zu „überproben".

2.7 Gottesdienst

Mindestens eine Stunde vor dem Gottesdienst brauchen alle eine Sprechprobe, damit sie sich erinnern an deutliche Sprache, Pausen, die Abfolge usw. Es reicht, wenn man dabei nur die jeweiligen Anfänge der Episoden probt, nicht alles.

Der Gottesdienst ist liturgisch weitgehend normal gestaltet, die üblichen Orte für Lesung, Gebet und Gesang werden eingehalten. Nur die Predigt wird durch die Collage ersetzt. Wegen der Länge der Collage und der veränderten räumlichen Organisation ist ein Abendmahl in diesem Gottesdienst nicht angebracht.

Die Fürbitte ist aus Erfahrung der geeignete Ort, die Menschen und ihre Erlebnisse Gott hinzuhalten – dazu alles, was

in diese Themen passt. Hier kann man einmal „punktgenau"
beten, weil Konkretes im Raum ist. Das sollte man auch nutzen und nicht die üblichen Pflicht-Fürbitten rappeln.

Die Menschen, die sich in der Kirche in diesem Gottesdienst zeigen, erleben es als besondere Würdigung, an so
vertrauenerweckender und auch zeitübergreifender Stätte
mit ihrem Leben vorzukommen. Das ist auch etwas anderes
als in Infoabenden im Gemeindehaus. Entsprechend schön
ist es, wenn Pastorin bzw. Pastor ihr Leben und das anderer
Verbundener auch im Gebet „Gott anempfiehlt".

Nach dem Gottesdienst empfiehlt sich ein Treffen mit
der Gemeinde im Kirchraum rund um die Podeste mit den
Requisiten. Die Leitung und die Expertinnen und Experten
bleiben und lassen sich ansprechen. So erhält das Team Resonanz, und es entspinnen sich oft gute Gespräche. Hier kann
auch Zeit sein für Debatten – wenn man das möchte.

2.8 Projektdauer und Werbung

Die *Suche* nach dem Thema und geeigneten Experten kann
sich über ein Vierteljahr erstrecken oder innerhalb von drei
Tagen erledigen, dafür gibt es kein Maß. Wer länger als drei
Monate an Themen- bzw. Experten-Auswahl bastelt, sollte
es lieber lassen. Wenn man es in der Zeit nicht schafft Menschen zu finden, dann wird es auch im Folgenden nichts.

Die konkrete *Arbeitsphase* vom Interview bis zum Gottesdienst sollte nicht länger als drei Wochen dauern, damit die
Menschen und der Stoff frisch bleiben.

Werben wird man auf den üblichen Wegen, sicher auch
im Bekanntenkreis der Experten selbst, ggf. in der kommu-
nalen Zeitung, besonders, wenn allgemeine Belange berührt
sind.

2.9 Arbeitszeit

Suche und Vorgespräche: 4–6 h
Interview: 2 h
Auswertung Interview – Erstellung Collage inkl. der eigenen
Beiträge darin: 2–3 h
Installation Ort und Requisite: 1 h
Probe 1: 2–3 h
Probe 2 (fakultativ): 1 h
Gottesdienstvorbereitung: 1 h
Organisationsaufwand (Küster, Musik, Logistik, Absprachen):
    1–3 h
Gottesdienst inkl. Nachtreffen: 3 h
Summe: min. 16 h und max. 23 h

3. Reflexion

Nur wenige Gemeinden nehmen in ihren homiletischen
Themenkanon auf, was im Stadtteil geschieht, im Altersheim
oder auf dem Arbeitsamt. Und wenn, dann eher als zitiertes
Beispiel durch den Mund der Profis, die solche Felder eher
als Illustration für den „eigentlichen" Topos, die Homilie verwenden. Wir würden diese Gewichtung in Ergänzung zum
herkömmlichen Gottesdienst gerne umdrehen. Als Ergänzung zum normalen Predigen. Reale Vertreter von Lebens-
welten sind in der geistlichen Mitte der Gemeinde zu sehen
und zu hören. Der Bericht und die Mischung von Berichten
wirken an sich und werden behutsam durch theologische
Bemerkungen beleuchtet.

Menschen möchten und sollen sich im Gottesdienst
abwenden vom alltäglichen Getriebe bzw. von ihrer Lange-
weile. Sie haben ein Recht darauf, in die alten Vollzüge der

Liturgie und die Logik der Bibel von sich weg und wieder auf sich entführt zu werden. Nicht zuletzt die Pastoren selbst brauchen den „Normalfall Gottesdienst" für ihre geistliche Amtskontinuität. Aber manchmal hat man das Gefühl, zumindest die Predigt drehe sich nur noch um das individuelle Schicksal, die bürgerlichen Lebensfragen, die Seele und die Gnade. Hier könnten Impulse von außen der geistlichen Rede aufhelfen. Sie kann genauer werden, bezogener auf Verhältnisse, die sie wirklich kennt. Menschen spüren, ob die Pastoren Bescheid wissen, wenn sie über Wirtschaftsfragen sprechen. Diese Welt ist differenzierter als jede Predigtvorbereitungsbroschüre. Wer sich dazu jenseits von Klischees äußern will, muss sich wenigstens in einem Teilaspekt informiert haben, sonst redet er peinliches Zeug. Dann ist es besser, über die Seele zu sprechen.

Damit wir gelegentlich in echte Wirklichkeit hinein biblisch orientiert sprechen können, dafür dient dieses Projekt auch.

3.1 Hinschauen als Urgeste der Korrelation

Indem wir Lebensexperten einladen, zeigen wir, dass wir nicht alles wissen (können). Das sich ständig weiter ausdifferenzierende Leben ist nur noch schwer auf einen Nenner zu bringen, schon gar nicht von kirchlicher Dogmatik – auch wenn sie meint, das zu können.

Pastoren sind Expertinnen und Experten im biblischen Verstehen – und dessen Bezug zu Menschen. Die Experten wissen um das Leben. Beide zusammen ergeben ein unschlagbares Team in Sachen Korrelation.

Schon das Interview, das sich aus einem biblischen Zusammenhang heraus versteht, ergibt in der Regel so viele erhellende Erzählungen, dass sich die homiletischen Verbindungen regelrecht aufdrängen. Niemand muss mehr krampfig nach „Beispielen aus dem wirklichen Leben" suchen, weil sie so auftauchen, wie man sie sich nie ausdenken könnte.

Die Frage entstammt dem biblischen Befund: „Was lässt sich sagen über den Ort der Geburt?" Sie enthält die Vermutung, man könne auch im wirklichen Leben analoge oder kontrastierende Strukturen auffinden, wie sie die Bibel mit Stall und Krippe aufweist.

Die Jugendamtsmitarbeitende (Thema „Geburt") berichtet z. B., wie sie einer wohlsituierten Piloten-Gattin mit heimischer Vollausstattung ihr erstes Baby wegnehmen muss, weil sie wegen ihrer langfristigen Einsamkeit depressiv und nahezu handlungsunfähig ist. Gleichzeitig wird sie in eine Schlichtwohnung am Ortsrand gerufen, weil eine sechsköpfige Familie in einem Raum lebt und schläft, die Kinder in Bettkästen an den Wänden, das Neugeborene in einem Schuhkarton, ausgestattet mit Puppenwäsche. Aber menschlich und ernährungsmäßig geschieht hier alles völlig korrekt, alle kümmern und freuen sich, wissen auch, wie man mit einem Baby umgeht – nur die Umstände sind ungewöhnlich, jedoch ohne jede Gefahr für das kleine Wesen. Sie kann beruhigt gehen ohne Maßnahmen und besorgt ein Kinderbett für die Familie. Wer wollte sich so etwas ausdenken? Wie reich und differenziert ist das wirkliche Leben, wenn man ihm auf die Finger schaut? Und wie einfach fällt mit dieser Episode nun die Korrelation zu Stall und Krippe – man muss fast nichts mehr dazu sagen. Es reicht, die entsprechende Passage aus Lukas als weiteren Collagenbaustein zu lesen, und jeder begreift.

Wer genau hinschaut, dem drängen sich die passenden Korrelationen zur Bibel von selbst auf. Insofern ist das Projekt eine Art Wirklichkeitskunde bzw. Lebensexegese und Bibelkunde zugleich.

3.2 Gegenseitige Würdigung

Die *Kirche würdigt Menschen*, wenn sie sie in ihrer „heiligen" Mitte, dem Gottesdienst, zu Wort kommen lässt. Sie will Menschen dort groß sein lassen, wo sie in „ihrem Element" sind. Sie schaut zu, wie sie zeigen, was sie können und lieben. Sie unterbricht den Modus, Menschen von den heilsamen Wirkungen des Christlichen zu unterrichten, damit sie verwandelt in ihre Wirklichkeit gehen. Sie stellt die Richtung auf den Kopf. Sie erwartet von Menschen, dass sie das ihre dazutun, dass wir gemeinsam die synchrone Wahrheit in Bibel und Leben entdecken. Damit erhebt sie die nichttheologisch Gebildeten in den Stand der Wahrheitsvermittler. Sie tut damit konsequent das, was ihr Proprium ist, wenn sie das Priestertum aller glaubenden Menschen proklamiert. Und mehr noch: Sie erwartet sogar von nichtgläubigen Lebensexperten Aufschlüsse über das Eigene. Das ist eine explizite Ehrenerklärung an alle, die etwas vom Leben verstehen.

Und die wir erlebt haben in den Gottesdiensten mit Experten, haben es auch genauso verstanden. Einer sagte wörtlich: „Ich gehör ja nicht zur Kirche, ich bete auch nicht und glauben tu ich nicht, das bleibt auch so. Aber dass ihr mich so offen und ohne schräge Absichten hier habt reden lassen, das rechne ich euch hoch an – und das sag ich weiter."

Und andersherum: *Menschen*, egal welchen Glaubens, *würdigen die Kirche*, indem sie sich befragen lassen und im Zusammenhang eines Gottesdienstes auftreten. Sie halten sie trotz aller Vorurteile (tendenziös!, altbacken! usw.) für geeignet, lauter und ohne Nebenabsichten nach der Wahrheit zu suchen. Sie tragen ihr Wertvollstes in die Mitte der Gemeinde – oft sogar in berührenden Offenbarungen, die sie sich an anderen Orten nicht zu sagen trauen.

Damit hier keine Peinlichkeiten entstehen, hilft die inszenierte Collage, zu regulieren.

3.3 Offenes Kunstwerk – Korrektur der Homiletik

Wer Predigthörer nach dem fragt, was sie gehört haben, muss bisweilen ernüchtert feststellen, dass sie sich offenbar in einem anderen Film befanden. Der Wunsch, eine Predigt so zu formulieren, dass sie möglichst einheitlich verstanden wird, ist ohnehin überholt. Niemand hat ein Recht auf passgenaue Rezeption. Und doch zielen exegetisches und systematisches Studium tendenziell darauf.

Die Collage stellt kleine Elemente mit scharfen Schnitten (das heißt ohne Überleitung) so zusammen, dass schon eine thematische Einheit sichtbar wird, aber keine klare Deutungsintention. Wer die drei Expertinnen und Experten und die Pastorin im Wechsel ihre Impulse sprechen hört, muss sich selbst einen Reim machen. Was zu entdecken sei, wird nicht vorgekaut, sondern selbst gedacht. Dadurch bleibt eigenartig offen, was nun für alle gelten soll. Jeder kann etwas Eigenes verstehen. Da sich das der Kontrolle der kirchlichen und pastoralen Lehre entzieht, ist es brisant. Wer sich nach dem Gottesdienst mit allen zusammensetzt und über die gewonnenen Einsichten spricht, ist erstaunt über die Vielfalt der Gedankengänge.

Dies ist kein Privileg der Collage. Eine gute Predigt, die nicht alles definieren will, kann das auch anrichten. Aber es bleibt der Gestus der Belehrung – und bei den Rezipienten der Gestus des eher von fern Folgenden. Dagegen schildern Menschen nach solch collagierten Verkündigungsteilen, sie seien viel mehr „drin", das heißt enthalten gewesen im Geschehen, weil Menschen wie sie vorn aus ihrem Leben berichten. Manche sagen auch, sie hätten „anders" verstanden als sonst, gar nicht unbedingt „anderes", sondern anders: involvierter.

3.4 Missionarischer Impuls

Gottesdienst muss nicht missionarisch sein. Er kann und darf sich auf Wiederbelebung des Glaubens beschränken. Er bleibt rührend zwecklos. Menschen dürfen hier unter sich sein und zu sich, den anderen und Gott finden. Aber diese Form braucht Ergänzung. Wo sich eine Gemeinde im Gottesdienst den Menschen zuwendet, die auch noch in und neben ihr leben, öffnet sie sich und erwirbt dadurch ein neues Recht, gehört zu werden. Die Teilnehmenden bringen sowieso Freunde mit, das sind also neue Menschen im Gottesdienst. Aber darüber hinaus spricht sich mit der Zeit auch herum, was man da erleben kann, und eine Gemeinde, die das pflegt, kommt in den Ruf, auch Menschen außerhalb ihrer selbst ernst zu nehmen. Dafür genügen schon 3–4 Gottesdienste dieser Art jährlich. Nur wer sich zuwendet, kann auch erwarten, dass Menschen sich der Kirche zuwenden.

Die unprätentiöse und nicht-hoheitliche Geste, Menschen gleichwertig neben den Impulsen der Pastorin zu Wort kommen zu lassen, setzt ein Zeichen für gelingende Kontextualität.

3.5 Stärke, nicht Schwäche

Wer Menschen so einlädt, tut dies nicht, weil er Angst hat, dass ihm die Leute weglaufen. Er tut es, weil er sich so heiter und tief in der eigenen Tradition verankert weiß, dass er die „Anderen" furchtlos in sein „Heiligtum" laden kann. Aus der Mitte heraus lebend weiß er: Alle, die guten Willens kommen, werden die Mitte bereichern und aus ihr reicher entlassen als sie kamen.

3.6 Kennenlernen

Pastoren, die dies Projekt hinter sich haben, sagen, sie hätten völlig neue Einblicke in ihren Gemeindebereich erhalten. Kasualien führen sie ja schon immer in die Häuser. Aber diese thematisch orientierte Suche zwingt zum Hinschauen, sie müssen hingehen, fragen, staunen, mitdenken. Das alles kostet etwas Zeit, aber alle berichten von viel Vergnügen und Erkenntnisgewinn. Gleichzeitig lernen wichtige Leute im Stadtteil oder Ort die Pastorinnen und Pastoren kennen, und das von ihrer freundlichsten Seite.

3.7 Kasual-Gottesdienst der anderen Art

Im Prinzip übernimmt dieser Typ Gottesdienst Grundlinien der kasualen Praxis. Dort steht Biographie in der Mitte, hier auch – aber nicht allein, sondern biographische Erfahrung im Dienst eines Themas. Anders als bei der gängigen Kasualpraxis kommen bei den Lebensexperten Sachkenntnisse hinzu, die ein soziales oder politisches Feld eröffnen.

Beide Formen entstehen, weil das Leben in die Kirche kommt und zuerst im Fokus steht – in Relation dazu der biblische Text.

4. Verbreitung des Projekts unter Pastorinnen und Pastoren

Nach einigen Gottesdiensten, die uns als Pilotprojekte erste Erfahrungen bescherten, haben wir dies Modell im Herbst 2010 in zwei einwöchigen Fortbildungskursen für Pastorinnen und Pastoren in Deutschland und der Schweiz vermittelt. Das heißt, das Modell geht „in Serie". Die soziale und kulturelle Relevanz hat Kollegen interessiert. Sie haben sich sogar darauf eingelassen, im Vorlauf zum Wochenkurs mit unserer Hilfe drei Lebensexperten samt Thema zu finden. Während der Wochen haben wir dann auf drei Ebenen gearbeitet:

a. Bearbeitung ihrer Ideen für den Gottesdienst zu Hause – das heißt den biblischen Zusammenhang ermitteln, Fragen finden und ggf. die Personenwahl korrigieren
b. Vorbereitung und Durchführung eines Live-Gottesdienstes während des Kurses mit extra eingeladenen Lebens-ExpertInnen
c. Übung in Regie, Collagenerstellung und Befragung

Dem Verein „Andere Zeiten" gebührt Dank für die finanzielle Unterstützung dieses Projekts bei Entwicklung und Verbreitung!

5. Materialien zur Anschauung

5.1 Beispiel Werbung für Gottesdienst mit Lebensexperten
im Advent

„ZUR WELT KOMMEN"
Gottesdienst mit Lebensexperten

Welten rund um die Krippe
Menschen erzählen erlebte Geschichten – im Gottesdienst
in der Kirche. Statt Predigt. Drumherum sitzt die Gemeinde.
Eine Hebamme erzählt über die Kultur der Geburt und die
Wunder des Lebensbeginns, eine Frau aus dem Jugendamt,
was passiert, wenn es problematisch wird, ein Kinderarzt
und Vater berichtet, was er auf beiden Seiten seiner Rollen
entdeckt.

Dies alles könnte an eine berühmte Begebenheit erinnern, der wir eine ganz andere Wirklichkeit auf Erden verdanken. Bei der wir feiern, dass zur Welt kommt, was uns
zusammenhält.

Das Gotteskind fiel hinein in das, was ist, die Welt. Wir
hören die Geschichten der Experten der Wirklichkeit und
kommen damit im Gottesdienst zur Welt.

Klanglich begleitet werden wir von Blasinstrumenten
und Wasserstichorgel:
Ensemble Anklang.

Mitwirkende:
Die Hebamme – Verena Grüber, Hebamme für häusliche
Geburten, Lüneburg
Die Sozialarbeiterin – Jenny Schimanke, Sozialfürsorgerin im
Jugendamt, Bad Oldesloe
Der Vater und Kinderarzt – Dr. Stefan Begemann, Hamburg

Musik – Beate Gatscha und Gerd Anklam, Berlin
Orgel – örtlicher Kantor
Leitung – Angelika Hüffell und Thomas Hirsch-Hüffell

Gottesdienste am
- Samstag 13. Dezember 2008, 18 Uhr, Christianskirche Ottensen, Klopstockplatz, HH-Altona
- Sonntag 14. Dezember 2008, 11 Uhr, Katharinenkirche, Katharinenkirchhof, Hamburg

Das Konzept dieser Gottesdienste kann ausgeliehen und abgelauscht werden für eigene Initiativen vor Ort. Wer also erleben will, wie sich Weltnähe und Liturgie miteinander verhalten, lässt sich dieses deutschlandweit erste Projekt nicht entgehen.

Ein Initiative des gottesdienst instituts nordelbien
www.gottesdienstinstitut-nek.de

5.2 Beispiel für ein „Drehbuch" zum Thema „Übergänge"

(folgende Seiten)

Nr	Musik und Minuten	Susanne Grundschullehrerin	Dietmar Krankenpfleger für häusliche Pflege	Maja Rezeption Pilgerhotel	Pastor Kirchengemeinde
1	1	Selbstvorstellung			
2	2		Ich baue eine Brücke zur Außenwelt und bin die lebendige Korrektur der Fernsehbilder. Beispiel: jüngerer Mann mit Hauterkrankung – muss zu Hause bleiben		
3	2	Ich baue jeden Morgen eine Brücke für die Kinder: Jeden Morgen von zu Hause in die Schule. Am Ende des Kindergartens zur Schule und nach der Primanerzeit Übergangsfigur für die Mittelstufe			
4	1		Selbstvorstellung		
5	2		Was Patienten erhalten wollen *für sich*:		

	Selbstvorstellung Ort: Hotel Jakob Ort am Pilgerweg Meine Aufgabe Ich bin verheiratet und habe 2 Kinder. Begegnung mit der jungen Pilgerin: Ich probiere erst was aus, ich muss nicht alles auf einmal schaffen. Das kannst du auch. Ich kann alles loslassen. Und das schwierigste
was retten? Selbständigkeit bewahren gesehen werden in der Leistungsfähigkeit so lange wie möglich beansprucht werden *für Angehörige –* was retten? Tischgemeinschaft Alltagsrituale vertrauter Ort, Umgebung	

Nr	Musik und Minuten	Susanne Grundschullehrerin	Dietmar Krankenpfleger für häusliche Pflege	Maja Rezeption Pilgerhotel	Pastor Kirchengemeinde
6	2			ist die Rückkehr in den Alltagsbetrieb. Irgendwie entdeckt man sich beim Pilgern selber.	
7	2				Geistliches Wort
8					
9	1		1 Satz: mit den Menschen, die da sind, den nächsten Schritt weitergehen		
10	2	Der Junge aus Pakistan			
11	2		„Kampf" mit der depressiven Frau, ihr Klagen hören, dranbleiben		
12	Zwischenspiel 2 Min.				
13	1		Erlösung der depr. Frau – 1 Jahr später – von woanders her		

Nr	Min				Geistl. Wort
14	2				
15	2			Ich habe schon viele Übergänge erlebt. Vom Wallis nach England, von England nach Zürich, von der Bank ins Restaurant, aber ein Übergang war besonders: Wie ich meinen Mann kennengelernt habe ...	
16		Zwischenspiel 2 Min.			
17	2	Überraschung stummes Kind			
18	2		Begleitung Ehepaar Erst Streit um die richtige Behandlung des kranken Mannes, dann Tod, dann Umarmung		
19	2			Die fremde Stumme Ich habe einmal ein Ehepaar aus einem östlichen Land im Hotel erlebt.	

Nr	Musik und Minuten	Susanne Grundschullehrerin	Dietmar Krankenpfleger für häusliche Pflege	Maja Rezeption Pilgerhotel	Pastor Kirchengemeinde
				Sie sprach überhaupt nicht und war verschleiert. Sie war allein im Hotel, weil er tagsüber unterwegs sein musste. ... Am Ende: Freude hinter dem Schleier nach einer Woche	
20	1		1 Satz: mit den Menschen, die da sind, den nächsten Schritt weitergehen		
21	2	Übergang Beruf – Muttersein, was aufgegeben, was gewonnen? Pilze			
	Musik				
22	2				Geistl. Wort

23	2		ich stand vor der Entscheidung: heiraten oder nicht, da Traum: traurige Frau, die selber aus der Trauer herauskommt – dann gebe ich ihr einen Kelch zu trinken			
24	2			Ich möchte einmal auch pilgern. Mal alles hinter sich lassen. Aber ich weiß nicht, ob ich das schaffe. Ich weiß auch nicht, was mich erwartet. Aber ich bin neugierig ... Den eigenen Weg finden?		
25	1	Satz: Offen und empfänglich bleiben.				
26	Musik zum Übergang zurück in die Liturgie 2 Min.					

5.3 Beispiel für den Ablauf eines Gottesdienstes im Advent

Ev.-Luth. Kirchengemeinde Hamburg-Ottensen
zusammen mit dem gottesdienstinstitut nordelbien

„ZUR WELT KOMMEN"
Gottesdienst am Vorabend zum 3. Advent 2008
Lektor Thomas Hirsch-Hüffell
Kantor Bert Lehsten
Pastor Michael Rose

- Musik zum Eingang – Anklang
- Begrüßung (Liturg Michael Rose)
  Eingangsgebet

Am Ende des Tages,
lege ich ab, was mich beschwert.
    Ich lege ab die Hast meiner Schritte,
    die Härte in meiner Stimme.
Ich lege ab die Furcht vor der Leere,
die Wünsche von gestern.
    Ich lege ab die Gleichheit meiner Gedanken,
    die Schwere meiner Aufgaben.
Ich lege es ab vor dir, Gott.
    Ich lege es ab vor dir, Gott.
Ich lege an den Glanz des Feuers, die Ruhe des Herzens.
    Ich lege an die Poesie der Sanftmut
    und die Aufmerksamkeit meiner Seele.
Ich nehme es von dir Gott.
    Ich nehme es von dir Gott.
Alle: So feiern wir das Fest der neuen Erde und des neuen
Himmels schon jetzt im Namen Jesu. Amen

- Psalmgebet und Halleluja (Kantor u. Gemeinde)
- Kyriegebet (Liturg)
- Kyrie eleison, Christe eleison, Kyrie eleison (Nr. 178.9)
- Abendgebet (Liturg)
- „Schweige und höre" (Nr. 614)
- Lesung Lk 1,26 ff. Verkündigung
- Glaubensbekenntnis: EG 4 nun komm der Heiden Heiland
- Musik: Anklang – Motiv aus EG 4 übernehmen und langsam leiser werden
- Lebensexperten erzählen, wie Menschen zur Welt kommen
- Musik: Anklang
- Fürbitte und Vater unser (Liturg)
- Entlassung und Segen (Liturg)
- Lied: EG 13, Tochter Zion, 3. Str.
- Segen (Liturg)
- Musik: Anklang

5.4 Themen für Gottesdienste mit Lebensexperten

Hilfe – wir vergreisen
Interessanter alter Mensch
Altersheimleitung
Kreuzfahrtkapitän
Jugendliche aus generationsübergreifendem Wohnprojekt

Herz!
Herzarzt
Mensch mit Herztransplantation oder Eingriff am Herzen
Verliebt (Herz verloren) über ein ganzes Leben

Sehen
Wahrsagerin
Fotograf
Augenarzt
Blinder

Entsprechend:
Hören
Riechen
Schmecken
Tasten

Kinderkommerzialisierung
2 Kinder
Eltern
Kaufhausdetektiv

Virtuelle und reale Welten
Facebook-Nutzer
Mensch mit Zweitwelt/Internet-Sucht-Mensch
Mobbing-Geschädigter durch Internet (Schüler-VZ u. a.)
Erlebnispädagoge für schwererziehbare Menschen
Kirchenmensch (reales Treffen contra virtuelles Treffen)

Neue Armut
Schuldnerberater
Polizist
Gerichtsvollzieher
Leiter eines Sozialkaufhauses
Armer auskunftsbereiter Mensch/Verkäufer Obdachlosen-
zeitung

Plötzlich alles anders
Notfallseelsorger
Notarzt
Hebamme
Börsenmakler
Betroffener

Trost-Orte
Trinkhallen
Bestattungsunternehmen
Kirche
Försterei
Wellnessbereiche
Freundeskreis

Wutauslöser
Stadion-Ordner
Polizist
Kassierer von Aldi/Lidl
Busfahrer
Lehrer
Kampfsportler im Fitnesscenter

Zusammenleben von Menschen mit und ohne Behinderung
Wohngruppen-Leitung
Vertreter für „Leichte Sprache" – für mehr Verständlichkeit
Ehemaliger Anstaltsinsasse, der jetzt frei lebt
Nachbar von Menschen mit Behinderung
Mensch mit Behinderung

Abnehmen
Absolvent eines Gewichtsabnahme-Kurses (Weight Watchers o. ä.)
Kirchenpräsident
Firmen-Controller
Mensch ohne Arbeit

Versuchung und Redlichkeit im Beruf
Arzt
Produzent von Popstars
Revisor

Der Anfang im Ende
Bestatter
Hebamme
Berufsaussteiger

Oktober 2010, Angelika Hüffell und Thomas Hirsch-Hüffell
www.gottesdienstinstitut-nordkirche.de

Passagen –
Gedankengänge zwischen Kultur und Glauben I

Die für das Thema dieses Buches exemplarische Veranstaltungsreihe des Zentrums für evangelische Predigtkultur sind die Passagen – Gedankengänge zwischen Kultur und Glauben. In Zusammenarbeit mit verschiedenen Partnerorganisationen stand die erste Passage des Jahres 2012 unter dem Thema Säkularisierung. Der kanadische Politologe und Philosoph Charles Taylor kam nach Wittenberg, las Ausschnitte aus seinem Buch „Das Zeitalter der Säkularisierung" (Frankfurt a. M. 2009) und stellte sich mit nordamerikanischer Gelassenheit den Fragen des Publikums. Der Philosoph und Journalist Dirk Pilz fasste Taylors Gedanken aus der Perspektive seines Gesamtwerkes zusammen. Der Religionswissenschaftler und Judaist Martin Treml vom Berliner Zentrum für Literatur- und Kulturforschung zeigte Verbindungen zu weiteren Säkularisierungskonzeptionen auf und machte nicht zuletzt die Aktualität dieses Themas deutlich.

Dirk Pilz

Igel, Füchse und die Wahrheit

Glaube unter den Bedingungen der Moderne

Wenn einem die Aufgabe zuteilwird, vor interessierter Runde von dem kanadischen Denker Charles Taylor und dem Gottesglauben unter den Bedingungen der Moderne zu handeln, wenn einem also die Aufgabe gestellt – oder soll ich sagen: zugemutet? – wird, eher knapp zu verhandeln, wofür andere, Charles Taylor zum Beispiel, Jahre an Forschungsarbeit brauchen, macht man rasche Bekanntschaft mit den Gefühlen der Bangigkeit. Nicht nur, weil Taylor über ein ungeheuer umfassendes Wissen verfügt – dies ohnehin –, sondern vor allem deshalb, weil mir etwas mangelt, was diesem Philosophen eigen ist: *Weisheit*. Weisheit ist ja eine Währung, in der heute eher selten gehandelt wird, in den Akademien ist mit ihr zum Beispiel kaum Staat, also keine Karriere zu machen. Aber das besagt nicht viel, denn der Gehalt eines Denkens ist noch immer nicht daran zu ermessen, ob einem die Jobagentur oder die Öffentlichkeit angemessen Aufmerksamkeit schenkt, sondern ob es erschließende Kraft hat, ob es ein Phänomen, einen Begriff, eine Geschichte zu durchdringen vermag. Und ob es Schönheit hat. Das zumindest gilt für Charles Taylor. Denn sein Denken speist sich, so glaube ich, aus zwei Quellen: dem Glauben und der Kunst. Den Sinn des Lebens, um gleich aufs große Ganze zu zielen, diesen Sinn, sagt Taylor in seinem früheren Buch über die Entstehung der neuzeitlichen Identität, in „Quellen des Selbst", ihn finden wir, indem wir ihn artikulieren, und Kunst wie Glauben sind zwei sehr elaborierte, ausgewiesene Weisen, ihn zu artikulieren.

Das ist mir beides sehr nah, Kunst und Glaube. Gerade deshalb bringt mich das hier anvisierte Thema in die Nahbereiche der Panik: Wie sprechen über etwas, das einem so nahe ist? Wie sprechen, ohne bloß nachzuplappern, über einen Philosophen, der gleichsam auf derselben Seite des Flusses sein Zelt aufgeschlagen hat?

Sie sehen: Ich drücke mich, auf mein Thema zu kommen – auf den Glauben unter den Bedingungen der Moderne. Ich habe aber eine gute Entschuldigung, ich tue nämlich, was Charles Taylor tut, ein Thema vorsichtig umkreisen, mehrere Wege und Worte probieren, von verschiedenen Seiten an die Sache heranschleichen. Dieses Einkreisen gehört wesentlich zur Art und Weise, *wie* Taylor philosophiert. Auf die alte und vieldiskutierte Frage, ob Philosophie auch eine Kunst sein kann, gibt er damit die Antwort, sie bediene sich zumindest künstlerischer Strategien.

Das ist keine Selbstverständlichkeit. Immanuel Kant etwa war ein Philosoph, der in Paragraphen argumentiert hat, geradeaus, immer scharf, klar, möglichst unmissverständlich. Taylor dagegen ist ein Philosoph, wie Nietzsche vielleicht einer war: Er glaubt an die Erschließungskraft des Umwegs, scheut das gerade, direkte Wort, was bereits einiges sagt über sein Sprach- und Weltverständnis, dass die Welt nämlich keineswegs so beschaffen ist, dass sie sich geradewegs aussprechen lässt. Oft meint man daher als Taylor-Leser unterwegs die Orientierung zu verlieren, oft meint man auch, das alles gerade auf der vorherigen Seite gelesen zu haben. Es ist nicht so, um diesem Missverständnis sofort vorzubeugen, dass Taylor nicht argumentieren würde, aber er ist einer, für den die Vernunft nur ein Aspekt des Menschen ist, der also an eine rein rational operierende Philosophie, sollte es so etwas überhaupt geben, nicht glaubt.

Er ist ein Philosoph, der, wie sein Philosophenkollege Axel Honneth einmal anmerkte, einen „unbefangenen Kosmopolitismus" vertritt, der aus dem „inneren Dialog mit den verschiedensten Kulturen philosophischen Denkens erwachsen"[1] ist, den der Vernunft verpflichteten zum Beispiel genauso wie jenen, die der deutsche Philosoph Johann Georg Hamann vertreten hat, der als Aufklärungskritiker in den Lehrbüchern auftritt, im Grunde aber Demut lehrte, die Demut, dass auch die Vernunft, wie Hamann schrieb, von „Überlieferung, Tradition und Glauben" nicht unabhängig ist. Dieser Gedanke ist Taylor genauso wert bedacht zu werden, wie jener von Kant, demzufolge es an Aufrichtigkeit in Bemerkung des Unvermögens unserer Vernunft bedürfe, um die Kraft der Vernunft überhaupt zur Geltung bringen zu können. Man kann das geistige Offenheit nennen, oder philosophische Neugier. Man kann sogar wie der Kollege Vittorio Hösle mit guten Gründen behaupten, dass Taylors großes Buch über den Glauben und die Moderne, „Ein säkulares Zeitalter", im „Geist christlicher Nächstenliebe" geschrieben ist, in jedem Fall aber mit einem echten Interesse, denn Taylor will hier unter anderem nicht „*über* religiöse Menschen (sprechen), sondern von *ihnen* lernen".[2] Das wollen nicht viele, das können auch nicht viele, weil nicht vielen solche philosophische Nächstenliebe eigen ist.

Daher einerseits die große Souveränität, mit der Charles Taylor traditionelle Grenzen des Philosophierens überschreitet, daher auch das, was ich Weisheit nannte: die Fähigkeit, überall mit Elementen, Farben der Wahrheit zu rechnen,

---

1 Axel Honneth, Nachwort. In: Charles Taylor. Negative Freiheit? Zur Kritik des neuzeitlichen Individualismus. Übersetzt von Hermann Kocyba. Frankfurt a. M. 1992, 295.

2 Vittorio Hösle, Eine metaphysische Geschichte des Atheismus. In: Deutsche Zeitschrift für Philosophie, Heft 2, 2009, 319.

sich nicht ideologisch einzuzäunen, nicht so zu tun, als wäre Bescheidwissen ein erstrebenswerter Zustand. Taylor will verstehen, und das ist etwas anderes als Bescheidwissen, denn Verstehen bedeutet, auch sich selbst zu verstehen und damit den Horizont, in dem man steht. Und dieser Horizont ist für uns heute – die Moderne, unser Zeitalter.

Charles Taylor arbeitet damit an dem größtmöglichen Projekt einer philosophischen Anthropologie, er will wissen, was die Existenzform des Menschen ausmacht. Und dieses Projekt betreibt er mit einer Methode des Hin- und Herfragens, mit jenem guten alten hermeneutischen Handwerkszeug, das bei ihm erstaunlich frisch erscheint. Das hat natürlich Gründe, das passiert diesem Philosophen nicht einfach – nie ist eine Methode nur das äußerliche Gewand, immer führt sie mitten ins Herz der jeweiligen Philosophie. Ich komme darauf zurück, was, nebenbei bemerkt, einer der Lieblingssätze von Taylor und der Hermeneutik überhaupt ist: Ich komme darauf zurück.

Zunächst dies vornweg: Taylor ist *Literat und Liturg* im Philosophieren, denn die beiden Quellen seines Denkens sind, wie erwähnt, Kunst und Glauben. „Wir wissen", hat er geschrieben, „dass der Dichter, sofern er es ernst meint, auf etwas zeigt – etwa auf Gott oder die Überlieferung –, wovon er glaubt, dass es für uns alle da ist."[3] In diesem Sinne ist Taylor Dichter: Er zeigt auf etwas, das für uns alle da ist. Und er meint damit: nicht nur die Kunst, sondern den Glauben.

Damit bin ich jetzt also doch beim Thema: beim Glauben. Aber noch sind wir nicht bei der Moderne. Moderne und Glauben – geht's eigentlich noch größer?, könnte man sofort

---

3 Charles Taylor, Quellen des Selbst. Die Entstehung der neuzeitlichen Identität. Übersetzt von Joachim Schulte, Frankfurt a. M. 1996, 197.

einwenden. Wieso überhaupt solche Riesenbegriffe, reichlich unscharf, vielfach missverstanden?

Zum 80. Geburtstag von Charles Taylor erschien ihm zu Ehren ein Aufsatzband. In der Einleitung wird an einen Essay des Freundes und Lehrers von Taylor, an Isaiah Berlin erinnert. Es ist dies ein berühmter Essay über Tolstois Geschichtsverständnis, in dem er zwei unterschiedliche Gestaltungskräfte des Menschen beschreibt, und zwar mit Hinweis auf ein Fragment des frühgriechischen Lyrikers Archilochos. Archilochos schrieb: „Der Fuchs weiß viele Dinge, aber der Igel weiß eine große Sache."[4]

Isaiah Berlin wollte damit zwei grundsätzlich verschiedene Wissenskonzeptionen fassen, zum einen die Füchse, die von der übergroßen Vielfalt der Welt angezogen, mal dahin, mal dorthin getrieben werden, um einzelne Details zu durchdringen; sie interessieren sich immer für das Besondere, das Individuelle. Aristoteles war so einer, oder auch Goethe. Und zum anderen sind da die Igel, die um das große Ganze wissen, deren Wissen also eines um das Allgemeine ist. Hegel wusste sich ihnen verwandt, oder Nietzsche oder ein Denker und Schriftsteller wie Dostojewski. Charles Taylor gehört auch zu ihnen, aber er hat sich zugleich die Tugend der Füchse bewahrt, den Blick für das Besondere, Individuelle, was naturgemäß dem großen Ganzen immer in die Quere kommt. Aber gerade darum ist es ihm zu tun, eben weil er *verstehen* will. Denn wenn verstehen heißt, den Horizont zu erfassen, in dem das zu Verstehende steht, ist die Erfahrung, dass da etwas in die Quere kommt, nicht passt, in

---

4 Zit. nach: Michael Kühnlein/Matthias Lutz-Bachmann, Einleitung. Philosophie als Selbstreflexion der Moderne. In: Unerfüllte Moderne? Neue Perspektiven auf das Werk von Charles Taylor. Hg. von M. Kühnlein und M. Lutz-Bachmann. Frankfurt a. M. 2011, 9.

kein System zu pressen ist, unumgänglich: Der Verstehende
ist nie ein Gott, dem der absolute Überblick eigen ist.

Ich möchte daher mit und an Charles Taylor zwei einfache
Fragen stellen und zumindest die Richtung aufweisen, in
der man nach einer Antwort suchen könnte, sollte vielleicht.
Einerseits die Frage: Glauben, was ist das in der Moderne?
Und andererseits die Frage: Glauben, warum überhaupt?

Lassen Sie mich mit der Moderne beginnen. Eines der
Bücher Charles Taylors, erschienen vor 21 Jahren, trägt den
Titel „Das Unbehagen an der Moderne", was bereits einen
Hinweis darauf gibt, dass da mit dieser Moderne etwas nicht
stimmt. Taylor selbst macht mehrere Definitionsvorschläge
dessen, was Moderne ist. Zentral ist dabei der Gedanke, dass
sie durch eine *bestimmte Weise Erfahrungen zu machen* charakterisiert wird. Und die Grunderfahrung der Moderne
ist für Taylor Unruhe, Unbehagen. Menschen der Moderne
treffen auf etwas, das den früheren nie geschehen konnte,
schreibt Taylor, nämlich auf das „Gespenst der Sinnlosigkeit",
der Leere. Es ist ein Gespenst, das die Furcht davor verbreitet, dass da nichts ist, das zu Engagement anregen könne,
„nichts wirklich Lohnendes", wie er schreibt, das keine Antwort auf die Sehnsucht nach Zielen kennt, denen man sich
wirklich hingeben kann.

„Früher wäre es abwegig erschienen, Sinnlosigkeit zu
fürchten. Wenn Erlösung und Verdammnis die Pole der
menschlichen Existenz sind, mag man sich gegen die Ungerechtigkeit und Grausamkeit eines rachedurstigen Gottes
verwahren, aber nicht dagegen, dass es keine wichtigen Fragen mehr gebe."[5] Das Gespenst der Sinnlosigkeit verkörpert
folglich eine spezifisch moderne Sorge um sich selbst. Und

---

5   Charles Taylor, Ein säkulares Zeitalter. Aus dem Englischen von Joachim
    Schulte, Frankfurt a. M. 2009, 1189.

sie ist auch der Grund, warum die Entwicklungen, die Fort-
schritte unserer Zivilisation als „Verlust oder Niedergang"
erlebt werden, als etwas, das wir „beunruhigend und verwir-
rend" finden.[6] Eine Ursache dieses Unbehagens ist für Taylor
der Individualismus. „In einer Welt, in der außer der Selbst-
erfüllung buchstäblich nichts mehr wichtig ist, würde auch
nichts mehr als Erfüllung gelten."[7] Die Menschen büßen
diesem Argument zufolge den „umfassenderen Blick" ein,
der etwa mit einem Gott noch rechnet, sie müssen ihn ein-
büßen, weil „sie ihr individuelles Leben in den Brennpunkt
rückten".[8] Es gibt für Taylor also durchaus das, was er die
„dunkle Seite des Individualismus" nennt, „eine Verflachung
und Verengung des Lebens".[9]

Dazu gehört noch eine zweite Ursache des Unbehagens
an der Moderne, nämlich die Vormachtstellung der instrumentellen Vernunft, eine Vernunft, bei der als Maß des
Erfolgs die maximale Effizienz gilt. Dieser Vorrang der instrumentellen Vernunft mache uns glauben, „wir sollten selbst
dann, wenn eigentlich etwas ganz anderes vonnöten wäre,
nach technischen Lösungen [...] suchen", nach nur effizien-
ten folglich.[10] Für Taylor drückt sich hierin ein „Mangel an
Freiheit" aus, die „Gefahr eines neuen, spezifisch modernen
Despotismus"[11], und dieser Verlust an Freiheit ist der dritte,
wesentliche Ursprung einer unbehaglichen Moderne. Die
Moderne ist also eine „von inneren Spannungen erfüllte

---

6 Charles Taylor, Das Unbehagen an der Moderne. Übersetzt von Joachim
  Schulte, Frankfurt a. M. 1995, 7.

7 Quellen des Selbst, a. a. O., 876.

8 Das Unbehagen an der Moderne, a. a. O., 10.

9 Ebd.

10 Ebd., 12.

11 Ebd., 16.

Kultur"[12]. Denn einerseits, so argumentiert Taylor, streben wir alle in unserem Leben nach einer „gewissen Fülle", einem „Reichtum", der das Leben „voller, reicher, tiefer, lohnender, bewundernswerter" macht; suchen wir also „Orte der Fülle"[13], die diesen Reichtum versprechen. Und diese Suche ist, wie Taylor behauptet, von dem Gefühl getragen, die Fülle rühre von einer Kraft her, „die außerhalb meiner selbst liegt, die ich empfangen muss"[14], was für ihn einer der Gründe ist, warum es lohnt, am Glauben festzuhalten. Denn die „Sehnsucht nach einer Transformationsperspektive" bleibt, so Taylor, auch in der Moderne erhalten.[15] Genau von dieser Kraft werde ich aber weggehalten, diese Sehnsucht bleibt unerfüllt, wenn ich dem Ideal des Individualismus folge, jenen „ichbezogenen Formen" des Selbstseins, die zu einer „instrumentellen Haltung" sich selbst gegenüber führen.

Einerseits gibt es da für Taylor also diese Sehnsucht nach Fülle, die ich mir nicht allein selbst schenken kann, und andererseits legt uns ihm zufolge die Moderne eine Lebensweise nahe, die den instrumentellen Umgang mit meinem Selbst als meine *alleinige* Aufgabe definiert. Deshalb drängt die Moderne „in Richtung eines sozialen Atomismus"[16], den ich als unbefriedend erfahre, solange es die Sehnsucht nach Fülle noch gibt. Es gibt sie, so muss man mit Taylor wohl sagen, solange es Menschen als bedürftige Wesen gibt, als der Liebe, Anerkennung, des Gesprächs bedürftige Wesen. Ein wesentlicher Impuls seiner Philosophie ist deshalb therapeutischer Natur. Die Diagnose, die Taylor der

---

12 Ebd., 66.

13 Ein säkulares Zeitalter, a. a. O., 17 f.

14 Ebd., 28.

15 Quellen des Selbst, a. a. O., 887.

16 Das Unbehagen an der Moderne, a. a. O., 68.

Moderne ausstellt, ist dabei ein „Horizontverlust"[17] in einer
„flach gewordenen Welt"[18], und eines seiner Ziele ist daher
die „erinnernde Wiedergewinnung" dieses Horizonts[19]. Das
kann aber nicht bedeuten, sozusagen antimodernistisch auf
der anderen Seite vom Pferd zu fallen – es gibt keine Möglichkeit, aus der Moderne auszusteigen. Es gibt aber die
Möglichkeit, zu verstehen, was sich in dieser flacher gewordenen Welt gegenüber der früheren verändert hat.

Das ist Taylors Grundfrage: Wie kommt's? Wie konnte,
warum musste das passieren?

In „Ein säkulares Zeitalter" stellt er sich diese Frage so:
„Warum war es in unserer abendländischen Gesellschaft
beispielsweise im Jahre 1500 praktisch unmöglich, nicht
an Gott zu glauben, während es im Jahre 2000 vielen von
uns nicht nur leichtfällt, sondern geradezu unumgänglich
vorkommt?"[20] Ja, wieso eigentlich?

Mit einer möglichen Antwort setzt sich Taylor immer wieder auseinander, obwohl er sie im Grunde vergleichsweise
schnell argumentativ erledigt. Aber er kommt stets darauf
zurück, weil sie sich größter Prominenz erfreut: Es ist eine
Antwort, die er Subtraktionstheorie nennt. Subtraktions-
theorien sind Darstellungen, Erklärungen der Säkularisierung, denen zufolge etwas Zusätzliches wie der Glaube
an einen Gott an irgendeinem Punkt der historischen Entwicklung wegfällt oder beseitigt wird, zum Beispiel von der
Naturwissenschaft. Taylor ist diese Vorstellung von Säkularisierung zu „grob"[21], verfälschend, oberflächlich – Säkularisierung ist für ihn nicht eine bloße Verlust- oder Fort-

---

17 Quellen des Selbst, a. a. O., 43.
18 Das Unbehagen an der Moderne, a. a. O., 81.
19 Quellen des Selbst, a. a. O., 27.
20 Ein säkulares Zeitalter, a. a. O., 51.
21 Ebd., 461.

schrittsgeschichte des Verlusts von Transzendenz, Glauben, Gottesgewissheit oder des Fortschritts der Vernunft, sondern die Geschichte eines Wandels, eben einer Transformation. Glauben unter den Bedingungen der Moderne bedeutet für ihn vor allem: Es haben sich die Bedingungen des Glaubens selbst gewandelt. Oder anders: Es hat sich die Art und Weise, wie wir Erfahrungen machen, verändert, und zwar so sehr, dass es schwerfällt sich vorzustellen, dass man je anders Erfahrungen machen konnte.

Heute stellt sich die Frage, was es heißt, gläubig zu sein, gleichsam in einem völlig anderen Licht als zum Beispiel um 1500. Und das ist nicht einfach deshalb so, weil die Kirche damals weitaus präsenter, mächtiger, herrschender war oder weil die Menschen nicht genügend aufgeklärt waren. Der Unterschied ist, wie Taylor sagt, dass der Glaube heute „eine Option und in gewissem Sinne eine umkämpfte Option" neben anderen ist.[22]

Das klingt undramatisch, fast harmlos, weil wir uns die Option des Glaubens gar nicht mehr anders als eine neben anderen vorstellen können. Aber Taylor will auf einen sehr dramatischen Punkt hinaus: Was sich seither gewandelt hat, ist der gesamte „Hintergrundrahmen", der Horizont, innerhalb dessen man an Gott glaubt oder nicht.[23] Gewandelt hat sich demnach, *wie wir Erfahrungen machen*, das ist Taylors entscheidender, aufregender Punkt. Er sagt: Der Rahmen des Selbstverständlichen hat sich geändert, also das, was wir für selbstverständlich halten, was wir gar nicht als Bestandteil eines historischen Prozesses betrachten.

Wenn man so will, ist eine Philosophie dieser Art Aufklärung im eigentlichen, ursprünglichen Sinne: Bewusstsein

---

22 Ein säkulares Zeitalter, a. a. O., 15.
23 Ebd., 33.

stiften, dass nicht naturgegeben ist, was uns als unveränderlich vorkommt. Taylor meint deshalb, wenn er von Horizont spricht, nicht nur das begriffliche Dach, unter das wir unser Sprechen bringen, sondern „den gefühlten Kontext", das „Bild", das wir von Gott, der Welt und uns haben.[24] In dieses Bild, diesen Kontext ist gebettet, wie wir Erfahrungen machen. Und dieses *Wie* ist keinesfalls selbstverständlich, also nicht der Geschichte enthoben. Um verstehen zu können, dass es das nicht ist, beschreibt Taylor Horizontverschiebungen. Das ganze große Buch „Ein säkulares Jahrhundert" ist dieser Geschichte gewidmet, die Taylor, in Versalien, REFORM nennt.

Diese REFORM ist ein Transformationsprozess, keine Weiter- oder Höherentwicklung, sondern Wandlung, Verwandlung der Weise, Mensch zu sein. Wenn Taylor danach fragt, wie es kommt, dass es den Menschen um 1500 praktisch unmöglich war, nicht an Gott zu glauben und uns es heute praktisch unmöglich ist, dies nicht als eine Option neben anderen zu begreifen, dann will er damit *keine* Gegenüberstellungen jener Art aufmachen, die auf der einen Seite den Glauben, auf der anderen den Unglauben verankern, hier eine unaufgeklärte Welt, dort eine vernunftbeherrschte. Es geht dabei gerade nicht um die kognitiven Strukturen von Weltbildern, sondern eben um verschiedene Weisen der Welterfahrung. Glauben und Unglauben sind für ihn nicht konkurrierende Theorien, mit der sich Menschen Klarheit über Fragen der Existenz und Moral verschaffen, sondern unterschiedliche Weisen, „innere Erfahrungen" zu machen.[25] Es sind unterschiedlichen Weisen, wo und wie man Fülle erfährt.

---

24 Ebd., 915.
25 Ebd., 18.

Der Grundgegensatz bestehe deshalb darin, „dass die Erklärung des Orts der Fülle", so Taylor, „aus der Sicht der Gläubigen eine Bezugnahme auf Gott verlangt", also auf eine „Instanz jenseits des Lebens und/oder der Natur des Menschen", während das bei Nichtgläubigen gerade nicht der Fall sei. Das kennzeichnet für ihn auch eine säkulare Epoche, die nämlich eine Epoche ist, „in der der Niedergang aller über das menschliche Gedeihen hinausgehenden Ziele denkbar wird".[26] Das *ist* die Moderne. Moderne heißt folglich *nicht*, dass Religion im Sinne von Transzendenz nicht mehr möglich sei, irgendwie weniger überzeugend oder altmodisch, es heißt nur, dass es *auch* die Möglichkeit reiner Immanenz gibt, auch wenn das, wie Taylor betont, Unbehagen erzeugt, weil es damit unseren Handlungen, den Erfahrungen an Dichte und Substanz fehle. Der Unterschied ist aber, noch einmal, wie wir Erfahrungen *machen*.

Es hilft deshalb nichts, man muss hier zumindest kursorisch etwas darüber sagen, was Erfahrungen überhaupt sind. Das ist ein heikles, kompliziertes Thema,[27] ich will es mit einer anthropologischen Setzung versuchen anzugehen, mit der nur schwer bestreitbaren Feststellung, dass Menschen solche Säugetiere sind, die überhaupt Erfahrungen machen können. Katzen zum Beispiel können lernen, dass die leckeren Putenstreifchen immer aus dem Kühlschrank kommen und deshalb um den Kühlschrank herumschleichen, aber sie machen, vermutlich, keine Putenstreifchen-Erfahrung – sie fressen das einfach gern. Bei Menschen ist das anders. Es gibt Menschen, für die sind gebratene Putenstreifchen ein hoher Genuss, der so hoch sein kann, dass er zum ästhetischen

---

26 Ebd., 43.

27 Ausführlich in: Dirk Pilz, Krisengeschöpfe. Zur Theorie und Methodologie der Objektiven Hermeneutik. Wiesbaden 2007, 58 ff.

Genuss wird. Man isst dann nicht nur gern, sondern man isst mit einer bestimmen Einstellung; und der Witz besteht darin, dass wir uns nicht zum Dasein als Putenstreifchen-Liebhaber entschließen können, dass wir also nicht exakt zu sagen wüssten, warum es uns gerade die Putenstreifchen und nicht, zum Beispiel, die Lammleberhäppchen angetan haben. Es ist da etwas zwischen mir und den Putenstreifchen, was weder nur *in mir* noch nur *in den Putenstreifchen* zu finden ist. Das Machen einer Putenstreifchen-Erfahrung liegt irgendwie *dazwischen*, zwischen mir und der Speise.

Anfassen kann man die Putenstreifchen ja, aber nicht jene Erfahrungen, die ich jenseits der Geschmacksorgane mit ihnen mache. Stellen wir uns, um diesen Punkt etwas zu verdeutlichen, einen Putenstreifen essenden Genießer im Restaurant vor, der verzückt den Teller anschaut. Haben wir hier ein Exemplar Mensch, das eine ästhetische Erfahrung macht? Können wir beobachten, wie jemand eine ästhetische Erfahrung macht? Ich glaube nein.[28] Denn in Erfahrungsdingen ist es wie in Identitätsfragen generell, und von diesen gilt, was Bernhard Waldenfels, der Phänomenologe, dekretiert hat: „Es ist eine Naivität zu glauben, man könnte ein Ich oder eine Person *in flagranti* erfassen, wie wenn aus heiterem Himmel ein Blick aufleuchtet und eine Stimme erklingt. Dieses Wunder-Ich käme immer schon zu früh oder zu spät, wenn wir es erfassen wollen."[29]

Es ist eben ein vorschneller Kurzschluss, an Äußerlichkeiten das Machen von Erfahrungen ablesen meinen zu können. Man kann sich nicht sicher sein, ob jemand eine ästhetische Erfahrung macht, wenn er entzückt die Putenstreifchen

---

28 Siehe dazu ebd., 321 ff.

29 Bernhard Waldenfels, Bruchlinien der Erfahrung. Phänomenologie, Psychoanalyse, Phänomenotechnik. Frankfurt a. M. 2002, 442 f.

auf dem Teller anstaunt oder ob er sich nur über den Koch wundert. Man kann auch nicht wissen, ob ein Betender eine religiöse Erfahrung macht, wenn man ihn beten sieht; bekanntlich kommt, wie es das Sprichwort verrät, der Teufel mit dem Gesangbuch unterm Arm, will sagen: Bekanntlich wissen äußerliche Merkmale nur zu sehr zu täuschen.

Es hilft also nichts: Versuchen wir uns verständlich zu machen, was mit dem Begriff Erfahrung überhaupt gemeint sein könnte. Kommen wir, um einen Ankerpunkt zu setzen, auf unsere einfache Festlegung zurück, dass das Machen von Erfahrungen zur menschlichen Lebenspraxis gehört – aber was ist Lebenspraxis? Es ist dies ein vielfach umstrittener Begriff, der manchmal, bei Taylor etwa, auch als Lebenswelt auftritt. Ich möchte lieber von Lebenspraxis sprechen, weil es mir auf das Leben in diesem Kompositum ankommt und Leben, wie wir gleich sehen werden, immer Praxis ist. Denn was ist Leben? Zum Leben gehört, geboren zu werden und sterben zu müssen. Lassen wir alles beiseite, was Leben noch ausmacht und schauen nur darauf: Das Leben ist endlich. Endlichkeit heißt nun aber nichts anderes, als in der Zeit zu sein, also selbst zeitlich zu sein. Das klingt einfach, Zeit jedoch ist nicht nur eine physikalische Größe, sondern auch eine Bewusstseinseinheit und als solche ein mehrschichtiges, komplexes Phänomen.

Es läuft ja für uns, außer im Drogenrausch, die Zeit nicht einfach vorüber, vielleicht ist es für Tiere so, wir dagegen wissen, *dass* sie verläuft. Wir wissen dies, weil wir davon sprechen können, oder besser: *indem* wir den zeitlichen Verlauf benennen. Wir sagen nicht nur gestern, heute, morgen, wir *wissen*, was wir da sagen, und zwar *durch* unser Sprechen. Jede Handlungsäußerung des Menschen, so würde Taylor hier sagen, ist als Ausdrucksgestalt eines je eigenen Wesens zu verstehen. Der Mensch ist also wesentlich expressiv, eine im Übrigen romantische Idee, die man bei Hamann oder Herder findet. „Jeder Mensch hat sein eigenes Maß, gleichsam eine eigene Stimmung aller sinnlichen Gefühle zueinander", so Herder, jeder Mensch hat also eine eigene originelle authentische Weise, zu sein.[30] Daraus ergibt sich die spezifisch moderne Forderung einer „Treue zu sich selbst", denn „wenn ich mir nicht treu bleibe, verfehle ich den Sinn meines Lebens"[31], und das heißt: Wenn ich nicht den passenden, authentischen Ausdruck für mich finde, verfehle ich den Text meines Lebens, die Poetik meiner Biographie.

Sprechen ist dabei immer, in der einfachsten Form, ein Prädizieren, also ein Benennen. Und jedes Benennen beinhaltet eine *Entscheidung*. Es ist ja nicht so, dass die Worte gleichsam auf den Dingen kleben, es ist vielmehr so, dass es für eine Sache, außer im Sonderfall der Eigennamen, immer mehrere Worte gibt. Ich kann ein Auto zum Beispiel Auto, Fahrzeug, Kraftwagen oder auch Untersatz nennen, jedes Mal betone ich dabei vielleicht einen anderen Aspekt an diesem Ding, meine aber immer dasselbe. Indem wir etwas benennen, wählen wir aus verschiedenen Möglichkeiten genau eine aus; man ist hier immer vor verschiedene Optionen gestellt, und die Wahl ist prinzipiell offen, je nachdem, worauf ich hinaus will und welche Worte mir zur Verfügung stehen; das Wählen selbst allerdings lässt sich nicht umgehen: Man muss, so oder so, eine Entscheidung treffen. Deshalb ist Leben eine Praxis, eine Praxis des Entscheidens.

Das ist keine triviale Feststellung, denn wählen zu müssen heißt vor allem, die Wahl auch begründen zu müssen. Diese Begründungen mögen differenziert, falsch, an den Haaren herbeigezogen, bewusst, intuitiv oder sonst wie sein.

---

30 Zit. nach Das Unbehagen an der Moderne, a. a. O., 38.
31 Unbehagen, 38.

Entscheidend ist nur, dass jede Entscheidung ihre eigene Begründung erfordert; das ist es, was uns zu *vernünftigen* Wesen macht. Nicht das vernünftige Nennen von Gründen macht uns zu Vernunftwesen, nicht also einfach, dass wir etwas begründen *können*, sondern dass unsere Lebenspraxis auf einer Entscheidungslogik aufruht, die das Begründen zwingend erfordert. Man sieht daran übrigens sofort, dass Vernünftigkeit nicht nur ein Freiheitsadel, sondern auch eine Last ist.

Was heißt nun aber wieder Entscheidungslogik? Einfach dies: Jede Entscheidung schließt die Liste des Möglichen, indem sie wählt und damit eine der potenziell offenen Möglichkeiten Wirklichkeit werden lässt, indem wir also zum Beispiel aus den möglichen Worten eines verwenden. Und dies, das Wirklichwerden des Möglichen, ist wiederum etwas, das generell alle Handlungen kennzeichnet. Insofern ist eben auch alles Sprechen ein Handeln und jede Handlung ist eine Wahl zwischen verschiedenen Optionen.

Das ist, wieder mit Taylor gesprochen, *modern* gedacht. Ist nämlich das Handeln eine Wahl zwischen Optionen, dann steht jede Entscheidung auch unter Begründungsverpflichtung, denn ein Entscheiden ohne Begründung *ist* keine Entscheidung. Ganz gleich, wie rational, ausformuliert oder schlüssig diese Begründung sein mag – jede Entscheidung erfordert eine Begründung.

Ich halte dies für grundlegend, für nicht hintergehbar, denn wir können gar nicht anders, als dauernd entscheiden zu müssen; wir können sozusagen nicht die *ganze Welt* um uns herum und in uns drin im Status des Möglichen belassen. Wenn man etwas wahrnimmt, zum Beispiel diesen Stuhl dort etwa, dann *muss* ich ihn bestimmen, benennen, mich also für eine Benennung entscheiden; ich kann ihm alle möglichen Namen geben, aber ich kann ihn nicht

nicht bestimmen, ein Punkt, über den Heidegger übrigens sehr viel gegrübelt hat. Ich möchte hier keine Grübelstudien betreiben, ich will darauf hinaus, dass wir, ob wir wollen oder nicht, immer schon in diese Entscheidungslogik gestellt sind. Nicht-Handeln ist eben auch Handeln; sich nicht zu entscheiden ist auch eine Entscheidung. In der Regel treffen wir, gerade dann wenn wir sprechen, viele Entscheidungen nicht bewusst, wir bemerken nicht, dass wir überhaupt eine Entscheidung treffen, dass wir uns, zugespitzt formuliert, in einer Entscheidungskrise befinden. Das bemerken wir erst, wenn sich unsere bisherige Praxis nicht länger bewährt, was andersherum heißt, dass man Erfahrung als *geronnene Bewährung* beschreiben könnte, wobei Bewährung eine bestimmte Form der Problemlösung, Entscheidungsfindung bedeutet.

Das hilft uns vielleicht, etwas genauer zu verstehen, was Taylor als den Unterschied zwischen Glauben und Nichtglauben geltend macht: Als Nichtglaubender Erfahrungen zu machen, also Entscheidungen zu treffen, die sich zu bewähren haben, heißt die Vertikale, die Transzendenz als Möglichkeit auszuschließen, sie werden gleichsam unter einem geschlossenen Himmel getroffen, innerhalb einer „abgeschlossenen Weltstruktur"[32]. Fülle, oder: Erfüllung, ist damit etwas, das für den Ungläubigen nur aus sich selbst kommen kann, während Gläubige „typischerweise das Gefühl" haben, sie komme „zu ihnen", sie nähmen da etwas entgegen, und zwar in Art einer persönlichen Beziehung.[33]

Der Raum, in dem Glaubende und Nichtglaubende ihre Erfahrungen machen, ist dieser Argumentation nach verschieden hinsichtlich der Ausdehnung als auch der Dimen-

---

32 Ein säkulares Zeitalter, a. a. O., 919.
33 Ebd., 24.

sionalität. Man darf diesen Unterschied nicht qualifizieren, es geht hier nicht um besser oder schlechter. Es geht darum, dass Glaubende wie Nichtglaubende mit verschiedenen Vektoren rechnen, und sich beide voneinander herausgefordert fühlen. Alle Erfahrung in der Moderne, so sagt Taylor, findet auf dem „Schauplatz eines Ringens zwischen Glaube und Unglaube" statt[34], und zwar so, dass beide, Glaube wie Unglaube, immer unter einem gegenläufigen Druck stehen. Es gibt, vereinfacht genommen, sowohl die Sehnsucht nach Transzendenz wie auch den Zweifel an ihr.

Man kann dies mit Karl Barth auch so sagen: „Wir können [...] nicht verhindern, dass unser Fuß in jedem einzelnen Augenblick die Erde berührt, wir können als die, die wir sind, als Menschen, die in der Welt leben, der religiösen Möglichkeit nicht entronnen sein wollen."[35] In diesem Sinne ist das säkulare Zeitalter für Taylor „schizophren"[36]. Oder, anders genommen: „Naivität ist nun, in der Moderne, nicht mehr möglich, weder dem Gläubigen noch dem Ungläubigen."[37] Oder, noch einmal anders: Das Machen einer Erfahrung ist immer das Erfahren einer Krise. Im Grunde ist die gesamte Moderne für Taylor ein einziges Krisenphänomen in diesem Sinne.

Das hängt mit einer anderen Differenz zusammen, die Taylor einführt, um seine Frage zu beantworten, warum der Glaube um 1500 praktisch alternativlos war, während er heute eine Alternative neben anderen ist. Es ist die Differenz zwischen einem „abgepufferten" und einem „porösen" Selbst.

Das abgepufferte Selbst ist das moderne, es ist, so Taylor,

---

34 Ebd., 1058.
35 Karl Barth, Der Römerbrief (Zweite Fassung) 1922. Zürich [16]1999, 231.
36 Ein säkulares Zeitalter, a. a. O., 1204.
37 Ebd., 21.

„nicht mehr in dem Maße durchlässig für das Walten von Geistern und moralischen Kräften, wie dies für Menschen in einer verzauberten Welt gilt".[38] Für ein poröses Selbst ist die Grenze zum Inneren eine Membran, durchlässig für Jenseitiges, für „Geister und kosmische Kräfte" und entsprechend auch verwundbar, während dem abgepufferten, dem eingekapselten Selbst dieses „Gefühl der Verwundbarkeit"[39] verlorengegangen ist, es ist der „Welt solcher Ängste" vor kosmischen Kräften entzogen. Es sieht sich selbst als „unverwundbares Wesen", indem es eine „dichte emotionale Grenze zwischen uns und dem Kosmos" zieht.[40] Für Taylor bedeutet das eine Verarmung. Ein unumkehrbarer Verlust zwar, aber eben doch ein Verlust. Entzauberung ist für ihn immer eine Art Verschmälerung, Verkleinerung des Daseins; er will deshalb die Quellen des kosmischen Zaubers lebendig halten, wohl wissend, dass es kein Zurück hinter die Moderne gibt. Deshalb ist ihm die Kunst, die Literatur vor allem, so wichtig: als eine Quelle der Erinnerung, als Möglichkeit, sich als porös zu erfahren. Das Schöne hat für ihn immer die Qualitäten einer Epiphanie, des Durchscheinens von etwas, das nur „indirekt zugänglich" ist[41], nämlich der Fülle einer über uns hinausweisenden Welt, in die wir verwoben, verwickelt sind. Das Schöne, die Kunst ist bei Taylor fast eine Religion: Trost, Erfahrung von Aufgehobenheit – und schockhafte Begegnung mit *dem Anderen*, die uns nicht unberührt lassen kann. Der große argentinische Dichter Jorge Luis Borges hat einmal gesagt: „Das Bild, auf das nur ein Mensch kommen kann, rührt keinen Menschen an." Das ist ein Satz, so meine ich, den Taylor in jeder Hinsicht unterschreiben würde. Er will in

---

38 Unerfüllte Moderne, a. a. O., 829.
39 Ein säkulares Zeitalter, a. a. O., 70.
40 Ebd., 73.
41 Quellen des Selbst, a. a. O., 812.

keiner Welt leben, in der man nicht mehr angerührt wird.

Hartmut Rosa, einer der besten Kenner des Taylorschen Werkes, hat deshalb behauptet, dieses Werk sei von der Furcht vor oder vom Kampf gegen eine Welterfahrung motiviert, in der sich das handelnde Subjekt als abgetrennt, isoliert erfährt, die ihm als indifferent, stumm oder feindlich gegenübertritt und zu der er nur instrumentell oder kausal in Beziehung steht. Taylor setze dieser Welterfahrung das Modell einer Resonanzbeziehung entgegen, demzufolge sich das Subjekt in einem organischen Austauschprozess befindlich erfährt, im Wechselspiel von Selbst und Welt.[42] Das trifft es, denn Taylor begreift die soziale Welt nicht als Welt von isolierten Einzelnen, oder deutlicher: Er möchte in einer solchen Welt nicht leben. Taylor ist, wenn man so will, ein Dialektiker von Entzauberung und Wiederverzauberung.

Der Tod Gottes, so hat der Lernforscher B. F. Skinner einmal gesagt, gebe uns die Möglichkeit, den Wert des Menschen vollständiger als jemals zuvor zu bejahen. „Schön", antwortet Taylor darauf, „die Frage aber lautet: Zu welcher Art der Bejahung sind wir in der Lage?" Er habe die Vermutung, „dass es eine Dimension der Bejahung des Menschen durch Gott gibt, die Menschen, welche Gott ablehnen, nicht erreichen können."[43] Aber er sei weit davon entfernt, es beweisen zu können. Denn das ist letztlich eine Frage des Glaubens, und der Glauben, sagt Taylor, bedarf des Sprunges.[44]

Aber wenn es so ist, und ich bin mit Taylor davon überzeugt, dass es so ist, dann darf man vielleicht auch kritisch nachfragen, wieso es in seinem derart anspruchsvollen Projekt nicht wenigstens am Rande um die theologische Frage nach dem

---

42 In: Unerfüllte Moderne?, a. a. O., 15 ff.

43 Ebd., 29.

44 Ein säkulares Zeitalter, a. a. O., 917.

Göttlichen geht.[45] Warum zwar viel von Religion, aber eben nicht von Gott die Rede ist, warum Theologen kaum eine Rolle spielen, kein Bonhoeffer, kein Barth, kein Schleiermacher, obwohl gerade sie viel zu Taylors Untersuchung beizutragen hätten. Warum, auch das, die Religion immer wieder in einer bloß funktionalistischen Rolle auftritt, und gerade nicht als bestimmte Weise, auch in der Moderne bestimmte Erfahrungen machen zu können. Warum Gott hier meist nur ein Name ist, Statthalter für etwas Unbestimmtes, und kein Gegenüber, keine konkrete Quelle der Fülle.

Vielleicht, weil auch die Philosophie hier des Sprunges bedarf, des Sprunges in die Theologie, in – dem Wortsinne nach – das Sprechen von Gott. Charles Taylor tut das nicht. Vielleicht ist auch das ein Zeichen seiner Weisheit, der indirekte Hinweis, dass das angemessene Sprechen von Gott das Gebet ist. Und beten hat bislang keine Philosophie gelernt.

Dr. Dirk Pilz, Studium der Literaturwissenschaft, Philosophie und Psychologie in Potsdam, Berlin und Kopenhagen, arbeitet als Publizist in Berlin, ist Mitbegründer und Redakteur des überregionalen Theater-Feuilletons www.nachtkritik.de, zudem Redakteur im Feuilleton der Berliner Zeitung und Autor der Neuen Zürcher Zeitung. Lehraufträge an mehreren Universitäten.

---

45 Vgl. Volker Gerhardt, Säkularisierung: Eine historische Chance für den Glauben. In: Unerfüllte Moderne?, a. a. O., 562.

Martin Treml

Zur Entzauberung und Wiederverzauberung der Welt

Unsystematische Bemerkungen zur Säkularisierung

1. Im letzten Jahrzehnt sind die Religionen mit Macht in den öffentlichen Diskurs zurückgekehrt, die „Religionsfeindlichkeit der Geisteswissenschaften" (Sigrid Weigel) hat ein Ende gefunden. Nachdem bestimmte aufklärerische Tabus – Religion zählte als angeblicher Priesterbetrug, als „Opium des Volkes" (Karl Marx) zu ihnen – obsolet geworden sind und die Leitbegrifflichkeit von „Gesellschaft" auf „Kultur" umgestellt worden ist, nachdem sich schließlich zwei Großereignisse zugetragen haben, sind Religion und Religionen zum Thema nicht mehr nur auf Kanzeln geworden. Das bestätigen auf katastrophische Weise die rauchenden und einstürzenden Türme von 9/11, die im kulturellen Gedächtnis des Westens an den gottgewollten Einsturz des Turms zu Babel erinnern, auf den das Verlassen der Stadt in Verwirrung folgt; das 11. Kapitel des biblischen Buches Genesis erzählt davon. Dieser Zerstörung sei, so die Bibel, die Sprachenvielfalt der Menschen als materiale Basis allen Nichtverstehens geschuldet. Die emblematisch gewordenen Türme von New York sind Geschichtszeichen im Sinne Kants. Ihrem Fall korrespondiert auf inverse Weise ein anderer, früherer: der der Berliner Mauer, durch deren Öffnung in der Nacht des 9. Novembers 1989 der Eiserne Vorhang obsolet wurde, der das Nachkriegseuropa des Kalten Kriegs und der Koexistenz der Blöcke markierte und auch hier Nichtverstehen symbolisierte. Der Mauerfall hat auch die Wiederkehr der Religionen entscheidend befördert.

Die Existenz eines militanten, in seinen Extremen nihilistischen Islam, in dem die Figuren des *schahid*, des „Märtyrers", und des *dschihadi*, des „Glaubenskämpfers", aber auch die des Kalifats als theopolitischer Herrschaftsform im Mittelpunkt stehen, verdeckt, dass Religion überhaupt als blutiger Identitätsmarker fungieren kann. Man denke nur an die jahrzehntelangen Kämpfe zwischen Katholiken und Protestanten in Nordirland oder zwischen Hindus und Buddhisten auf Sri Lanka. Nicht der Islam selbst ist kriegerisch, sondern es gibt ethnische Bürger- und Stammeskriege, die religiös zumindest ebenso stark gefärbt sind, wie in ihnen eigentlich politische oder ökonomische Interessen wirken – dies gilt vor *und* nach 1989 oder 2001. Zugleich steht die Figur des Märtyrers selbst an der Grenze unterschiedlicher Religionskulturen und erweist sich als eine „Figur des Übergangs" (Horsch/Treml).

Eine letzte „große Erzählung der europäischen Kulturgeschichte" (Daniel Weidner) ist die Säkularisierung, das allmähliche und unaufhaltsame Verschwinden der Religion(en). Aber heute kommt es nicht nur auf verschiedenen Ebenen zur Wiederkehr der Religion, es wird auch zunehmend sichtbar, wie spannungsreich und paradox in Europa der Umgang mit den Religionen stets gewesen ist. So lassen sich nicht nur Konflikte und Ungleichzeitigkeiten zwischen verschiedenen Religionskulturen beobachten – neben den christlichen Kirchen in Ost und West auch Judentum und Islam –, sondern auch die komplexen Übertragungs- und Übersetzungsleistungen zwischen unterschiedlichen kulturellen Registern wie Religion, Kunst, Philosophie, Wissenschaft, Politik müssen neu beschrieben werden. Sie stellen eine Dialektik der Säkularisierung, von Entzauberung und Wiederverzauberung von Welt dar und können als Nachleben von Religion in literarischen Genres, Argumentationsstrategien und Wissensformen, in Affektordnungen, Identitätsdiskursen und Bildentwürfen begriffen werden. Im Folgenden werden drei Etappen dieses Prozesses dargestellt, diskutiert und in jeweils einer Denkfigur anschaulich gemacht.

2. Der Begriff der Säkularisierung ist seiner Herkunft nach ein juridischer, der die Umwandlung von ehemals in kirchlichem Besitz befindlichen weltlichen Gütern und Herrschaftsrechten bezeichnet. Als Entzug von Eigentum wurde sie in der Reformation zum Mittel der Politik, als in den protestantisch gewordenen Ländern vor allem Klöster aufgehoben und enteignet wurden. Seit dem Westfälischen Frieden (1648), der nicht nur ein Ende der konfessionellen Bürgerkriege markiert, die Europa erschütterten, sondern auch die Vormachtstellung der weltlichen gegenüber der geistlichen Macht durchgesetzt hat, lässt sich Säkularisierung in größerem Stil beobachten, wobei sie nicht nur gegen die „andere" Religion als Kampfmittel eingesetzt, sondern auch auf die eigene angewandt wurde. Die großen Reformen des Aufklärers Josephs II. im Erzherzogtum Österreich und den habsburgischen Kronländern Ende des 18. Jahrhunderts zeugen davon ebenso wie die Reaktionen auf Napoleon einige Jahrzehnte später, als das Alte Reich im Reichskapitulationshauptschluss 1803 die Reichsherren für ihre Verluste am linken Rheinufer – das an Frankreich fiel – entschädigte und wenig später überhaupt selbst zu existieren aufhörte. Darum hat der Philosoph Hermann Lübbe von Säkularisierung als einer „Unrechtskategorie" gesprochen, während andere darin den Ausdruck von Fortschritt haben sehen wollen. Bei allen Unterschieden kommen beide Meinungen darin überein, dass Säkularisierung so umstritten ist, wie sie selbst einen Kampfbegriff darstellt.

Der katholische Staatsrechtler Ernst-Wolfgang Böcken-förde hat in Investiturstreit, Religionskriegen und Französischer Revolution historische Schübe der Säkularisierung erkennen wollen, die einen doppelten Prozess darstelle. Sie leiste nicht nur eine *Verstaatlichung* von Politik, sondern führe auch dazu, dass der Staat selbst auf Voraussetzungen beruhe, die er nicht garantieren könne, insofern er nicht auf „Rechtszwang" oder „autoritatives Gebot" als Formen des „Totalitätsanspruchs" zurückfallen könne, der den Religionen eigne. Seine Vollendung habe dieser Prozess in der „Erklärung der Menschen- und Bürgerrechte" (Ernst-Wolfgang Böckenförde) gefunden.

Säkularisierung bereitet veralteten Formen von Herrschaft *und* von „Regierung" als Verwaltung und Verwahrung ein Ende. Denn durch sie wurden nicht nur Herrschafts*rechte* übertragen, sondern auch neue Herrschafts*formen* begründet: die der „Biopolitik" (Michel Foucault). Sie stellen nicht mehr die Seelen der Untertanen, sondern das Leben der Bürger ins Zentrum des Regierungsinteresses. Nicht mehr der Priester heilt, sondern der Arzt, nicht mehr der Seelsorger erzieht, sondern der Lehrer. An die Stelle des Besessenen ist der Asoziale getreten.

3. Von der Macht der Religionen im öffentlichen, gar politischen Raum scheinen die westlichen Gesellschaften weitgehend unbeeinflusst zu sein, sieht man von Ausnahmen wie Israel oder den USA ab. Doch wird dabei übergangen, wie sehr umgekehrt gerade das öffentliche Verschwinden von Religion mit einer Grundierung zahlreicher gesellschaftlicher Konventionen, Regeln und Institutionen durch christliche Traditionen und Werte verbunden ist, so dass sich sogar umgekehrt der Prozess einer *Verchristlichung*

der Gesellschaft konstatieren lässt. Dass parallel dazu eine zunehmende Entkirchlichung beobachtet werden kann, widerspricht dem nicht. Schon Hegel hatte erklärt, die Weltgeschichte verlaufe als ein Christlichwerden der Gesellschaft, in der sich die Offenbarung verwirkliche, die mit Jesus Christus in die Welt gekommen sei.

Mit *Verchristlichung* ist hier nicht nur die naheliegende Vorstellung gemeint, dass tradierte religiöse Ideen (wie zum Beispiel Schöpfung und Erlösung) in säkulare transformiert bzw. mit profanen Gehalten neu besetzt worden sind, sondern auch, dass es zu selbstverständlichen und alltäglichen Angleichungen gekommen ist. Das lässt sich am Beispiel von Weihnachten erkennen.

Das Fest war im antiken Christentum selbst ein umstrittener, weil unbiblischer „Spätling", Produkt der Assimilation an die heidnische römische Feier der wieder zunehmenden Wintersonne, deren Sieg über die Kräfte der Finsternis nun der Mensch gewordene Gottessohn erringt. Im Vergleich zu Ostern war Weihnachten immer sekundär, ja öfter als „unchristlich" bezeichnet. Doch nicht deshalb erfreut es sich auch in einer weitgehend säkularisierten Gesellschaft so großer Beliebtheit. Vielmehr muss der Grund darin erblickt werden, dass es zu einem Fest geworden ist, in dem die Familie in Absehen der Religion sich selbst feiert, das allerdings mit Symbolen tut, deren christlicher Gehalt weiter Bestand hat. Nun ist das aber kein Geschehen, das sich erst seit Kurzem beobachten lässt.

Denn der protestantische Theologe Friedrich Schleiermacher, ein Repräsentant der Berliner Romantik, hat in seinem Dialog *Die Weihnachtsfeier* (1806) genau dies schon gezeigt. Er führt dort die Kritik am offiziellen Glauben der Kirche weiter zur Privatisierung, Ästhetisierung und Familiarisierung von Weihnachten. Auf den Besuch des Gottesdienstes verzichten Familie und Freundeskreis wegen der Dummheit des Predigers ebenso wie auf eigene häusliche Frömmigkeit, denn beides könnte schlimme Folgen zeitigen: Dumpfheit oder Hysterie. Weihnachten ist in einem Maße ausgedünnt, dass es auch von Nichtchristen praktiziert werden kann, die dauernd in einer Umwelt leben, deren kultureller Code in diesem Sinne dann aber eben doch christlich, wenn auch nicht lehrhaft-dogmatisch bestimmt ist. Man ist versucht, hier von einem Christentum ohne Glauben oder Kult zu sprechen. Ähnliches lässt sich von der Rolle der Familie behaupten, dass diese nämlich entscheidend nach dem Vorbild der Heiligen Familie modelliert worden ist, wie Alfred Koschorke gezeigt hat. Gemeint ist nicht nur die moderne Kleinfamilie selbst, sondern gerade auch die Pluralität der Gestaltung von Familie überhaupt unter Einschluss prekärer Formen. Immerhin war Maria nicht von Josef, ihrem Mann, schwanger, ein Umstand, über den sich die volkstümliche jüdische Literatur besonders der Antike nicht wenig belustigt hat.

4. Entzauberung und Wiederverzauberung von Welt als Ausdruck der Dialektik der Säkularisierung stellen aber auch innerreligiöse Prozesse selbst dar. Oft stehen sie mit dem „wilden Ursprung" (Walter Burkert) der Religionskulturen in engem Zusammenhang und regulieren dessen mitunter gespenstisches „Nachleben" (Aby Warburg), das um Vorstellungen von Verjüngung, Erneuerung, Neu- und Wiedergeburt kreist.

Mythos und Opfer, aber auch die degradierten, weil aus dem Feld der Religion ausgegliederten und dem Aberglauben zugeschlagenen Praktiken von Zauberei und Astrologie, die oft zentrale Positionen im Heilsgeschehen einnehmen, werden verdrängt, ihre Repräsentanten verfolgt, ihre Anhängerinnen als Hexen verbrannt. Als bittere Ironie gegenüber diesen vielen Toten erscheint, dass manche der ehemals wilden und dann mit Bann belegten Phänomene wiederkehren und den Status von Kategorien und Begriffen kulturwissenschaftlicher Forschung erhalten. „Totem" und „Tabu" waren die Namen von numinosen Mächten und Kräften, die, selbst einer Zauberformel gleich, Sigmund Freud 1913 bei den Eingeborenen Australiens ebenso erblickte wie bei den Wiener Neurotikern, die er behandelte. Dass das Zeichen der Schlange, deren Verehrung die nordamerikanischen Hopi üben, ein universelles Symbol von Zerstörung, Tod und Leid, zugleich aber auch von ihrer aller Aufhebung sei, postulierte der Hamburger Kunst- und Kulturhistoriker Aby Warburg 1923. Die Theorie der Gabe, die der französische Anthropologe Marcel Mauss aus den Studien der Indianer und anderer Stammesgesellschaften 1926 erstellte, fand er nicht zuletzt in Trinksitten bestätigt, die sich allabendlich in Frankreich und andernorts in Europa bis heute zutragen.

Überhaupt ist die vorchristliche Welt voller Geister und Kräfte gewesen, die über das Geschick der Lebenden bestimmten, die sich mit jenem Reich der Untoten in mannigfache Verbindungen setzen mussten und dazu bestimmter Spezialisten bedurften. Besonders bedroht sind die noch ungetauften Kinder, aber auch Zwillinge oder die mit auffälligen Zeichen Geborenen, schließlich Schwangere, Stillende, Brautleute – kurz alle, die am Übergang zwischen unterschiedlichen Lebensbereichen stehen und darum Kräften wie dem „Bösen Blick" gegenüber als besonders anfällig erscheinen.

Der hierzulande wenig bekannte italienische Religionsethnologe und -soziologe Ernesto de Martino hat Reste dieses Volksglaubens in Teilen Süditaliens noch in den späten 1950er Jahren wirken sehen. Er entdeckte eine „magische

Welt" in Lukanien und im Salento, dem „Absatz" Apuliens und ganz Italiens zwischen Adria und Ionischem Meer – einst von Griechen besiedelt und von Arabern erobert, dann Teil des Königreichs Neapel, schließlich „unser Indien", wie de Martino es nannte. Dort hat er auch ein Phänomen beobachtet, das zwischen den Welten steht: der magischen und der des einheimischen Katholizismus, der uralten mediterranen und der modernen, naturwissenschaftlichen. Es handelt sich um den sogenannten „Tarantismus" und dessen Heilung. Dieser besteht in einer Tanzwut, in gesteigerter sexueller Begierde, aber auch in Melancholie, die zumeist Frauen – in der Regel Tagelöhnerinnen in der Landwirtschaft – befällt, die als Ursache angeben, in der Pubertät von der Tarantel, einer lokalen Spinnenart, gebissen worden zu sein. Seither werden sie periodisch von dieser Krankheit gepackt.

Deren Kur erfolgt entweder „religiös", nämlich in der Heiligenkapelle des Apostels Paulus in der Stadt Galatea alljährlich an dessen Festtag im katholischen Heiligenkalender (29. Juni: Sankt Peter und Paul). Dorthin begeben sich die vom Tarantismus Befallenen, sie werden von konvulsivischen Zuckungen erfasst und müssen sich närrischen Handlungen hingeben. Die Heilung kann aber auch „profan" erfolgen, durch ununterbrochenes Tanzen zu Hause, begleitet von einem Laienorchester mit Geige, Tamburin, Ziehharmonika, das so lange andauert, bis die Kranke völlig erschöpft und für dieses Mal geheilt zusammenbricht. Im Tarantismus mischt sich katholischer Heiligenkult mit volkstümlicher Magie und hysterischer Selbstheilung. Die Behandlung der Tanzwut des Salento wird nicht durch Anrufung von Geistern hergestellt, sondern durch einen kirchlich eingehegten Kult, in dem freilich kein Priester amtiert. Religionsgeschichtlich weiter zurück reicht das Tanzen zu Hause, das eine Form von dezentralisiertem Ritus darstellt, der an die Ekstasen von

Schamanen erinnert. In der Frühen Neuzeit wurde er in das kulturelle Konstrukt des „Hexensabbats" gefasst. Darin nicht nur Fantasien kirchlicher Richter und Inquisitoren, sondern Glaubens- und Vorstellungsformen ländlicher Bevölkerung entdeckt zu haben, ist das Verdienst des Historikers Carlo Ginzburg. Ihm erschien es als wichtig, auch die Rückseite der offiziellen Religion Europas und dort Prozesse von Ent- und Wiederverzauberung zu zeigen, die keinem gradlinigen Prozess von Säkularisierung Folge leisten.

Verwendete Literatur

Ernst-Wolfgang Böckenförde, „Die Entstehung des Staates als Vorgang der Säkularisation", in: Ders., Recht, Staat, Freiheit. Studien zur Rechtsphilosophie, Staatstheorie und Verfassungsgeschichte, Frankfurt a. M. 1991, 92–114.

Ders., Der säkularisierte Staat. Sein Charakter, seine Rechtfertigung und seine Probleme im 21. Jahrhundert, ebd., München 2006, 11–41.

Walter Burkert, Wilder Ursprung. Opferritual und Mythos bei den Griechen, Berlin 1990.

Michel Foucault, Die Anormalen. Vorlesungen am Collège de France (1974–1975), Frankfurt a. M. 2003.

Sigmund Freud, Totem und Tabu. Einige Übereinstimmungen im Seelenleben der Wilden und der Neurotiker, in: Ders., Gesammelte Werke, hg. v. Anna Freud u. a., Frankfurt a. M. 1999, Bd. 9.

Carlo Ginzburg, Hexensabbat. Entzifferung einer nächtlichen Geschichte, Berlin 1989.

Georg Wilhelm Friedrich Hegel, Grundlinien der Philosophie des Rechts, hg. u. eingel. v. Helmut Reichelt, Frankfurt a. M./Berlin/Wien 1972, ebd., 1–302.

Silvia Horsch/Martin Treml (Hg.), Grenzgänger der Religionskulturen. Kulturwissenschaftliche Beiträge zu Gegenwart und Religion der Märtyrer, München 2011.

Alfred Koschorke, Die Heilige Familie und ihre Folgen. Ein
Versuch, Frankfurt a. M. 2000.

Hermann Lübbe, Säkularisierung. Geschichte eines ideen-
politischen Begriffs, 3., um e. Nachw. erw. Aufl., Freiburg
2003.

Ernesto de Martino, Il mondo magico. Prolegomeni a una
storia del magismo, Turin 1948.

Ders., La terra del rimorso. Contributo a una storia religiosa
del Sud, Mailand 1961.

Karl Marx, Zur Kritik der Hegelschen Rechtsphilosophie. Ein-
leitung, in: G. W. F. Hegel, Grundlinien der Philosophie des
Rechts, hg. u. eingel. v. Helmut Reichelt, Frankfurt a. M./
Berlin/Wien 1972, 440–454.

Marcel Mauss, Die Gabe. Die Form und Funktion des Aus-
tauschs in archaischen Gesellschaften, Frankfurt a. M.
1984.

Friedrich Schleiermacher, Die Weihnachtsfeier. Ein Gespräch,
Zürich 1989.

Martin Treml/Daniel Weidner (Hg.), Nachleben der Religionen. Kulturwissenschaftliche Untersuchungen zur Dialektik der Säkularisierung, München 2007.

Aby Warburg, Werke in einem Band, hg. u. komm. v. Martin
Treml, Sigrid Weigel u. Perdita Ladwig, Berlin 2010.

Daniel Weidner, „Zur Rhetorik der Säkularisierung", in: Deutsche Vierteljahrsschrift 78 (2004), 95–132.

Sigrid Weigel, Literatur als Voraussetzung der Kulturgeschichte. Schauplätze von Shakespeare bis Benjamin,
München 2004.

Cura homiletica I

Die Erfahrungen im Predigtcoaching des Zentrums für evangelische Predigtkultur zeigen, dass die Arbeit an Predigt (und Liturgie) in ergebnisoffenen Werkstattzusammenhängen und ohne die unsägliche Vermischung von Persönlichkeitsentwicklung und Bewertung (Votum) so früh wie möglich in der Ausbildung von Theologen beginnen sollte. Was liegt da näher, als mit Studierenden auf der Höhe des homiletischen Hauptseminares ein Pilotprojekt zu starten. In Zusammenarbeit mit dem Lehrstuhl für Praktische Theologie der Universität Leipzig und der Evangelisch-Lutherischen Landeskirche Sachsen fand in Wittenberg eine Homiletische Sommerakademie für Studierende statt. Die damalige theologische Assistentin des ZfP, Jasmin El-Manhy, inzwischen Vikarin in Berlin, berichtet.

Jasmin El-Manhy

Homiletische Werkstatt mit Studierenden

Ein Bericht

Es ist Freitagmorgen. Nachdem am letzten Abend der Sommeruni ausgiebig gefeiert wurde, sitzen nun alle fünfzehn Teilnehmerinnen und Teilnehmer etwas verschlafen beim Feedbackgespräch. Wir bedanken uns bei ihnen für die fünfzehn wunderbaren Predigten, die wir am vorigen Abend beim Predigt-Slam – mehr dazu später – erleben durften. Da lachten einige und sagten: „Aber das waren doch keine Predigten! Das würden wir von der Kanzel so nicht machen."

Als ein Ergebnis der Sommeruni können wir also mindestens festhalten, was Predigt nicht ist.

Aber was ist Predigt? Vielleicht kann ich hier die Spur noch einmal aufnehmen und danach suchen, ob im Rückblick auf diese Woche nicht doch eine Antwort auf diese Frage zu finden ist – ohne bei dem stehenzubleiben, was Predigt nicht ist.

Der Aufbau der Woche orientierte sich an dem Entstehungsprozess einer Predigt:
Felix Ritter legt neue Zugänge zu biblischen Texten frei.
Eine homiletisch-liturgische Exkursion fängt erste Assoziationen zu einem theologischen Thema ein.
Alexander Deeg fragt nach dem systematisch-theologischen Fundament der christlichen Rede von Gott und gibt ersten Werkstücken einen liturgischen Rahmen.

121

Dietrich Sagert gestaltet den Übergang vom geschriebenen zum gesprochenen Wort.

Jens Thomas arbeitet an der Stimme und schärft den Hörsinn.

Und schließlich wird gepredigt: Bo Wimmer initiiert einen Predigt-Slam.

Predigt ist ein Prozess.

Felix Ritter

Im ersten Workshop mit Felix Ritter wurde deutlich, dass dieser nicht nur im Kopf stattfindet, sondern die Predigt gewissermaßen durch den Körper muss. Denn hier beginnt die Exegese. Ist Predigt ein Verdauungsprozess?

Biblische Texte drücken religiöse Erfahrung anderer aus. Sie erzählen nicht meine Geschichte mit Gott. Das ist die Ausgangssituation der Predigt. Und das ist keine leichte, wenn man davon ausgeht, dass jede Erfahrung, auch oder gerade die religiöse, unvertretbar ist. Wie also kann die Erfahrung anderer in die eigene Erfahrung überführt werden? Woran kann die Predigt der Gegenwart anknüpfen?

In den homiletischen Entwürfen unserer Zeit finden sich unterschiedliche Antworten auf diese Frage. Felix Ritter hat eine vergleichsweise einfache Antwort:

> „Lesen Sie den Text laut! Die Reise, die der Körper beim lauten Lesen der Bibel durchmacht, evoziert Gefühle, Ideen, Informationen und Erkenntnisse über den Text [...]. Jetzt muss ich ‚nur' noch entscheiden, wie ich die Erfahrungen, die ich beim Lesen gemacht habe, am besten mit meiner Gemeinde teilen kann. Brauche ich dafür Theologie, muss ich eine parallele Geschichte erzählen oder eine assoziative Mediation beginnen oder alles zusammen?"

Also wandert weniger der Text durch den Körper, sondern wir selbst begeben uns auf eine Reise. Es wird ja oft geschrieben von der „Bewohnbarkeit biblischer Texte". Predigt ist unterwegs.

Homiletisch-liturgische Exkursion

Wir haben die Studierenden tatsächlich auf eine Reise, eine homiletisch-liturgische Exkursion, geschickt.

> „Eine homiletisch-liturgische Exkursion ist ein ‚Spaziergang' fürs Gehirn. [...] Ziel sind kurze persönliche Erfahrungen, die zunächst nicht besprochen werden, sondern die jeder Teilnehmer macht und nach jeder Station als kurze Erfahrungsnotiz aufschreibt. [...] Am Ende des Erfahrungsweges steht das Verfassen eines Predigtgedankens, der vorgetragen werden kann, aber nicht muss."[1]

Unter der Überschrift „Christliche Freiheit"[2] haben wir an mehreren Stationen haltgemacht:

Wir sahen zwei Ausschnitte aus dem Film „Matrix" und eine kurze Sequenz aus Sasha Waltz' Tanztheater „Körper". Außerdem ein Musikvideo von Queen „I want to break free" und Björks Performancevideo „Declare Independence". Gehört haben wir ein paar Verse aus Galater 5 als Hörspiel und ein Gedicht von Alicia Keys. Wir dachten über ein Zitat von Falk Wagner nach und lasen Sätze aus Martin Luthers „Von der Freiheit eines Christenmenschen".

---

1 Dietrich Sagert.

2 Diese Exkursion ist zu finden unter: <http://www.homiletische-exkursion .de>.

An der Auswahl wird deutlich, dass die biblischen Texte gewissermaßen in Konkurrenz stehen zu weiteren Deutungs- und Sinnstiftungsoptionen, die in der Kultur angeboten werden. Das Stichwort der „unsichtbaren Religion" sei hier genannt. Diese aufzuspüren, ist Aufgabe der Religionshermeneutik. Wenn Predigt sich als ein Angebot versteht, Leben zu deuten und Sinn zu stiften, dann bedeutet das auch: *Predigt ist ein Konkurrenzprodukt.*

Und was tut man, wenn man auf Reisen ist? Man schreibt (philosophische) Postkarten:

> *Shalom [Empfänger unleserlich],*
> *hier im Land der christlichen Freiheit ist der Christ – wie wir uns immer gedacht haben – tatsächlich nur frei durch andere. Aus sich selbst heraus hin zur wahren eigenen Freiheit kommt der Mensch nur durch die Begegnung mit anderen. Freiheit aus der Verstrickung seiner Fehler bereitet ihm einzig Christus. Ist das Ich sodann seiner selbst befreit, wird es selbst zum Menschen für andere in lebender und befreiender Anerkennung seiner Mitmenschen. Ach, am besten reden wir beim Bier noch einmal in Ruhe über alles. Aber eins ist sicher: In diesem Sinne ist man gemeinsam doch weniger allein.*
>
> *Herzlichst, Dein Jan*

Alexander Deeg

Am zweiten Tag reiste Alexander Deeg aus Leipzig an und stellte uns die Frage nach der Herkunft. Wie sieht deine theologische Heimat aus? Was ist Religion? Was ist Offenbarung? Damit entfachte er zu Beginn seines Workshops eine theologische Grundsatzdiskussion, die sich irgendwo zwischen Schleiermacher und Barth bewegte. Und da war er, der Theo-

logen-Kopf, der seit Jahrhunderten streitet über die Möglichkeit der Erkenntnis Gottes. Das kann man langweilig finden.
Aber die Frage, wie wir überhaupt von Gott sprechen können, liegt letztlich jedem homiletischen Entwurf zugrunde.
Diese Wege muss man mal gegangen sein, sie gehören auf
die theologische Landkarte. *Predigt ist eine theologische Entscheidung.*

Dann wurde wieder praktisch gearbeitet – an einem Bibeltext: Genesis 16. Der Geschichte vom Himmelsbrot hat Alexander Deeg eine Auswahl von Gedichten an die Seite gestellt,
die es in einen Dialog zu bringen galt. Ziel war, eine Kurzan-
dacht (nicht länger als 90 Sekunden) zu verfassen und in
einem liturgisch gestalteten Rahmen vorzutragen.

Das war der erste Auftritt am Pult. Dietrich Sagert half
beim Übergang des schriftlichen Wortes zum gesprochenen.
Dazu brauchten die Studierenden nicht nur die Stimme (wo
setze ich meine Betonungen?), sondern auch die Hände (welche Gesten brauche ich?), den Blick (wann schaue ich hoch
und warum?), die Knie (stehe ich fest?), die Arme (wohin
damit?).

Jede und jeder wurde einzeln auf seinen Auftritt vorbereitet: „Beim Predigttraining geht es um Handwerkliches. Aber
weder beim Training noch bei der Predigt selbst kann man
von der Person des Predigenden absehen. Es geht darum,
das Einzigartige der Person des Predigenden zum Blühen zu
bringen."[3] *Predigt ist Auftreten.*

Ein Ergebnis aus dem Workshop mit Alexander Deeg und
Dietrich Sagert:

---

3   Dietrich Sagert, cura homiletica.

in deinen leeren händen liegt hilfe
in deinem leeren mund trost
in deinen leeren augen scheint leidenschaft
mut ist in deinem leeren herzen
in deinen leeren armen geborgenheit
erwacht – in deinem leeren kopf – fülle des lebens

In einer kleinen Stadt in Israel erzählt man sich, ein Beduine hätte vor langer Zeit durch Raub mitten in der Wüste seinen gesamten Proviant verloren. Am Ende des dritten Tages ohne Wasser, ohne Brot brach er erschöpft und ausgezehrt zusammen. Im Traum erschienen ihm fette Wachteln vom Himmel, dann kleine duftende Brosamen auf dem Wüstensand. Von allem nahm und labte er sich. Am Morgen erwacht entdeckte er Brotkrumen um sich im Sand. In einigem Abstand lagerten Wachteln. Er dankte der Wüste und dem Himmel innig für alle empfangenen Gaben und machte sich, ohne das Brot und die Vögel zu berühren, wieder auf seinen beschwerlichen Weg nach Hause.

in deinen leeren händen liegt hilfe
in deinem leeren mund trost
in deinen leeren augen scheint leidenschaft
mut ist in deinem leeren herzen
in deinen leeren armen geborgenheit
erwacht – in deinem leeren kopf – fülle des lebens
(Tobias Sommer)

Jens Thomas

Jens Thomas führte unsere predigenden Körper auf ihrer Reise gewissermaßen direkt in ihr eigentliches Zentrum: der Stimme. Er ist Jazzmusiker und Performancekünstler aus Berlin.

„Jeder Mensch hat seine eigene, unverwechselbare Stimme. Sie ist das Zentrum individueller Ausdruckskraft. Unsere Stimme ist unmittelbar mit unseren Gefühlen verbunden. Die Stimme lügt nicht."[4]

Es ist schwer zu beschreiben, was bei einem Workshop mit Jens Thomas passiert, weil es intensive und ganz unterschiedliche Erfahrungen sind, die die Teilnehmenden machen.[5] Fest steht, dass es einen Zusammenhang zwischen Stimme und Hören gibt, den Jens Thomas intensiv erfahrbar werden lässt. Eine Überzeugung, die wir mit Paulus teilen: Predigt ist Hören.

Bo Wimmer – Predigt-Slam

Das Stichwort „Predigt-Slam"[6] stieß von Anfang an unter den Studierenden auf großes Interesse, noch größere Irritation und löste viele Fragen aus. Ziemlich schnell wurde klar, dass die Vorstellung, daran teilnehmen zu müssen, vor allem Angst macht. Verständlich, denn bei einem Slam werden die gehaltenen Predigten direkt im Anschluss vom Publikum bewertet. So, als würde die Predigerin sonntagmorgens auf die Kanzel steigen und anschließend darf die Gemeinde Zettel mit ihrer Wertung hoch halten: Eine Null = diese Predigt hätte nie gehalten werden sollen. Eine Zehn = die beste Predigt, die ich je gehört habe.

Der Poetry-Slamer Bo Wimmer, den wir nach Wittenberg zur Sommeruni eingeladen hatten, leitete den Workshop zum Slam. Wimmer hat damit Erfahrung: Aufgrund der Ini-

---

4 Siehe: <http://www.jensthomas.com/?handle=voice>.

5 Mehr zu Jens Thomas bei Anne Gidion.

6 Mehr zum Predigt-Slam siehe Kathrin Oxen.

tiative von Prof. Thomas Erne findet an der Theologischen Fakultät der Philipps-Universität Marburg schon seit mehreren Jahren ein Predigt-Slam im Rahmen des homiletischen Hauptseminars statt. Bo Wimmer stellte den Studierenden zu Beginn seines Workshops in Wittenberg folgende Aufgabe: Schreibt die schlechteste Kurzpredigt, die ihr euch vorstellen könnt. Alle Floskeln, die ihr nicht mehr hören wollt, könnt ihr da reinpacken. Das klingt dann z. B. so:

> *Liebe Brüder und Schwestern in Christus,*
> *unser Herr Jesus Christus ist für eure Sünden am Kreuz gestorben. Das wollen wir nie vergessen, uns täglich in Erinnerung behalten. Dafür danken wir ihm mit ganzem Herzen.*
> *Am Anfang war Tohuwabohu. Das ist original Hebräisch des Alten Testaments, das auch Erstes Testament genannt wird – Luther hat das Alte Testament neu gegliedert, wussten Sie das? – und heißt ,Chaos'. Dann sandte unser geliebter Vater seinen einzigen Sohn – stellen Sie sich das einmal vor, fühlen Sie das einmal mit! – um uns von Tod und Teufel zu erlösen. Was für ein Opfer hat er damit gebracht, für uns, seine geliebten Kinder. Das wollen wir nie vergessen, täglich in Erinnerung behalten. Dafür danken wir ihm mit ganzem Herzen.*
> *Der Predigttext für den heutigen Sonntag – Sie kennen mich ja als ehrlichen Mann – ich hatte keine Zeit, ihn zu lesen. Sie wissen ja, im Pfarramt bekommen wir immer mehr Pflichten auferlegt.*
> (Almut Beringer)

Humor kann helfen, Ängste abzubauen, jedenfalls hat es hier funktioniert. Beim Vortragen dieser Kurzpredigten wurde viel gelacht und es ging mit Spaß an der Sache weiter mit der nächsten kreativen Schreibübung. Dabei wurden Energien freigesetzt, von denen ich auch rückblickend nicht sagen kann, wo die plötzlich herkamen. Vielleicht lag es ja tatsächlich am Kaffee:

Ein Elfchen

Kaffee
Braunes Gold
Fehlendes liebliches Nass
Beeinflusst Kreativität und Sein
Entzug
(Jan Quenstedt)

Noch ein Elfchen:

Christus
ich glaube
ich glaube fest
ich bekenne Dich bedingungslos
kikeriki
(Almut Beringer)

Und noch eins:

Lichtschalter
An Aus
Hin und her
Es macht solchen Spaß
Kinderfreuden
(Helfried Maas)

Neben dem Spaß am Spiel mit Worten entstand unter den Studierenden im Hinblick auf den bevorstehenden Predigt-Slam noch etwas: Freude am Risiko. Einige der Teilnehmenden fragten, ob es am Abend viel Publikum geben würde. Ich sagte, ich denke nicht. Daraufhin wurde vorgeschlagen, den Predigt-Slam auf den Marktplatz zu verlegen, um mehr Öffentlichkeit herzustellen. Das war leider so kurzfristig nicht realisierbar. Aber daran wurde deutlich, dass es den Teilnehmenden nicht mehr darum ging, zu gefallen und eine möglichst hohe Wertung zu erzielen, sondern darum, anderen etwas von sich zu zeigen und das, was man sich vorgenommen hat zu sagen, durchzuziehen. Dem Risiko, zu scheitern, begegneten sie mit Entschlossenheit.

Predigt ist Risiko.

Ein Beitrag vom Predigt-Slam:

Ich will segnen, die dich segnen und verfluchen,
die dich verfluchen.

Segen und Fluch, alt und neu, Neustadt und Altstadt.
Am Tor zur engen Pforte steht ein Kastanienbaum;
seine Blätter haben Heuschrecken geschmeckt.
Er thront über den Rosen – solitär.
Der Wächter hat alle Hände voll; der Körper dünn, die Glieder
dünner.
Frühreif grollen die Früchte seiner Triebe, neongrün und jung
genug
um Zeit zu tragen.
Ich will segnen und sie werden platzen, fallen in die schlecht
gedüngten Rosenbeete.
Menschenkinder kämen und sammelten sich am Wegesrand
und die Kastanien in die eingeriss'nen Hosentaschen.
Denn viele sind in den Rosen, aber nur wenige sind
ungestochen.
Ich will verfluchen, die die Flucht suchen.
Die Altstadtwege sind schlecht und eng, die laute Neustadt
weckt und lockt zur Autobahn: weg! weg!
Fahrradwege führen durch das Chaos und Rentnerinnen ein
und Rentner aus.
Ich will nicht segnen, die nicht Säkularisierung erfahren.

Wie lieb die Stadt so grüßt, die voll Volks ist, bevor der Nebel
kommt und die Läden wieder schließt.
Alle ihre Tore stehen schnöde und gaffen, segnen dich nicht,
mein Herzenswittenheiligerberg,

gaffen nur und verfluchen dich nicht, mein
Heiligmuseumtum.
Wie liegen die Steine des Heiligtums fein und säuberlich und
Kopf an Kopf
vorn auf allen Gassen verstreut.
Er hat ein Feuer aus der Hölle in meine Gebeine gesandt und
ich kann es nicht verwalten –
denn ich will Theologe sein und finde keinen – auch nicht
einen! – der segnet oder flucht, sägt oder sucht.
Keiner klopft und keiner bittet;
sie rennen die Kirchen in Radleruniform nieder.
Die Gepäckträger sind leer, und wes' das Herz leer ist, des' geht
der Mund über, auch mit Aarons Worten.

So steht die Kastanie und donnert die Perlen in die Rosen vor
die Säue.
Keiner sticht noch wird gestochen, keiner riecht noch wird
gerochen.
Weil hier niemand segnend flucht.

Außer mir.
Und dir.
Und ihr.
Und sie.

Und alle.

(Ferenc Herzig)

Zurück zu der eingangs geschilderten Szene beim Feedback: Trotz der Begeisterung, die beim Predigt-Slam aufkam, sagten die Studierenden im Nachhinein selbst über ihren Vortrag, dass das keine Predigt gewesen sei. Es ist also nicht gelungen, den Überschritt zur Predigt herzustellen. Es wäre zu überlegen, woran das liegt. Gezeigt hat sich jedenfalls, dass es sich nicht an der Qualität eines vorgetragenen Textes festmacht. Denn auch wenn die Studierenden über ihre „schlechtesten Kurzpredigten der Welt" lachen mussten, war für sie völlig klar, dass das Predigten sind. Ihren Beiträgen vom Predigt-Slam, die sie mit Herzblut geschrieben und mutig vorgetragen hatten, sprachen sie ab, Predigt zu sein. Und sie sagten auch, dass sie das Risiko, einen dieser Texte von der Kanzel zu predigen, wahrscheinlich nicht eingehen würden. Vielleicht hat es am ehesten etwas mit Gewohnheit zu tun. Und die ändert sich bekanntlich nur mühsam. Ein Anfang ist jedenfalls gemacht.

Homiletik
im internationalen Kontext

Es war ein großes Glück und viel Arbeit für die Besatzung des Zentrums für evangelische Predigtkultur, Gastgeber der *Societas Homiletica* in Wittenberg zu sein. Ungefähr 150 Homiletiklehrende aus der ganzen Welt verwandelten das sommerliche Städtchen in einen internationalen Campus unter dem Thema *Viva Vox Evangelii. Reforming Preaching*. Vorträge, Gottesdienste, Predigten, Konzerte, Empfänge und nicht zuletzt Gespräche in vielen Sprachen ließen die Konferenz zu einer *true symphony of voices* werden, wie der empfangende Präsident der *Societas*, Jan Hermelink, es ausdrückte. Für die Gäste aus aller Welt spielte der Ort Wittenberg als Geburtsort der Reformation eine besondere Rolle. Als zentrale Anregung der Reformation nahm Kathrin Oxen eine Geste aus der Predella des Cranach-Altares in der Wittenberger Stadtkirche auf und übersetzte sie in die homiletische Praxis unserer Tage: „*The hand on the book* ... Die Hand im Buch spürt Leben, fremdes, pulsierendes, eigenwilliges Leben. Ein Puls, der sich überträgt. Eine Entdeckung, die das Herz schneller schlagen lässt und den Mund öffnet".

Im Folgenden sind einige kurze Eindrücke der Konferenz zusammengestellt, sie werden ergänzt und erweitert von einem Bericht des Leipziger Praktischen Theologen Alexander Deeg und der schwedischen Homiletikerin Kerstin Wimmer aus Lund.

Impressionen

1. Eindrücke von der *Societas Homiletica* Konferenz in Wittenberg

Jùlio César Adam, São Leopoldo in Brasilien:

Die Konferenz war gekennzeichnet von viel Arbeit, wie es so typisch ist für nördliche Länder, aber es gab auch angenehmen Austausch, Kultur und freien Umgang. Neben den liturgisch gestalteten Zeiten morgens und abends haben wir jeden Tag Vorträge gehört, auf die jeweils eine kurze Erwiderung folgte, sowie Diskussionen in vorher zusammengestellten kleinen Gruppen. Diese Momente waren reich gefüllt, nicht nur vom Bemühen, die Vorträge zu verstehen, sondern auch durch Fragen und Zweifel und weiterführende Gedanken aus den sehr unterschiedlichen Kontexten, aus denen die Teilnehmenden kamen. Eine „Extra-Inspiration" ergab sich durch den Ort Wittenberg als Geburtsort der Reformation. Sie führte zu einer Neuentdeckung der Ideen und Prinzipien der Reformation, die indirekt ständig in die laufenden Gespräche eingespielt wurden. Stück für Stück begriffen wir, dass die homiletischen Probleme und Schwierigkeiten für alle sehr ähnlich waren.

Von größter Wichtigkeit für die Konferenz war ohne Zweifel die Möglichkeit des Hörens. Und zwar des Hörens auf die *viva vox evangelii*, die jeden durch die Predigten erreichte. Wir hatten die Möglichkeit, Predigten in verschiedenen Sprachen und aus verschiedenen Kulturen zu hören, aus Deutschland, Indien, Schweden, Südkorea und den USA, Männer und Frauen mit ihren einzigartigen Stimmen. Sie alle taten, was der Hauptsache der Konferenz entsprach, sie predigten das

Evangelium. In dieser Hinsicht war es besonders wichtig, am Sonntag ganz normale Predigten in Gemeinden der Umgebung von Wittenberg zu hören und anschließend mit den Gemeindemitgliedern und Pastoren zu sprechen. All diese Predigten haben mich sehr berührt, hauptsächlich wegen ihrer Unterschiede, Besonderheiten und jeweils einzigartigen Zugänge, eine wirkliche Inkarnation des Evangeliums in den Predigten durch die Einzigartigkeit der Personen, ihrer Erfahrungen und ihrer Kultur.

Den stärksten Eindruck hinterließ bei mir die Predigt der schwedischen Pastorin Carina Sundberg. Eine Predigt ohne geschriebenes Manuskript. Mit Gesten und Symbolen brachte sie den ganzen Körper ins Spiel, außerhalb der Kanzel, eine predigende Frau ohne rationalisierende Abschlussgedanken, gegründet auf eine Theologie der Fragen und nicht der Antworten. Tage später hallte diese Predigt in mir wider und auf eine gewisse Weise in der gesamten Konferenz. Mir scheint, dass neue Wege des Predigens, wie dieser, wirklich etwas Neues in der Kirche hervorbringen und das Evangelium in die Wirklichkeit und das Leben realer Menschen hineintragen könnten. In diesem Format erreicht die Predigt eine größere Möglichkeit, erfahren und gelebt zu werden, in der Zeit, in der sie stattfindet. Dies ist ein Format, das Bewegung in die Gemeinde bringt, sei es wegen der Andersartigkeit, sei es wegen der beängstigenden Offenheit des Denkens.

(Aus: The *Viva Vox Evangelii* in Latin America: Some reflections about Homiletic in the context and some impressions from the participation in the *Societas Homiletica* conference, Viva Vox Evangelii. Reforming Preaching, Studia Homiletica 9, Hg. Jan Hermelink/Alexander Deeg, Leipzig 2013)

2. Zum Anlass einer homiletischen Konferenz

Marylinne Robinson, Iowa City, USA

Ich als Laie, die viele Stunden damit verbracht hat, Predigten zu hören, habe ein anderes Interesse an Predigt als ein akademisches. Viele Menschen – und auch ich – legen Hoffnung in diesen außerordentlichen Moment, wenn jemand den Versuch unternimmt, in gutem Glauben über etwas, was Sache ist, was einen angeht, zu Menschen zu sprechen, die ihrerseits in gutem Glauben zuhören. Die Umstände an sich sind bewegend, denn wir armen Sterblichen sind so verstrickt in Betrügereien und Mumpitz, von unseren Selbstzweifeln gar nicht zu sprechen, dass die Suche nach Bedeutung und Sinn, gesprochen oder gehört, etwas ganz außergewöhnliches ist. Diese Situation hat einen sehr speziellen Charakter.

Meine Kirche befindet sich auf der anderen Straßenseite der Universität. Dort unterrichten gute Seelen in aller Ernsthaftigkeit das faktisch Wahre, insofern es wirklich gewusst werden kann; die Geschichte der Nationen, insofern sie wirklich glaubhaft berichtet werden kann; die Qualitäten von Kunst, insofern sie in Worte gefasst werden können. Aber als eigene Person mit eigener Stimme zu anderen, die zuhören im Dickicht ihrer unterschiedlichen Situationen, zu sprechen über das, was wahrhaft Sache ist oder sein sollte, was einen wahrhaft angeht im Leben und im Tod, das ist eine einmalige Sache. Deshalb kommen wir zur Kirche.

(Aus „In principio erat sermo – Sermon as Act" in Viva Vox Evangelii, Reforming Preaching, Studia Homiletica 9, Hg. Jan Hermelink/ Alexander Deeg, Leipzig 2013)

3. Der Prediger als Ermöglicher des homiletischen Ereignisses

Raymond Khumalo, Kwa-Zulu Natal, South Africa

Wenn wir die Rolle von Symbolen und Ritualen ernst nehmen im Leben der Kirche, müssen wir unsere Rolle als Prediger im gottesdienstlichen Ereignis neu entwerfen. In dieser Perspektive ist der Prediger nicht länger der einzige Besitzer der evangelischen Botschaft, der sie einer Gemeinde von ahnungslosen Hohlköpfen überbringt. Damit ein Ritual wirken kann, muss der Pastor ein Ermöglicher werden, der mit den Menschen daran arbeitet, ihre Symbole zu organisieren und sie dazu befähigt, etwas zu den Bewegungen, zur Ausführung und zum Inhalt des Rituals beizutragen. Die Arbeit des Predigers besteht darin, eine Umgebung zu schaffen, die einen Gottesdienst ermöglicht, der Menschen die Gegenwart Gottes erfahren lässt. Ein Gottesdienst mit Gebet und Musik lässt Menschen sich näher bei Gott fühlen, und wenn sie ihm einmal näher sind, wird der Heilige Geist schon übernehmen. Es ist biblisch, dass Menschen Gott persönlich erfahren durch den Rhythmus von Liedern und Tanz:

> Und wenn Du dort in die Stadt kommst, wird dir eine Schar von Propheten begegnen, die von der Höhe herabkommen, und vor ihnen her Harfe und Pauke und Flöte und Zither und sie werden in Verzückung sein. Und der Geist des Herrn wird über dich kommen, dass du mit ihnen in Verzückung gerätst; da wirst du umgewandelt und ein anderer Mensch werden. Wenn bei dir nun diese Zeichen eintreffen, so tu, was dir vor die Hände kommt, denn Gott ist mit dir. (1Sam 10, 5b–7)

Dieser Text zeigt uns die Wichtigkeit, die dem Predigenden obliegt, den Gottesdienst vorzubereiten, um effektiv darin zu sein, dem Heiligen Geist zu ermöglichen, das Leben der Menschen zu berühren. Die Aufgabe des Predigers besteht nicht darin, einfach nur eine Predigt vorzubereiten und zu halten. Er muss den gesamten Gottesdienst vorbereiten, die Lieder und die Symbole auswählen, die Gemeinderituale und die gesamte Atmosphäre des Gottesdienstes im Blick haben. Symbole und Rituale sind nicht nur die alle Zeit geltenden alten Symbole und Rituale der Kirche. Ich denke, es bedarf einer gewissen Kreativität, neue Symbole und Rituale zu erfinden, die zu den Menschen im 21. Jahrhundert sprechen, in ihrem Kontext von Säkularisierung, globalisierter Gesellschaft und psychologischer Depression, die Leben und Sicherheit der Menschen bedrohen. Darin liegt die Verantwortung der Prediger und nicht nur in einer brillanten Predigt, die lediglich die Köpfe der Menschen erreicht.

(Aus: Who is preaching – the preacher or symbols and rituals? In: Viva Vox Evangelii. Reforming Preaching. Studia Homiletica 9, Hg. Jan Hermelink/Alexander Deeg, Leipzig 2013)

4. I take away ... phrases at last

Lucy Lind Hogan, Washington D.C., U.S.A.

I take away that we are a voice that sings the good news.

I take away the call to speak about something that matters.

I take away the challenge to us to be wisdom preachers.

I take away the reminder of the foolishness of our preaching and what happens when that meets our human vanity.

I take away an excellent review of symbols and rituals behavior.

I take away the challenge to listen, but not only to what but to whom.

I take away the image of taking and eating the words of God in the scriptures – the wooden blocks of the Hebrew letters soaked in honey.

I take away the image of walking the dried, parches fields of India in order to explore how people put their hands on the book.

(Aus: Closing Comments, in: Viva Vox Evangelii. Reforming Preaching, Studia Homiletica 9, Hg. Jan Hermelink/Alexander Deeg, Leipzig 2013)

Alexander Deeg

Narren, die predigen, Hörer, die tanzen, und Weisheit, die verkündigt wird

Schlaglichter zu einer Homiletik im internationalen Kontext

Homiletik international

Die Predigt ist ohne ihren Kontext nicht zu denken. Sie ist situative Rede und bleibt damit gebunden an Zeiten und konkrete Herausforderungen. Das ist sicherlich einer der Gründe, warum sich die Homiletik lange Zeit schwer damit tat, sich in den internationalen Austausch mit anderen Predigenden und Lehrenden der Predigt zu begeben. Seit einigen Jahren aber gehört es für viele selbstverständlich dazu, Anregungen aus anderen Kontexten aufzunehmen und eigene Ansätze, Forschungen und Überlegungen in den internationalen Diskurs einzuspeisen. Wesentlichen Anteil daran hat die 1993 offiziell begründete „Societas Homiletica".[1] Rudolf Bohren, der Heidelberger Praktische Theologe, hatte seit 1986 die Weichen in diese Richtung gestellt. Er war überzeugt, dass sich Predigtkulturen im Austausch bereichern können und Predigtlehrende auf aller Welt vor Aufgaben stehen, die ein internationales Lernen möglich und nötig und verheißungsvoll machen.

Dennoch blieb die Homiletik in unserem Kontext mehrheitlich eine deutschsprachige Angelegenheit. Wenige wag-

---

1 Vgl. hierzu <www.societas-homiletica.org>. Auf der Homepage lässt sich die Geschichte der Societas nachlesen und auch verfolgen, welche Konferenzen im Rahmen der Societas bisher gehalten wurden.

ten den Sprung in andere Predigtkontexte, noch weniger nahmen von dort Ideen auf, die die Homiletik hierzulande veränderten. Einer, der es tat, war Martin Nicol. Eher zufällig hatte der damalige Erlanger Privatdozent von der Gründungskonferenz der Societas Homiletica in Oslo 1993 gehört. Die Begegnungen dort – vor allem mit US-amerikanischen Homiletikern – waren dann aber so nachhaltig, dass er den Sprung über den großen Teich wagte und sich nur wundern konnte, warum wir bislang so wenig miteinander im Austausch stehen.

„Willst du jetzt wirklich im ‚American style' predigen?", so fragten ihn manche, wenn er von seinen Reisen zur „American Academy of Homiletics" oder zu den „Summer Intensives" im Rahmen des „Doctor of Ministry in Preaching"-Programms in Chicago erzählte. Das Vorurteil, dass Predigt in „Amerika" bedeute, so erbarmungslos persuasiv und selbstdarstellend zu reden wie manche Fernsehprediger dies zweifellos tun, war ständiger Begleiter. Und mit ihm das Vorurteil, in Amerika peppe man eben die gute, alte Predigt mit ein wenig Humor und viel rhetorischer Power so auf, dass Hörende sie als unterhaltsam erleben und am Ende von irgendetwas „überzeugt" werden. Nicol entdeckte in den USA etwas anderes. Er war u. a. davon begeistert, dass dort die theologischen Einsichten der „Wort-Gottes-Theologie", wie sie im Gefolge von Karl Barth etwa Gerhard Ebeling oder Eberhard Jüngel ausgearbeitet hatten, homiletisch weitergedacht wurden. Die weit geringere Skepsis gegenüber der Rhetorik und den Fragen der Predigtsprache und Predigtpraxis führte dazu, dass man nicht nur behaupten konnte, *dass* das „Wort Gottes" in der Predigt Ereignis werde, sondern auch fragen, *wie* dies die Predigtsprache, den Umgang mit der Bibel oder die Rolle des Predigers beeinflusst. Das In- und Miteinander von Form und Inhalt, bei uns in der sogenannten „ästhetischen Wende" seit den 1990er Jahren neu betont, prägte die US-amerikanische Homiletik schon viel länger und führte bereits in den 1970er Jahren zu einer Bewegung, die manche als „New Homiletic", andere als „Homiletical Revolution" bezeichneten. Statt deduktiv Wahrheiten des Glaubens auszuteilen, stellte man die Frage, wie es gelingen könne, „to make things happen". Es sollte nicht darum gehen, Vorlesungen *über* Inhalte des Glaubens zu halten, sondern so zu verkündigen, dass die Dynamik des Glaubens und die Dynamik der biblischen Worte, Bilder und Geschichten Menschen heute in Bewegung bringt. Es war ein weitgefächerter Aufbruch, der Bibel und Person, Sprache und die Wahrnehmung der Hörerinnen und Hörer zu Ausgangspunkten einer erneuerten homiletischen Leidenschaft machte. Martin Nicol schrieb aus diesen Anregungen seine „Dramaturgische Homiletik"[2] und träumte von einem Fortbildungsprogramm in Deutschland in Analogie zu dem amerikanischen „Doctor of Ministry in Preaching"-Programm in Chicago. Ein Schritt war und ist mit Nicols transatlantischem Austauschprojekt getan, viele weitere können folgen.

Dies zeigte unter anderem die Konferenz der „Societas Homiletica", die 2012 in Wittenberg stattfand. Lehrende aus aller Welt waren versammelt, gewährten einander Anteil an ihrem Denken und Forschen und Einblicke in ihre Predigtpraxis. Die weltweite *homiletische Community* feierte in der Lutherstadt ein Fest des gemeinsamen Hörens auf die Bibel und Nachdenkens über die schwierige und schöne Aufgabe der Predigt.

Dabei wurde auch – einmal wieder – bewusst, was sich in den unterschiedlichen Orten der Welt getan hat und tut.

---

2   Martin Nicol, Einander ins Bild setzen. Dramaturgische Homiletik, Göttingen [2]2005.

Und natürlich hat sich auch die homiletische Landschaft in den USA verändert. Die „New Homiletic" ist inzwischen in die Jahre gekommen und wird als ein Phänomen der Vergangenheit kritisch weitergeführt und wissenschaftlich untersucht. In vielerlei Hinsicht wurde und wird weitergedacht. Nur drei Aspekte dieses Nach- und Weiterdenkens, wie sie im Kontext der Wittenberger Tagung der Societas Homiletica deutlich wurden, stelle ich kurz vor.

Narren, die predigen – und eine Predigt, die narrt

Es ist vielleicht eines der herausforderndsten Bücher zur Homiletik, das in den vergangenen Jahren erschien, und seine Entstehung geht ganz unmittelbar auf die Societas Homiletica zurück: Dort hielt Charles Campbell aus Duke (North Carolina) in Kopenhagen 2008 einen Vortrag über die „Torheit der Predigt". Er ging weit in die Geschichte der Predigt zurück und zeigte sein Interesse an dem, was er „dissidente Homiletik" nannte: Predigt jenseits des Mainstreams. Dazu gehört z. B. die „Straßenpredigt" oder ihre Steigerung: die „nackte Straßenpredigt". Menschen „verkörperten" durch die Geschichte hindurch die Torheit des Evangeliums, von der Paulus spricht (1Kor 1,18–25), und machten die Predigt so zu einer öffentlichen und politischen Praxis gefährlicher Erinnerung an Gott, die sich nicht in unsere Systeme, Ordnungen und Werte einpassen lässt (Röm 12,2). Johan Cilliers aus Stellenbosch (Südafrika) hielt die „Response" auf diesen Vortrag und zeigte, wie diese Art der politischen Predigt vor allem in der Zeit der Apartheid in Südafrika eine immense Rolle spielte. Die beiden beschlossen noch in Kopenhagen, gemeinsam ein Buch zu schreiben. Dieses erschien 2012 als die sicherlich provozierendste homiletische

Neuerscheinung auf dem US-Buchmarkt des vergangenen Jahres.[3] Der Titel ist schwer zu übersetzen: „Preaching Fools" kann heißen: „Narren, die predigen" oder „Eine Predigt, die narrt" – und natürlich spielt das Buch bewusst mit dieser doppelten Bedeutung und verbindet so die Perspektive des Predigers und des Hörers. Auch wenn wir uns – nach abgeschlossenem Theologiestudium – für einigermaßen „weise" Menschen halten mögen (und gerade dann!), gilt die Herausforderung, uns selbst und den Hörenden die „Torheit des Evangeliums" immer neu zu sagen. Und das heißt: das Wort, das zu sagen ist, immer neu aus den Grenzen der Konventionalität und aus den Bestätigungsroutinen frommen Selbstbewusstseins zu befreien (auch aus den eigenen!) und so einen Beitrag zu leisten, die vermeintliche Festigkeit dessen, was auf der Welt gilt, ins Wanken zu bringen. Paulus, der Narr um Christi willen (1Kor 4,10), wird dabei ausführlich wahrgenommen, aber auch die Hofnarren aus alter Zeit kommen zu Wort, die nackten Straßenprediger sowieso und mit ihnen die politischen Prediger aus Südafrika und anderen Teilen der Welt. Campbell und Cilliers zeigen, wie Lachen und Klage zusammengehören – denn beides sind Weisen, die Welt so zu sehen, dass sie als veränderbar gedacht und erfahren wird. Das Buch rüttelt kräftig am Selbstverständnis des Predigers, wie viele Diskussionen seither gezeigt haben. Und es macht die Frage groß, wie eine Predigt Sprachgestalt gewinnen kann, wenn sie notwendig *jede* Sprache an ihre Grenzen führt, und auch die Frage, wie „ich" als ordinierter Diener des Wortes und wohlversorgter Angestellter der Kirche im beamtenähnlichen Verhältnis heute zu einem Prediger der Torheit des Evangeliums werden kann.

---

3   Charles Campbell/Johan Cilliers, Preaching Fools. The Gospel as a Rhetoric of Folly, Waco (TX) 2012.

Eine der Predigten, die in Wittenberg im Rahmen der Societas gehalten wurden, wurde im Rahmen dieses Konzeptes intensiv diskutiert. Carina Sundberg predigte über Mt 26,26, das Brotbrechen im Kontext des letzten Abendmahls.[4] Nein, sie predigte nicht nur *darüber*. Sie inszenierte das Brotbrechen, das den Höhepunkt ihrer eigenen Predigt bildete – und dachte mit der Gemeinde nach über „Innen" und „Außen" und die „Haut", die beides voneinander trennt. In gewisser Weise machte sich die Predigerin mit einer überaus lebendigen, aber gerade dadurch auch verstörenden Inszenierung des eigenen „dermatologischen Weltbezugs" in der Wittenberger Schlosskirche zur Närrin vor der Gemeinde internationaler Wissenschaftler auf dem Gebiet der Predigtlehre. Am Ende brach sie das Brot – und sagte: „Hat nicht auch Gott eine Haut? Ja, ich glaube, dass auch Gott eine Haut hat. Ein Innen und ein Außen, ein Außen und ein Innen. Und ich weiß nicht, was was ist. Aber es ist Gott." Dann brach sie das Brot nochmals, wandte sich zum Altar, legte das Brot dort ab und kniete still vor dem Altar nieder; ist das die verkörperte Torheit der Predigt? Eine Predigt, die in einer dichten körperlichen Inszenierung jedes „Verstehen" ad absurdum führt und in das anschließende Gebet mündet? Eine Predigt, die die vielen klugen Worte unterbricht und gerade so auch zum Denken führt?

Es scheint mir, dass die Frage, die Charles Campbell vor einigen Jahren in die Diskussion brachte, die homiletische Welt noch eine ganze Weile beschäftigen und ihr einen wesentlichen Anstoß geben wird (und dies auch bereits getan hat, vgl. Alexander Deeg, Dietrich Sagert [Hg.], Evangelische Predigtkultur. Zur Erneuerung der Kanzelrede, Leipzig 2011, 49–88).

---

4   Die Predigt ist nachzulesen im Konferenzband „Viva Vox Evangelii", der im Herbst 2013 in Leipzig erschien (hg. v. Jan Hermelink und Alexander Deeg).

Die Hörenden als Überraschung und „Roundtable Pulpit" als eine Konsequenz

Auch von anderer Seite lässt sich die Homiletik herausfordern und in Bewegung bringen: von Seiten der Hörerinnen und Hörer. Schon seit einigen Jahren gibt es international viele Homiletiker, die die Hörenden neu in den Fokus rücken. Als besonders aufschlussreich erweisen sich dabei Studien, die in den USA vor einigen Jahren in dem Projekt „Listening to Listeners" veröffentlicht wurden.[5] In explorativen Interviews kommen einzelne Hörer, aber auch Kleingruppen von Hörenden zu Wort. Dabei spielt *nicht* der Inhalt der Predigt die entscheidende Rolle. Die alten Fragen vieler Predigtnachgespräche: „Was habe ich verstanden? Was ist mir klargeworden? Wo will ich den Prediger noch etwas fragen?" werden nicht fokussiert. Die Autoren der Studien erweisen sich vielmehr als neugierig zu erfahren, was Hörer in unterschiedlichen Predigtkulturen (von denen die USA ja reichlich zu bieten haben) in der Predigt *erleben* (es geht um ein Hören auf das Herz, die Gedanken und den Willen der Gemeinde). Es ist bewegend, wie ausführlich einzelne Hörer in der Studie zu Wort kommen – und wie ernst sie genommen werden. So beschreibt „Anthony" seine Erfahrung gelingender Predigt in einer afrikanisch geprägten amerikanischen Gemeinde folgendermaßen: „Like I'm Dancing Right There without Dancing".[6] Das Ziel der Studie ist daher auch nicht, schnell zu rezipierende Tipps und Tricks für eine effektivere Pre-

---

5 Vgl. John S. McClure u. a., Listening to Listeners. Homiletical Case Studies, St. Louis (MI) 2004; Mary Alice Mulligan u. a., Believing in Preaching. What Listeners Hear in Sermons, St. Louis (MI) 2005; Dies. u. a., Make the Word Come Alive. Lessons from Laity, St. Louis (MI) 2005.

6 John S. McClure, a. a. O., 21–34, Zitat: 21.

digtpraxis (was auch immer das sein sollte!) an die Hand zu geben, sondern als Prediger sensibel dafür zu werden, was sich bei der Gemeinde im Kontext der Predigt ereignet.

Erste Ergebnisse einer weiteren qualitativen Studie wurden auf der Konferenz in Wittenberg vorgestellt: der Studie von Marianne Gaarden aus Aarhus (Dänemark). Die Studie basiert auf Erzählungen nach dem gefeierten Gottesdienst – Erzählungen über die erlebte und teilweise erlittene Predigt. Erstes Ergebnis: Beinahe alle Interviewten reden – nach der Predigt gefragt – zuerst vom Prediger oder von der Predigerin. Die Person spielt homiletisch eine entscheidende Rolle – und es wird auch in dieser Hinsicht klar, dass die bisherigen Versuche, zwischen „Authentizität" und „Präsenz" an der Rolle des Predigers zu arbeiten, weder rhetorisch noch theologisch schon der Weisheit letzter Schluss sein können. Was sich dann allerdings ebenfalls bestätigt: Die Hörenden bauen während der Rezeption ihre ganz eigene Predigt (Wilfried Engemann hatte dies in semiotischer Perspektive ebenfalls so erkannt und vom „Auredit" gesprochen, das sich durch das Hören aus dem „Manuskript" des Predigers bei den Hörenden ergebe). Da gibt es Menschen, die die Erzählung vom „Reichen Mann und armen Lazarus" (Lk 16,19–31) mit ihrem herausfordernden Bild des Reichen in der Hölle und des armen Lazarus im Himmel, zwischen denen sich ein großer Graben auftut, so weiterführen, dass dieser Graben plötzlich mit Wasser ausgefüllt wird. Die beiden Seiten werden dadurch erreichbar. Man kann hindurchschwimmen und aus der Isolation der Hölle in die Gemeinschaft des Himmels gelangen. Der Prediger hatte von alledem *nichts* gesagt.

Solche empirischen Untersuchungen fügen sich ein in die Suchbewegungen, die etwa die Homiletik von John McClure seit einigen Jahren prägen. Mit seinem Buch „The Roundtable Pulpit" aus dem Jahr 1995 hat McClure den Ver-

such gemacht, die Predigtaufgabe als dialogische neu zu
beschreiben.[7] Es geht um die Zusammenarbeit („Collabora-
tion") von Predigenden und Hörenden, die von einer star-
ken Erwartung ausgeht. Hörende sind eben nicht nur die
Adressaten, denen eine Botschaft, die ein Prediger „hat",
möglichst so verkündigt wird, dass sie sie „aufnehmen" können. Dieses bevormundende Modell der Predigtkommuni-
kation (das sich dann gerne auch in Formeln artikuliert wie
der, man müsse das theologisch oder exegetisch Schwierige eben irgendwie „herunterbrechen", damit es Hörende
auch verstehen können) wird abgelöst durch die Einsicht,
dass sich Predigt (auch bei der monologen Kanzelrede) als
dialogisches Geschehen ereignet. Der „Andere" wird so zum
notwendigen Bezugspunkt. Es gibt „die" Botschaft nie an
und für sich, sondern immer nur so, dass sie sich im Leben
ereignet. McClure stellt die Predigt auf diese Weise hinein in
das Leben der Gemeinde – ein Leben der mündigen Christenmenschen (ganz im Sinne von Luthers Priestertum aller).
Freilich weiß auch McClure, dass seine Idee, die Predigt daher
immer am runden Tisch mit Gliedern der Gemeinde vorzubereiten (daher der Titel „Roundtable Pulpit") nur *ein* Weg hin
zu einer solchen dialogischen Konzeption der Predigt sein
kann. Weit radikaler ist die Einsicht, Wahrheit immer nur als
Ereignis im Kontext des Predigtvollzugs, nie aber als bereits
vor der Predigt feststehende und homiletisch zu kommuni-
zierende Wahrheit zu denken. An dieser Stelle berührt sich
die Radikalität der Wahrnehmung der Hörenden mit theologischen Konzeptionen, wie sie bereits Dietrich Bonhoeffer
in seiner Finkenwalder Homiletik konturiert hatte. Predigt –
das ist der durch die Gemeinde schreitende Christus Jesus

---

7   John S. McClure, The Roundtable Pulpit. Where Leadership and Preaching
    Meet, Nashville (TN) 1995.

selbst, der von sich sagt, dass er die Wahrheit „ist" (Joh 14,6), die schon deshalb niemand haben kann! Gleichzeitig zeigen McClures Überlegungen und die empirischen Untersuchungen, dass es wohl noch einiger Kreativität bedarf, um die aktive Rolle der Hörenden im Predigtvollzug für das Predigtgeschehen insgesamt fruchtbar zu machen. Predigtvorbereitungskreise und Predigtnachgespräche erweisen sich dazu ja leider immer als eher problematischer oder zumindest insuffizienter Weg. Ob die Möglichkeiten des Internets neue Wege eröffnen könnten? Ob es eine Predigtvorbereitung und ein Predigtnachgespräch auch im geschützten Raum eines „Chat-Rooms" geben könnte? Oder ob der internationale Austausch der Homiletiker und vor allem das Lernen von anderen Predigtkulturen, in denen die Interaktion *im* Kanzelvollzug weitaus selbstverständlicher zur Predigtpraxis gehört, Impulse geben kann?

Die Weisheit und das Leben

Als erste Keynote-Rednerin auf der Wittenberger Konferenz trat die vor allem in den USA berühmte Autorin Marylinne Robinson auf. Entgegen der Erwartung vieler redete sie aber nicht oder nur am Rande über die Sprache der Predigt und darüber, wie man diese ihres Erachtens vielleicht verbessern könnte. Stattdessen holte sie viel weiter aus und forderte die Wiedergewinnung einer ihres Dafürhaltens weithin vergessenen Dimension der Predigt: *der Weisheit*. Robinson beklagt sich darüber, dass – jedenfalls auf ihrer Seite des Atlantiks – das Wort und die Idee der „Weisheit" kaum eine Rolle gespielt habe. Robinson denkt an eine spezifisch theologische Weisheit, die nicht mit der Ansammlung von Wissen gleichzusetzen ist und ebenso wenig mit schlichten

Lebensregeln. Es geht ihr weit mehr um die göttliche Dynamik der Weisheit, von der etwa in Spr 25,2 die Rede ist: „Es ist Gottes Ehre, eine Sache zu verbergen, aber der Könige Ehre ist es, eine Sache zu erforschen."

Damit befindet sich Robinson auf einer Spur, die in den letzten Jahren in den USA ebenfalls gezogen wurde, vor allem in den Büchern von Alyce McKenzie, Professorin für Homiletik in Dallas (Texas).[8] McKenzie zeigt, welcher Reichtum in der – von Perikopenordnungen leider bislang weitgehend gemiedenen – Weisheitsliteratur des Alten Testaments liegt. Und sie zeigt, wie Prediger heute zu Lehrern der Weisheit werden können – mit gebeugtem Knie, hörendem Herzen, kühlem, nicht überhitztem Geist (Spr 17,27) und subversiver Stimme. Dabei verbindet sie die Lebensnähe der Weisheit mit der Weltwirklichkeit Gottes und einer theologischen Charakterisierung der Predigtperson, die sich – weil immer die *göttliche* Weisheit der Ausgangspunkt ist – mit der Einsicht in die „Torheit" der Predigt aufs trefflichste ins Gespräch bringen lässt.

Die Erfahrungen von Wittenberg lassen gespannt auf die Fortsetzung der Arbeit der „Societas Homiletica" blicken. 2014 wird die Konferenz in Südindien tagen. Und alle, die nach der Lektüre dieses Artikels Lust darauf bekommen haben, ihre eigenen Überlegungen in die Fülle der internationalen Entdeckungen und Forschungen zu stellen, sollten sich die Möglichkeit nicht entgehen lassen, daran teilzunehmen.

---

8   Alyce McKenzie, Preaching Proverbs. Wisdom for the Pulpit, Louisville (KY) 1996; dies., Preaching Biblical Wisdom in a Self-Help Society, Nashville (TN) 2002; dies., Hear and Be Wise. Becoming a Preacher and Teacher of Wisdom, Nashville (TN) 2004.

Kerstin Wimmer

Die Poetik des Dialogs

Über das Predigen in der Gemeinschaft des Abendmahls

„Schäm dich nicht, Mensch zu sein, sei stolz!
In dir öffnet sich Gewölbe um Gewölbe, endlos.
Du wirst nie fertig, und es ist, wie es sein soll."

Tomas Tranströmer[1]

Einmal habe ich erlebt, dass jemand den Gottesdienst während meiner Predigt verlassen hat. Eigentlich ging er nur hinaus, um eine Zigarette zu rauchen. Dieser Vorfall verhalf mir später zu einer Erkenntnis und ich dachte: so predige ich für gewöhnlich, es ist, als gehe Gott während der Predigt hinaus und kehre zum Glaubensbekenntnis zurück. Mir wurde bewusst, dass ich mich nach besten Kräften bemühte, Gott zu erklären und zu beschreiben, als sei er eine nicht anwesende Person. Wenn wir uns zum Abendmahl versammeln, zur Eucharistie, drückt unsere Sprache dabei in jeder Hinsicht aus, dass Gott anwesend ist. Aber wie sieht es bei der Predigt aus?

Das Wort und das Abendmahl

Es gab eine Zeit, zumindest in der schwedischen Kirche, als das Wort im Mittelpunkt des Sonntagsgottesdienstes stand

---

1   Tomas Tranströmer, „Romanska bågar" in För levande och döda, Stockholm 1989. Tranströmer erhielt 2012 den Nobelpreis für Literatur. (Deutsche Übersetzung zitiert aus: Sämtliche Gedichte, Aus dem Schwedischen von Hanns Grössel, München 1997.)

und die Liturgie hauptsächlich in zwei Teile gegliedert war: in den Teil, der der Predigt vorausging, und in den, der auf die Predigt folgte, denn es war nicht sehr verbreitet, die Eucharistie zu feiern. Diese Form der Liturgie hatte selbstverständlich einen großen Einfluss darauf, welche Rolle und Funktion der Predigt beigemessen wurde. Heute feiern wir wieder den vollen Gottesdienst und das Abendmahl ist ein fester Bestandteil der Liturgie.

In der liturgischen Bewegung späterer Jahre haben wir meines Erachtens ein vertieftes Verständnis des engen Zusammenhangs zwischen Wort und Abendmahl erlangt. Der Akt des Predigens und die Gaben des Abendmahls bilden zusammen die Ganzheit der frohen Botschaft. Diese Einheit − Wort und Sakrament − ist nach der *Confessio Augustana* genau das, was Kirche bedeutet.

Bernice Sundkvist, Professorin für praktische Theologie in Åbo, Finnland, beleuchtet die Terminologie Martin Luthers in Bezug auf das Predigen. Sie stellt heraus, dass Luther im Zusammenhang mit der Predigt des Evangeliums von *Distribution* (Austeilung) spricht.[2] Sundkvist unterstreicht die Bedeutung der Parallelität von Wort und Sakrament bei Luther. Folglich können wir sagen, dass die Worte bei der Austeilung des Leibes Christi, „für euch hingegeben" (för dig utgiven), ebenfalls bei der Austeilung des Evangeliums, „für euch hingegeben", hörbar sein müssen.

Die Frage ist: Auf welche Weise kann die Predigt gleich dem Abendmahl eine Erfahrung der Gegenwärtigkeit Gottes verkörpern? Wie kann die Predigt „essbar" wie das Brot des Abendmahls sein? Auf welche Weise könnte sie Nahrung für die Reise des Lebens sein?

---

2 Bernice Sundkvist, Det sakramentala draget i Luthers förkunnelse, Åbo 2001, 292.

Der Predigtdialog

Ich glaube, es geht um die Sprache der Predigt.

Jeder, der predigt und meint, etwas Bedeutsames zu sagen zu haben, muss bedenken, was zwischen den Zeilen ausgedrückt wird, was nicht ausgesprochen, aber dennoch gehört wird.

Als ich ungefähr zehn Jahre alt war, hatte ich ein Erlebnis, das mich nachhaltig beeindruckt hat. Eines Tages fiel mir einer der Gedichtbände meines Onkels in die Hände. Ich schlug ihn auf und las:

> *Der Stein,*
> *das Feuer*
> *und der Angelwurm:*
> *Drei Stufen*
> *zu*
> *Rockefeller.*[3]

> *(Stenen,*
> *elden*
> *och metmasken:*
> *Tre trappsteg*
> *till*
> *Rockefeller.)*

Ich las die Worte immer wieder, ließ sie auf der Zunge zergehen und zählte sie: acht Wörter (in der schwedischen Version), ein Komma, ein Doppelpunkt und ein Punkt. Das war's: Da war ein Großteil der Menschheitsgeschichte auf den Punkt gebracht, vom Steinzeitalter bis zur Finanzwelt. Die

---

3 Nils Ferlin, „Evolution" in Barfotabarn, Stockholm 1933 (Wörtliche Übersetzung).

Erinnerung an dieses Erlebnis ist in meinem ganzen Körper wach und das Gefühl, an etwas Besonderem teilzuhaben. Ich erinnere mich sehr gut, wie fasziniert ich angesichts der Tatsache war, dass sehr viel Information übermittelt werden kann, indem sie *nicht* ausgesprochen wird. Dies war meine erste bewusste Erfahrung mit dem, was ich als *Poetik des Dialogs* bezeichne.

Aus meiner Sicht handelt es sich um eine Begegnung von zwei Partnern, bei der Geheimnisse erlaubt sind, um dem Dialog Lebendigkeit zu verleihen, ohne darauf zu drängen, die Geheimnisse zu benennen. Hans-Georg Gadamer betont, wie wichtig es ist, „ein ungestilltes Verlangen nach dem treffenden Wort" zu bewahren.[4] Laut Gadamer ist dieses ungestillte Verlangen die eigentliche Natur der Sprache. Geheimnisse nähren und inspirieren einen Dialog, wenn beide Seiten sich der „Zwischenräume" innerhalb der Geheimnisse bewusst sind.[5] In dem Gedicht über „den Stein, das Feuer und Rockefeller", das mich als Kind so beeindruckt hat, schafft der Dichter ausgedehnte Zwischenräume und ich als Leserin öffne mich diesen aufnehmend. Dies gibt mir einen Verständnishorizont, den ich brauche, um zu erfassen und zu erkennen, was wirklich geschrieben und beschrieben wird. Um aufzunehmen, was in den Zeilen enthalten ist, muss ich in die Welt zwischen den Zeilen eintauchen.

---

4   Hans-Georg Gadamer, „Grenzen der Sprache," 1985, in: Gesammelte Werke 8: Ästhetik und Poetik I, Tübingen 1993, 361: „Ein ungestilltes Verlangen nach dem treffenden Wort – das ist es wohl, was das eigentliche Leben und Wesen der Sprache ausmacht."

5   Andererseits könnte „die Sprache des Zwischenraums" ein Problem sein, wenn der Bezugsrahmen nicht offensichtlich ist. Beispiel: Das Apostolische Glaubensbekenntnis als ein Credo beinhaltet viele Auslassungen, die für Menschen ohne Kenntnis des Lebens Jesu unverständlich sind.

Die Poetik des Dialogs ist eine Beschränkung im Dienst an meinen Mitmenschen. Dieser Dialog erfordert Großzügigkeit und Achtung für den Zuhörer, der Raum für eigene Reflexion und essenzielle Fragen braucht. Die Autorität des Predigens ist eine Frage der eigenen Interpretation und Einsichten der Zuhörer in Bezug auf ihren eigenen Lebensweg. Hannah Arendt sagt: „Autorität wird durch einen anderen verliehen; sie kann nicht erzwungen werden."[6] Der Prediger kann niemals beanspruchen, die Interpretation vorzugeben, es ist stets Aufgabe des Zuhörers zu beurteilen, ob die Predigt zu einem vertieften Verständnis des eigenen Lebens beiträgt.

Eine gute Geschichte gibt ihre Geheimnisse nicht preis. Daher ist es sehr wichtig, dass der Prediger die *Kunst der Enthaltung* übt. Für mich bedeutet die Kunst der Enthaltung, dass ich lernen muss darauf zu vertrauen, dass in einer Predigt nicht jeder Buchstabe des theologischen Alphabets bemüht werden muss. Die Amerikanerin Lucy Atkinson Rose fordert in ihren Ausführungen zur Homiletik, dass die Sprache bekennend sei, aber gleichzeitig viele Interpretationsmöglichkeiten bieten solle. Interpretationen werden meines Erachtens stets in Parallelsphären erdacht, sowohl in den gesprochenen als auch in den ungesprochenen Worten.

Die poetische Dimension des Predigens bedeutet nicht unweigerlich, dass man Gedichte lesen oder der Lyrik zugeneigt sein muss. „Poesie" leitet sich von dem griechischen Wort *poieo* ab und bedeutet *erschaffen*. Gott ist der große Dichter, der Schöpfer, und er lädt die Menschen zu einer Vielfalt von Sprachen ein. Diese sprachliche Landschaft eröffnet Möglichkeiten und Beschränkungen, Bewegungen zwischen der gesprochenen Welt und dem, was mit Worten nicht zu

---

6   Hannah Arendt, „What is Authority?" In Between Past and Future, ed. by
    C. J. Fredrich, New York 1968, 91–141.

erfassen ist. Dies führt zu der Erkenntnis, dass jeder Begegnung immer etwas innewohnt, etwas Unausgesprochenes. Gadamer weist auf das Unausgesprochene hin, das jedem Dialog zu eigen ist: „Den Satz, der ganz aussagt, was einer sagen will, gibt es nicht. Es ist immer noch etwas Ungesagtes dahinter oder darin, sei es, dass es sich verbirgt, sei es, dass es nicht recht herausgekommen ist."[7] In der Beratung sowie in der Predigt ist dies von größter Bedeutung. Es gilt also abzuwägen, was ich aufgeben muss, um dem Evangelium ein Zuhause zu geben. Die richtige Balance zu finden ist keine leichte Aufgabe, aber ich glaube, wir versuchen viel zu häufig, den Raum zwischen den Worten in dem Bestreben zu füllen, alles anzubringen, was uns wichtig erscheint. Leider bleiben dabei auch Dynamik und Vorstellungskraft auf der Strecke.

In der Gemeinschaft des Abendmahls zu predigen ist eine Frage des Vertrauens in die Poetik des Dialogs, um das *mystérion* zu schützen, das Geheimnis der Zwischenräume des Lebens. Es gibt Räume, die ein Mensch selbst betreten muss, um auf seinem Weg voranzukommen. Die Aufgabe der Predigt besteht darin, die Sprache der Gegenwart Gottes, des Lebens, das wir mit der ganzen Schöpfung teilen, auszuloten. Als ich Hebräisch lernte, faszinierte mich die Tatsache, dass es eine Sprache mit stummen Buchstaben gab. Diese Buchstaben sind für die Wortbedeutung unerlässlich. Die stummen Buchstaben weisen uns den Weg zu dem, was ausgesprochen werden muss, und geben ihm eine bestimmte Bedeutung.

---

7   Hans-Georg Gadamer, „Grenzen der Sprache," 1993, in: Gesammelte Werke 1. Hermeneutik im Rückblick, Tübingen 1995, 282: „Den Satz, der ganz aussagt, was einer sagen will, gibt es nicht. Es ist immer noch etwas Ungesagtes dahinter oder darin, sei es, dass es sich verbirgt, sei es, dass es nicht recht herausgekommen ist."

Mit anderen Worten:
Wie der „Dichter" muss auch der Prediger nicht nur berücksichtigen, was er sagen möchte. Er muss auch überlegen, was er *nicht* sagen möchte, gleichwohl mit dem Wunsch, dass dies aus den Zeilen *herausgehört* werden möge. Die innige Beziehung wird wohl zerbrechen, wenn einer der Partner ständig versucht, alles über „Liebe und Vergebung" in Worte zu fassen.

Spiritualität und Sprache

Die Wechselwirkung zwischen unserer Sprache und unserer Vorstellung von der Welt, in der wir leben, ist offensichtlich. Sprache prägt unsere Sichtweise verschiedener Sachverhalte, und was wir erleben, färbt unsere Sprache und unsere Bilder. Ein grundlegender Gedanke der Reformation ist, dass jeder Mensch Zugang zur Bibel in seiner Landessprache haben solle, nach dem sogenannten „Prinzip der Volkssprachlichkeit". Dabei geht es nicht um eine „Muttersprache" für alle Zeiten, sondern um eine Sprache mit zeitgenössischem Bezug. Mit anderen Worten: Das Erbe der Reformation stellt uns vor die Herausforderung, laufend an der Entwicklung und Erneuerung der theologischen Sprache zu arbeiten. Martin Luther war fest davon überzeugt, dass das Evangelium neu entdeckt werde, wenn man der Sprache und ihrer Erneuerung Beachtung schenke.

Luther geht davon aus, dass Sprache mit dem erneuernden Geist Gottes verbunden ist. Seinem Verständnis zufolge sind zwei Dimensionen vorhanden: es sei wichtig, sich in der Sprache zu Hause zu fühlen, aber auch Sprache neu zu erfahren. Er bekräftigt die Bedeutung eines umgangssprachlichen Zugangs zur Heiligen Schrift, aber auch die Möglichkeit, den Glauben in anderen Sprachen zu vermitteln. Es ist also entscheidend, dass wir über die Grenzen unserer eigenen Sprache hinausgehen und Glaubenserfahrungen in anderen Bereichen der Sprache machen. Bekanntlich legte Luther großen Wert auf die multilingualen Aspekte des Gottesdienstes.[8] Durch das Erleben anderer Sprachen entdecken wir zudem neue Facetten des christlichen Glaubens. Luther äußerte sich skeptisch über christliche Milieus mit einsprachigem Universum, die es nicht wagen, über die Grenzen ihrer wohlbekannten Sprachlandschaft hinauszugehen.

Somit besteht ein enger Zusammenhang zwischen spirituellem Wachstum und der Erforschung der Sprache, sowohl in den wohlbekannten als auch in den unbekannten Sprachlandschaften.

In der Terminologie der Spätmoderne könnte man es so ausdrücken:
Nur durch die Erfahrung des Exils können wir nach Hause finden.

Bekanntes und Fremdes

Es gibt natürlich viele Möglichkeiten, einen Weg zu finden, vertrauten Boden zu verlassen. Ich möchte hier nur eine Vorgehensweise erwähnen, die ich mir zurechtgelegt habe und anwende. In der Begegnung mit einem Bibeltext versuche ich stets, mir *Bekanntes* und mir *Fremdes* zu finden. Ich glaube, dass man in nahezu jedem Text auf *Bekanntes* und *Fremdes* stößt. Das *Bekannte* ist jemand oder etwas, der bzw. das Sym-

---

8 LW 53, 63. Im Vorwort spricht sich Luther für einen mehrsprachigen Gottesdienst aus. Neben den Landes- und den biblischen Sprachen solle Latein Teil der Liturgie sein. Latein war die Bildungssprache und Luther war sehr besorgt über die jungen Leute und ihre Teilnahme am Gottesdienst und Glauben. Vielleicht ist die englische Sprache das „Latein" von heute? Siehe auch WA 19, 74, 8–16.

pathie in mir hervorruft und ein Gefühl von Zuhausesein vermittelt. Das kann ein Mensch sein, Maria Magdalena, ein Junge mit fünf Broten und zwei Fischen, aber auch ein Ort, eine Wasserquelle, ein Gefäß oder eine wunderschöne Zeder. Das *Bekannte* ist wichtig für den Zugang zum Evangelium und es ist für mich ein Ort des Willkommens und der Zugehörigkeit. Dies ist natürlich wunderbar, aber nur bei dem Bekannten zu verweilen, birgt auch eine Gefahr, denn es fördert nicht den Predigtverlauf. Um einen Anknüpfungspunkt in der Gegenwart, d. h. die poetische Dimension, zu finden, muss ich in dem Text das *Fremde* ausmachen. Wie beim *Bekannten* kann dies eine Person, ein Ort, ein Gegenstand oder ein beliebiges Textelement sein, dass in mir eine Antipathie hervorruft, etwas Provozierendes oder Irritierendes, das meine Aufmerksamkeit erregt. Das Wesentliche ist jedoch die Entfremdung, die sich aus meiner Wahrnehmung des Textes ergibt. Einen Dialog mit dem *Fremden* einzuleiten, könnte eine existenzielle Sichtweise eröffnen und mir helfen, die Entfremdung in meinem eigenen Leben zu erkennen. Das *Fremde* ist das, was mir hilft, nicht in dem Bemühen nachzulassen, mich selbst zu verstehen. Manchmal ist Jesus der *Fremde*, etwas, was er sagt oder tut. Manchmal bleibt das *Fremde* fremd: Wir begegnen uns als Fremde und gehen auch so wieder auseinander. Auch wenn ich spüre, dass durch die Begegnung, die Herausforderung oder Provokation etwas geschehen ist. Der Fremde kann sich auch als Bekannter entpuppen, als jemand, den ich kennenlernen möchte, ein neuer Freund, der mir hilft, mich zu orientieren und der mich antreibt, weiter nach dem zu suchen, was für mich von Bedeutung ist. Ein wunderbares Beispiel dafür ist Jakob an der Furt des Jabbok, der in der Nacht mit einem Fremden ringt. Das Ringen führt jedoch nicht immer zu einer Freundschaft, aber der Kampf an sich trägt wesentlich zum Predigtprozess bei. Mitunter stellt sich das *Fremde* als Gegner heraus, als etwas oder jemand, der nicht das Beste für mich will. Jedenfalls verhilft es mir auch zu wichtigen Erkenntnissen, einen Gegner als solchen zu erkennen.

Manchmal, so glaube ich, sind wir zu sehr darauf aus, das *Bekannte* in einem Text zu finden und in der Predigt diese freundschaftliche Beziehung herauszustellen. Vielleicht bemühen wir uns oft zu sehr, die Antworten zu finden? Nur über das *Bekannte* zu predigen, bedeutet ein großes Maß an Sicherheit, und die Gemeinde weiß bereits, was als nächstes kommt. Manchmal hat diese Art der Predigt ihren Platz und ist keineswegs „schlecht". *Aber wir werden keine Tiefe erlangen, wenn wir uns dem Fremden* in der unbekannten Landschaft *nicht stellen.* Wieder und wieder müssen wir die Grenze in das Unbekannte überschreiten. Das *Bekannte* ist notwendig, aber erstaunlicherweise ist es häufig im Kontext des *Fremden*, wo sich das Evangelium in der Predigtvorbereitung zeigt. Das *Bekannte* und das *Fremde* zum Dialog miteinander einzuladen, könnte auch den Predigtprozess beflügeln. Gelegentlich taucht in der Begegnung mit dem Text nichts *Bekanntes* auf. In dem Fall kommt es darauf an, der Erfahrung der Entfremdung treu zu bleiben und keine Freundschaft zu erfinden, die es gar nicht gibt. Ansonsten könnten Kreativität und Glaubwürdigkeit auf der Strecke bleiben und das Predigen in Frage gestellt werden.

Gott ist der Dichter

Das homiletische Modell des Bekannten und des Fremden ist ein Versuch, eine andere Form der Rhetorik innerhalb der Poetik zu erarbeiten, der Gegenwärtigkeit bewusst zu sein. In jedem Dialog gibt es ein Ich und ein Du, und selbst wenn das Du als abwesend erfahren wird, ist es immer noch ein

Gegenüber. Die Rhetorik des Predigens erfordert eine Sprache, bei der „Gott den Gottesdienst nicht verlässt, um eine Zigarette zu rauchen" und der Prediger nicht versucht, ihn in seiner Abwesenheit zu beschreiben. Das bedeutet natürlich nicht, dass wir nicht *über* Gott und unser Leben sprechen sollten. Es geht vielmehr darum, wie wir dies tun, es geht vielmehr um *die Ausrichtung*. So wie das Abendmahl eine Handlung vor Gottes Angesicht ist, so muss auch das Predigen „vor Gottes Angesicht", in der Gegenwart Gottes geschehen. Diese Ausrichtung impliziert selbstverständlich auch Erfahrungen seiner Abwesenheit, wie derjenigen am Kreuz: „Mein Gott, mein Gott, warum hast du mich verlassen?" Aber die Ausrichtung ist dennoch vorhanden, eine Handlung vor einem „göttlichen DU", einer anwesenden Abwesenheit. Aus diesem Grunde ist das *Fremde* ein unerlässlicher Beitrag zur Findung der poetischen Dimension der Zwischenräume in den unbekannten Gefilden. Graham Hughes betont die Bedeutung einer Liturgie, die uns an die äußerste Grenze der uns bekannten Welt führt.[9]

> Ausgehend von meinem homiletischen Modell möchte ich feststellen:
> *Das Bekannte ist wichtig, es ist das, was mich an eine Quelle erinnert, aber häufig ist es das Fremde, das mich zu ihr hinführt.*

Predigtreform ist Liturgiereform

Offenkundig betrachtet Luther die Predigtreform gleichzeitig als Liturgiereform und umgekehrt.[10] In seinen zwei

---

9 Graham Hughes, Worship as Meaning. A Liturgical Theology for Late Modernity, Cambridge 2003, 39.

10 Ich würde allerdings behaupten, dass Predigen ein Teil der Liturgie ist.

Hauptentwürfen für eine Gottesdienstordnung wird deutlich, dass er mit der Liturgie als Ganzes arbeitet, das heißt mit Wort und Sakrament. Für Luther stehen die grundlegenden Elemente des Gottesdienstes offensichtlich gleichbedeutend nebeneinander: „Denn genau genommen besteht die Messe aus der Verkündung des Evangeliums und der Kommunion am Tische des Herrn."[11]

Im übertragenen Sinn können wir sagen: Mit der Reformation der Predigt reformiert Luther auch gleichzeitig die Liturgie, indem er sowohl die Kanzel als auch den Altar in den Mittelpunkt des Gottesdienstes stellt. Bei der Erarbeitung der mehrsprachigen Gottesdienstordnung *Deutsche Messe und Ordnung des Gottesdiensts* von 1526 misst Luther der Verlegung des Altars große Bedeutung bei: „In der wahren Messe jedoch, von echten Christen, sollte der Altar nicht dort bleiben, wo er ist, und der Priester sollte stets den Menschen zugewandt sein, wie es Jesus zweifelsohne beim Letzten Abendmahle tat."[12] *Viva vox evangelii* klingt an in der Nebeneinanderstellung von Kanzel und Altar, von Wort und Abendmahl.

Zusammenfassung

Auf welche Weise verkörpert die Predigt wie das Abendmahl eine Handlung in der Gegenwart Gottes? Die Predigt muss „essbar" sein, muss den Gott zum Ausdruck bringen, der uns ebenso im Wort begegnet wie an seinem Tisch. Nach Luther sind dies „parallele Vorgänge", die Verbreitung des Evangeli-

---

11 LW 53, 25, An Order of Mass and Communion for the Church at Wittenberg, 1523. Siehe auch WA 12, 211, 9–10. „Missa vero sit usus ipse Evangelii et communio mensae domini ..."

12 LW 53, 69. Siehe auch WA 19, 80, 28–30.

ums durch die Predigt und das Abendmahl. Das Wort zu teilen und das Brot zu teilen sollte dieselbe Essenz beinhalten: „... für dich hingegeben."

Ralf Miggelbrink spricht von *sakramentalem Sprechen* beim Predigen und bei der Feier des Abendmahls. Es geht letztlich um das Wort, das stets den Menschen bejaht und ihn mit dem Gott verbindet, der sagt: „Ich will dich."[13] Jedoch ist für das „sakramentale Sprechen" eine „neue Grammatik, eine neue Sprache" erforderlich, um die Gnade Gottes aufs Neue zu entdecken. Für Luther ist es ein kontinuierlicher Prozess, das Terrain der „Muttersprache" zu verlassen und Gott in verschiedenen Sprachen zu umarmen, in Regionen, die fremd, die unbekannt sind.

Vielleicht können wir uns beim Predigen wie bei der Austeilung des Brotes am Abendmahltisch als Teil eines erweiterten Schöpfungsprozesses begreifen? Diese Handlung, die die Gegenwart Gottes anzeigt, lädt uns zu einem Mitwirken am kontinuierlichen Schöpfungsakt ein. Die Poetik des Dialogs besteht in der Suche nach Sprachen und Räumen, um einen Bereich für die vielen Dimensionen des Wortes selbst, ausgesprochen oder unausgesprochen, offenzuhalten.

In seiner *Genesisvorlesung* sagt Martin Luther:
„Gott ist der Poet und wir sind die Verse und Lieder, die er schreibt."[14]

---

13 „Jedes Sakramentswort ist immer ein solches Bejahungswort: Ich will Dich.", Miggelbrink 2000, 66.

14 LW 7, *Lectures on Genesis*, 1545, 366. Siehe auch WA 44, 572, 25–27.

ExperimentierKanzel

Die Suche nach neuen Formen der Predigt beschäftigt das Zentrum für evangelische Predigtkultur von Beginn an. Praktisch gesehen ist es nicht gerade leicht, neue Formen zu erfinden und mit ihnen zu arbeiten. Die normierende Schwerkraft dessen, was wir seit 500 Jahren Predigt zu nennen die Angewohnheit haben, ist zuweilen erdrückend. Das ist schon bei den jungen Leuten wahrzunehmen, die am Predigtwettbewerb „Jugend predigt" teilnehmen, ebenso bei Studierenden. Mit Studierenden testete das ZfP erstmals einen „Predigt-Slam". Aus dem Poetry-Slam heraus hat der Poetry-Slammer Bo Wimmer aus Marburg diese Form entwickelt. Kathrin Oxen sprach mit ihm nach einer zweiten Erfahrung dieser experimentellen Form von Predigt in Wittenberg.

Kathrin Oxen

Bühne frei für Wortkunststücke!

**Ein Interview mit dem Poetry-Slammer Bo Wimmer
und homiletische Anmerkungen zum Phänomen
„Predigt-Slam"**

Noch die dritte Strophe vom Predigtlied. Dann wird es still. Die Aufmerksamkeit richtet sich nach vorne, zur Kanzel. Eine Leselampe beleuchtet das Pult und das kleine Mikrophon. Da kommt sie schon. Sie schlägt ihr schwarzes Ringbuch auf. Dann hebt sie den Kopf und sieht die Gottesdienstbesucher an. Einmal ausatmen, das hat man ihr beigebracht. Sie beginnt zu sprechen.

Der Gong erklingt zum dritten Mal. Dann wird es still. Die Aufmerksamkeit richtet sich nach vorne, zur Bühne. Ein Scheinwerfer beleuchtet ein Standmikro und einen Notenständer. Da kommt er schon. Er legt ein Blatt mit Notizen ab und stellt das Mikro auf seine Größe ein. Dann hebt er den Kopf. Das Publikum ist schwer auszumachen, wegen des Scheinwerferlichts. Einmal ausatmen, das hat man ihm beigebracht. Er beginnt zu sprechen.

Die Parallelen zwischen der Predigt am Sonntag und dem, was bei einem Poetry-Slam geschieht, sind augenfällig. Einen Einblick in die Entstehungsgeschichte und Merkmale des Formats Poetry-Slam gibt Bo Wimmer, Poetry-Slammer aus Marburg, im folgenden Interview:

Als wir im Zentrum für evangelische Predigtkultur zu unserem ersten Predigt-Slam einluden, mussten wir sehr oft erklären, was denn ein „Predigt-Slam" ist. Mit der Antwort, das sei so etwas Ähnliches wie ein Poetry-Slam, konnten viele auch noch nichts anfangen. Kannst Du uns einmal kurz erklären, was ein Poetry-Slam ist?

Bo Wimmer: Das Format Poetry-Slam wurde 1986 von Marc Kelly Smith, einem Spoken-Word-Poeten und ehemaligem Bauarbeiter, im Green Mill Jazz Club in Chicago erfunden. Erst gedacht als Lückenfüller für den wöchentlichen Poesieabend, entwickelte sich der Slam schnell zum Highlight der Show.

Das Format verbreitete sich in den USA schnell, die ersten Slams in Europa fanden 1993 in Finnland und Schweden statt, der erste Poetry-Slam im deutschsprachigen Raum 1994. Seitdem hat sich rasch eine große Poetry-Slam-Szene im deutschsprachigen Raum entwickelt, die nach der englischsprachigen als die zweitgrößte der Welt gilt. Momentan gibt es mehr als 150 regelmäßige Poetry-Slams in Deutschland, Österreich und der Schweiz und die Zahl wächst ständig. Der Höhepunkt jeden Jahres sind die deutschsprachigen Meisterschaften, die beispielsweise in Hamburg 2011 von 14500 Menschen besucht wurden. Dort traten über 100 Poeten gegeneinander an und das Finale wurde von fast 4000 Menschen besucht.

Woher kommt der Begriff Slam? Wie läuft ein Poetry-Slam denn genau ab?

Bo Wimmer: Poetry-Slam ist eine öffentliche Veranstaltung, bei dem „Slammer" gegeneinander antreten. Der Begriff „Slam" steht zum einen für den Wettbewerbscharakter des Ganzen, aber auch für die Spontanität und Energie des Ausdrucks. Das englische Verb „to slam" lässt sich am besten mit „(einander) schlagen" übersetzen und hat dann ja auch im

Deutschen diese Doppelbedeutung. Die Regeln sind sehr einfach: Der Text muss selbst verfasst sein. Für die Darbietung gilt: Das Hauptohrenmerk liegt auf dem gesprochenen Wort, beispielsweise ist auch Gesang nicht erlaubt, Requisiten und jede Form der Kostümierung sind verboten. Es gibt ein Zeitfenster für die Darbietung, das je nach Gusto des Slam-Masters, dem Organisator des Poetry-Slams, zwischen 3 und 7 Minuten variiert. Das Publikum bewertet die Darbietung der Poeten unmittelbar nach dem Auftritt. Eine zufällig aus dem Publikum ausgewählte Jury vergibt mit Hilfe von Stimmtafeln Punkte zwischen 1 (einem schlechten Text) und 10 (einer sehr guten Darbietung). Möglich ist auch eine Applausbewertung, bei der der lauteste Applaus gewinnt.

Du bist nicht nur hauptberuflicher Poetry-Slammer, sondern hast auch schon mehrere Predigt-Slams als Workshopleiter und Slam-Master begleitet. Wie kam es dazu?

Bo Wimmer: Thomas Erne, Professor für praktische Theologie an der Universität Marburg, besuchte einen kleinen Poetry-Slam und einen Poetry-Slam-Workshop in Eschwege und war begeistert von der Vielfalt der Beiträge und der Poeten. Er sah die Chance, die Erfahrungen der Slam-Poeten, was Auftritt und Schreibfertigkeiten angeht, für seine Studierenden im homiletischen Seminar nutzbar zu machen und suchte den Kontakt zu mir. Gemeinsam entwickelten wir einen Workshop für Theologiestudierende in Marburg. Dieser Workshop besteht hauptsächlich aus verschiedenen, an die Predigtsituation angepassten, kreativen Schreibübungen und Performanceübungen, um den Predigt-Slammer auf die Bühnensituation vorzubereiten. Der erste Workshop und Predigt-Slam fand 2010 an der Philipps-Universität Marburg statt. Die Regeln des Poetry-Slams wurden übernom-

171

men, nur thematisch wurden die Beiträge eingeschränkt. Ein Bezug zur Bibel, zu Gott und zur Kirche sollte ersichtlich sein. Seitdem fanden noch weitere Workshops in Marburg mit großem Erfolg statt, auch beim Kongress „Kirche hoch zwei" in Hannover und am Zentrum für evangelische Predigtkultur in der Lutherstadt Wittenberg.

Worin siehst Du die Anregungen, die das Format Poetry-Slam für die Arbeit an der „normalen" Predigt bieten kann?

Bo Wimmer: Als Christ, Slam-Poet und großer Fan der Predigt war und bin ich begeistert von der Idee des Predigt-Slams. Die Workshops, die ich leite, haben mir gezeigt, dass ein großes Bedürfnis seitens der Prediger besteht, neue Formen der Predigt und der christlichen Verkündung auszuprobieren. Groß ist auch die Lust, sich selbst einmal auszuprobieren, in einem Rahmen, der das zulässt und sogar fordert. Der Predigt-Slam scheint dafür prädestiniert. Er lädt ein, mit der Sprache zu spielen, neue Formen kennenzulernen und die Teilnehmer werden aufgefordert, als authentische Person aufzutreten und das Publikum zu begeistern. Es gibt keine vorgefertigte Rolle, in die der angehende Prediger schlüpfen könnte! Er muss sich überlegen, was er sagen will und wie er es als eine auf die „nackte" Bühnensituation reduzierte Person sagen kann.

Die Abstimmung gibt dem Predigt-Slammer aber auch sofort eine direkte Rückmeldung, wie er von seinen Zuhörern empfunden worden ist. Die Jury oder die Gesamtheit der klatschenden Hände ist keine dem Predigt-Slammer bekannte Person, sie gibt eine zwar subjektive, aber ehrliche Bewertung seiner Predigtperformance. Damit kann die oder der Auftretende weiterarbeiten, um die Menschen mit seiner Botschaft besser erreichen zu können.

Die Erfahrungen und Gespräche mit den Teilnehmern meiner Workshops haben mir gezeigt, dass viele sehr froh waren, sich außerhalb des universitären Rahmens und auch außerhalb der Kanzel ausprobieren zu dürfen. Es herrscht oft eine große Unsicherheit bezüglich der eigenen Predigtkompetenz unter den Studierenden und viele konnten, so hoffe ich, während der Workshops Selbstvertrauen und Freude am Spiel mit dem gesprochenen Wort gewinnen.

Kannst Du Dir vorstellen, dass ein Predigt-Slam auch einmal eine Sonntagspredigt ersetzen kann?

Bo Wimmer: Ich hoffe, dass noch viele Predigt-Slams stattfinden, nicht um die Predigt zu ersetzen, denn das kann der Predigt-Slam sicherlich nicht, aber um Predigern die Möglichkeit zu geben, sich auszuprobieren, neue Formen kennenzulernen und damit ihre eigene Predigtkultur zu bereichern.

Vielen Dank für dieses Interview!

Nach ersten konkreten Praxiserfahrungen lässt sich feststellen, dass im Bühnenlicht des Poetry-Slams Aspekte des Predigtgeschehens in den Blick geraten, die gewöhnlich eher im Dunkeln bleiben: der schöpferische und kreative Umgang mit Sprache, die Lust am Auftritt und nicht zuletzt die Sehnsucht nach einem Publikum, das nicht im Dunkeln bleibt und die Veranstaltung schweigend wieder verlässt, sondern unmissverständliche Rückmeldungen gibt. Aus dieser Perspektive ergeben sich vielfältige Anregungen für die homiletische Praxis.

1. Neue Wortlust

Poetry-Slammer arbeiten ausschließlich mit dem Material Sprache. Ihre Wortlust und der Erfolg, den sie damit haben, sind ein überraschendes Phänomen angesichts der verbreiteten Skepsis gegenüber der Wirksamkeit des gesprochenen Worts im Allgemeinen und der der Predigt im Besonderen. Ob sich daraus nicht eine grundsätzlich positive Ausgangsmotivation für die Arbeit an der Predigt gewinnen ließe?

Motivierend ist auch der handwerkliche Zugang zur Sprache, der für die Entstehung von Slam-Poetry grundlegend ist. So ist das Format Poetry-Slam in vergleichsweise kurzer Zeit auch didaktisch breit rezipiert und als Methode im Deutschunterricht etabliert worden (vgl. vor allem die Veröffentlichungen von Petra Anders zu diesem Thema). Auch der Erfolg der „U20-Poetry-Slams", zu dem Jugendliche unter 20 Jahren eingeladen sind, zeigt, dass es durchaus gelingt, auch diese Zielgruppe im Medienzeitalter für Poesie und Rhetorik zu begeistern und zur Produktion eigener Texte zu animieren.

Lektorat, Feedback in der Phase der Textproduktion, mehrfache Überarbeitung des Geschriebenen, nicht zuletzt das probeweise Vortragen sind dabei Grundprinzipien der Textentstehung im Rahmen eines Poetry-Slams. In der eigenen Predigtarbeit, aber auch in der Aus- und Fortbildung sind diese handwerklichen Zugänge (jedenfalls nach allem, was wir am Zentrum für evangelische Predigtkultur wahrnehmen) noch nicht überall Standard. Sie wären auch für die Weiterentwicklung einer homiletischen Didaktik hilfreich.

Das Phänomen Poetry-Slam kommt aus Nordamerika und kann auch als eine Frucht der dort vorzufindenden poetischen und rhetorischen Kultur betrachtet werden. Anrührend, überzeugend und wirksam zu schreiben und zu sprechen, so die dort herrschende Grundannahme, hat viele handwerkliche Aspekte, ist grundsätzlich lernbar und wird deswegen gerade im universitären Kontext unterrichtet. Auch im Bereich der Homiletik hat sich ein von diesen Traditionen geprägter Einfluss in den vergangenen Jahren deutlich und positiv bemerkbar gemacht und mitgeholfen, das Übergewicht prinzipieller zugunsten formaler homiletischer Fragen zu verschieben.

Ein Poetry-Slam setzt allein auf die Wirksamkeit von Sprache. Die Texte der Slam-Poetry werden fürs Hören geschrieben. Sie müssen deswegen ohne Weiteres verständlich sein, das Publikum neugierig machen und bereit, weiter zuzuhören. Sie sollen Emotionen hervorrufen und rechnen mit Reaktionen auf das Gehörte, in Zustimmung wie in Ablehnung. Die neueren rezeptionsästhetisch grundierten homiletischen Ansätze, aber auch das von der Rhetorik herkommende Verständnis von Predigt sind in gleicher Weise auf der Suche nach wirksamer Sprache.

Eine bildreiche, motivisch klar gegliederte Sprache, Spannung und Tempo durch Verzicht auf allzu breit angelegtes Hinführendes und Überleitendes, das „Reden-In" statt eines „Reden-Über" und auch die Fähigkeit, eher kürzer als zu lang zu reden – für Slam-Poetry ist all das ein Muss, in der Predigt noch längst nicht.

Stilbildende Merkmale der Slam-Poetry wie Aktualität, Klanglichkeit, Interaktion mit den Hörerinnen und Hörern, Intertextualität und zeitliche Begrenzung der Vortragsdauer (vgl. Anders 2013, 22 f.) lassen sich auf die Predigt übertragen. Interessant ist in diesem Zusammenhang auch die Beobachtung, dass sich ein unmittelbar ansprechender Schreib- und Vortragsstil auch für Texte mit Tiefgang finden lässt. So hat sich Slam-Poetry in den USA bereits von leichten Fachthemen hin zu ernsteren Themen weiterbewegt.

> „Die Slam-Poeten sprechen über die Außenpolitik Barack Obamas, über ihre Erfahrungen als Kind homosexueller Eltern, (...) über Kindersoldaten in Afghanistan, über feministisch korrektes Verhalten und über Minderheiten, die im US-amerikanischen Schulsystem durchfallen. Auch diese Texte enthalten Schlusspointen, die aber nicht zum Lachen gedacht sind, sondern das Publikum betroffen machen sollen oder wie politische Aufrufe an die Zuhörerschaft appellieren." (Anders 2013, 25).

Die Wortlust der Poetry-Slammer ist ansteckend. Sie haben ein ausgeprägtes künstlerisches Selbstbewusstsein entwickelt und sprechen von sich nie anders als von Poeten. Etwas von diesem künstlerischen Selbstverständnis täte auch Predigerinnen und Predigern gelegentlich gut, insbesondere wenn es darum geht, sich im pfarramtlichen Alltag Freiräume für Kreativität zu verschaffen und die Freude am schöpferischen Umgang mit Sprache lebendig zu erhalten.

2. Lust am Auftritt

Die performativen Aspekte des Predigtgeschehens werden vor allem in der – gelegentlich etwas dogmatisch geführten – Auseinandersetzung zum Thema „Frei predigen" in den Blick genommen oder auch dort, wo nicht nur am Text, sondern auch an der Performance der Predigt gearbeitet wird, etwa im Rahmen von liturgisch-homiletischen Fortbildungen. Diese Betrachtung geschieht in der Regel problemorientiert und dient dazu, weiter an einer überzeugenden körperlicher Präsenz, an Mimik, Gestik und Stimme zu arbeiten.

Seltener ist dabei von der Lust am Auftritt die Rede, die auch Predigerinnen und Prediger empfinden. Die Teilnehmer des Predigt-Slams in Wittenberg waren angespannt, aufgeregt, nervös und fieberten dem Moment ihres Auftritts entgegen. Daraus lässt sich eine Menge Energie für den eigentlichen Auftritt und für die Wirksamkeit des vorgetragenen Textes gewinnen. So sehen es jedenfalls die Slam-Poeten. „Poetry Slam gibt dem Gedicht die Energie zurück, die es beim Schreiben verloren hat" (zitiert bei Anders, 29). Und auch eine Predigt ist mehr als die kirchliche Variante der von Poetry-Slammern ein wenig verächtlich so bezeichneten „Wasserglaslesung" – ein Tisch, ein Stuhl, ein Glas Wasser und ein Autor mit Text dort, eine Kanzel, eine Pfarrerin und ein fest umklammertes Ringbuch hier.

Jede Predigerin, jeder Prediger kennt die energetisch dichten Momente vor dem Predigtauftritt und auch das Nachlassen der Anspannung, wenn der Gottesdienst vorbei ist. Die Predigt am Sonntag ist nichts anderes als eine Variante „performativen Dichtens" (vgl. Anders, 13). Die beiden Kunstrichtungen Predigt und Poetry-Slam verfassen Texte ausschließlich mit der Intention, sie zur Aufführung bringen zu wollen. Auch Pfarrerinnen und Pfarrer gehen Sonntag für Sonntag mit einem eigenen Text auf die Bühne, eine kreative und performative Leistung, die nicht zu gering eingeschätzt werden darf.

3. Ein Publikum, das reagiert

Einen besonderen Reiz gewinnt der Poetry-Slam auch durch die unmittelbare Publikumsreaktion. Das Bewertungsprinzip, bei dem eine Jury willkürlich aus den anwesenden Zuhörern ausgewählt wird und zugleich mit Hilfe der Stimmtafeln durchaus divergierende Bewertungen abgeben kann, sorgt für eine gut dosierte Mischung aus Subjektivität und Objektivität. Die gelöste Atmosphäre, die meist durch die Moderation des Slam-Masters noch befördert wird, sorgt dafür, dass auch schlechte Bewertungen gefasst aufgenommen werden. Zumindest wird die Frage „Wie war ich?" auf diese Weise unmissverständlicher und klarer beantwortet als durch den Händedruck und „Vielen Dank, Herr Pfarrer" an der Kirchentür. In dieser Hinsicht können Erfahrungen, wie sie im Rahmen eines Predigt-Slams gemacht werden, ermutigen, über eine Rückmeldekultur im Bereich Gottesdienst und Predigt unverkrampft nachzudenken. Es gibt auch am Sonntag ein Bedürfnis danach, zu erfahren, wie die in vielen Stunden vorbereitete Predigt bei den Hörern angekommen ist!

Am Phänomen Poetry-Slam wird sichtbar, wie viel Begeisterung ein poetisch-rhetorischer Aufbruch wecken konnte, der auf nichts anderes setzt als auf die Wirksamkeit des gesprochenen Wortes. Die ersten Annäherungen zwischen den verwandten Künsten Predigt und Poetry-Slam haben schon stattgefunden. Sie machen Lust auf mehr Bühnenerfahrungen mit Wortkunststücken.

Literatur

Petra Anders, Lyrische Texte im Deutschunterricht. Grundlagen, Methoden, multimediale Praxisvorschläge, Hannover 2013.

Tage der Predigtkultur

Nicht mehr ganz eine Woche dauernd, sind die Tage der Predigtkultur die wichtigste Veranstaltung des Zentrums für evangelische Predigtkultur. Jede Landeskirche der Evangelischen Kirche in Deutschland (EKD) entsendet Teilnehmer, das Thema orientiert sich frei an den Themen der Reformationsdekade. „Was man nicht sagen kann, davon kann man vielleicht schon singen" konkretisierte das ZfP das Thema „Reformation und Musik". Neben dem üblichen Coaching-Programm *cura homiletica* gab es einen Vortrag und ein Konzert zum Thema „Predigt ohne Worte". Idee und Kontext dieses Beitrages erläutert Dietrich Sagert. Von einem aufregenden Workshop zum Thema Improvisation und Predigt berichtet Anne Gidion vom Gottesdienstinstitut der Nordkirche in Hamburg.

Dietrich Sagert

Was man nicht sagen kann

Warum spielt Musik im monastischen Leben eine besondere Rolle? Musik steht dort im Zentrum des Lebens. Es waren Klöster, in denen die liturgische Musik erfunden worden ist. Ein Mönch singt sein ganzes Leben lang. Gebet ist eine Form des Gesanges. Das hat vielleicht mit dem Projekt zu tun, eine Lebensform zu formen. Musik ist die angemessene Art, eine Lebensform zu bilden. Das ist auf einer sehr empirischen Ebene zu belegen, denn es gibt Texte in der monastischen Überlieferung, die suggerieren, dass Singen der Weg ist, die Zeit zu messen und zu organisieren, eben in dem Maße, in dem Uhren noch nicht so wichtig waren. Singen ist eine Art, Zeit zu vergeistigen. Vielleicht ist Singen sogar der einzige Weg, Subjektivität auszudrücken.
Giorgio Agamben

Was man nicht sagen kann, kann man vielleicht schon singen. Dieser Satz von Heiner Müller eröffnet ein Spielfeld mit dem bekannten Satz von Ludwig Wittgenstein: worüber man nicht reden kann, darüber muss man schweigen. Beide Sätze markieren die Grenze der Rede; dessen, was man sagen oder worüber man reden kann. Genauer gesagt benennt der eine Satz die andere Seite der Rede: das Schweigen und der andere das Vielleicht über die Grenze der Rede hinauszukommen: das Singen. Beide religiös unverdächtige Autoren haben mit diesen Sätzen unversehens ins Herz der religiösen Rede getroffen. Das, was unsagbar ist, kann man vielleicht schon singen. Jedenfalls eher singen als darüber sprechen. Und: wenn man nur darüber sprechen kann, muss man schweigen.

Klare Kriterien für die religiöse Rede, die nicht ohne Auswirkungen auf die Kirche des Wortes und ihren Umgang mit Predigt und dem gesprochenen Wort bleiben sollten. Schon zu Zeiten von Luthers Wort- und Predigtbegeisterung sind sie dem vielleicht berühmtesten Studenten im lutherischen Wittenberg übrigens nicht verborgen geblieben. Hamlet spricht lakonisch: Worte, Worte, Worte. Und fügt später hinzu: Der Rest ist Schweigen. Doch der redete auf dem Theater und nicht auf der Kanzel.

Der Wittenberger Professor selbst hielt, mindestens in praktischer Hinsicht, viel vom Vielleicht, dem Singen. Neben der Bibelübersetzung und einigen Schriften gehören Luthers Lieder zweifellos zu seinen größten religiösen und kulturellen Leistungen. Mit Vertonungen und Lieddichtungen stellte Martin Luther mehr als in Theologie und Predigt Verbindungen zu altkirchlichen und ökumenischen christlichen Überlieferungen her. Johann Sebastian Bach nahm dies nicht nur auf, sondern gestaltete weiter in Inhalt und Form. Bei ihm kam auch die andere Seite der Rede wieder zum Zuge, das Schweigen. Und zwar als wortlose Rede, als verschwiegene Predigt.

Vor einigen Jahren erschien beim Münchener Label ECM eine CD mit dem Titel *Morimur*. Der Geiger Christoph Poppen und die Sänger des Hilliard Ensembles haben auf dieser CD ein Projekt realisiert, das sie den Erkenntnissen der Düsseldorfer Musikprofessorin Helga Thoene verdanken. Diese hatte Bachs Kompositionen für Solovioline untersucht, Zahlenverhältnisse analysiert, Zahlensymbole entschlüsselt und herausgefunden, dass die *Ciaccona* der Partita d-Moll (BWV 1004) ein „klingender Epitaph" für Bachs erste Frau Maria Barbara darstellt und zahlreiche verborgene Choralzitate enthielt. Wie klingende Fäden hängen Choralzeilen an der notierten Geigenstimme, die Bach in seinem Kopf gehört haben muss, als er die *Ciaccona* komponierte. Die Choralzitate selbst stammten aus anderen Werken Bachs, Kantaten, Passionen etc., und ließen nun mit der Geigenstimme ein akustisch-theologisches Netzwerk erklingen. Nur ist dies Netzwerk eben verborgen in den Tönen der solistischen Geige. Nicht nur die Melodien sind unhörbar, sondern auch die dazugehörigen Texte. Die *Ciaccona* ist im wahrsten Sinne des Wortes eine verschwiegene Predigt. Und selten hat sich das jesuanische Diktum „Wer Ohren hat, der höre" so leicht erfüllt wie beim Hören dieser CD.

Sie stellt die Partita und die entsprechenden Choräle in einzelnen Blöcken vor. Als Hörer wird man mit dem Material vertraut und hört schließlich die *Ciaccona* mit den von Solostimmen zur Geige hinzugesungenen Choralzitaten. Und es klingt! Man hört mit offenen Ohren in den Kopf Johann Sebastian Bachs ...

Das Jahr 2012 trug im Zusammenhang mit der Reformationsdekade das Thema „Reformation und Musik". Die Tage der Predigtkultur des Zentrums für evangelische Predigtkultur nahmen sich den obengenannten Satz Heiner Müllers zum Motto und luden Helga Thoene zu einem Vortrag ein; anschließend sollte ihr Projekt mit der Leipziger Barockgeigerin Friederike Lehnert für die Partita, den beiden Solisten Christoph Burmester (Tenor) und Thomas Riede (Altus) für die Choralzitate in der *Ciaccona* und der Wittenberger Schola Cantorum Adam Rener für die Choralsätze unter der Leitung von Sarah Herzer in der Wittenberger Schlosskirche öffentlich aufgeführt werden. Die Teilnehmer der Tage der Predigtkultur sollten nicht nur einen Vortrag hören, mit dem sie einverstanden sein konnten oder auch nicht; sie sollten die Hörerfahrung selbst machen: sie sollten ins Innere einer verschwiegenen Predigt hören können. Sie sollten hören, wovon man schweigen muss und vielleicht schon singen kann.

Was da genau zu Ohren kommen sollte und kam lässt sich naturgemäß in Worten nur unzureichend ausdrücken. Dennoch soll die Forschungsarbeit von Helga Thoene im folgenden Abschnitt exemplarisch zu Wort kommen. Auf diese Weise erhält man einen Blick in die Bachsche Konstruktionswerkstatt homiletischer Verschwiegenheit.

„Die Variationen der dreiteiligen *Ciaccona* aber umspielen vom ersten bis zum letzten Ton Choral-Melodien. Martin Luthers Osterlied ‚Christ lag in Todesbanden' wird zum Rahmengesang des Satzes, der mit dem zweifachen ‚Halleluja' der letzten Strophenzeile endet – Hoffnung auf die Auferstehung und das Ewige Leben.

Unschwer ist das Osterlied ‚Christ lag in Todesbanden' in den ersten vier Takten der *Ciaccona* zu erkennen: 37 Töne enthalten den verborgenen *cantus firmus* und verweisen somit auf das Christus-Monogramm XP, dessen numerischer Buchstabenwert 37 beträgt (X = 22 und P = 15, nach der Ordnung des lateinischen Alphabets). Hier finden Choralzitat und Tonanzahl eine Entsprechung. Die folgende Viertaktgruppe, deren Beginn mit der ersten identisch ist, zeigt ganztaktig den melodischen Verlauf des ‚Halleluja', der letzten Zeile desselben Choralverses.

Die den ersten Teil beschließenden acht Takte umspielen dieselben Strophenzeilen, diesmal in veränderter Akkordfolge, in deren Unterstimme B-A-C-H im chromatischen Abwärtsgang erscheint und von einem ebenfalls chromatisch absteigenden 6-Ton-Gang in der Oberstimme begleitet wird. Beide Außenstimmen also im *Affectus tristitiae*, im Affekt der Trauer.

‚Christ lag in Todesbanden' und das zweifache ‚Halleluja' beenden als Choral *cantus firmus* auch den dritten Teil der *Ciaccona*."

Die verschwiegene Predigt der *Ciaccona* ist natürlich nicht auf die in diesem Zitat aus dem Einführungstext von Helga Thoene für das Begleitheft der CD erwähnten Choralzitate beschränkt. Aber schon dieses zeigt, dass sich über die Choralmelodien bzw. Melodieausschnitte Verbindungen zu entsprechenden Texten und auch zu weiteren Werken Johann Sebastian Bachs herstellen, etwa zu der erwähnten Bachkantate „Christ lag in Todesbanden" (BWV 277 u. 278). Prominent finden sich in der *Ciaccona* Verweise auf die Motette „Jesu, meine Freude" (BWV 227), die Johannespassion (BWV 245), die Kantate „Ich habe meine Zuversicht" (BWV 188) u. a. Hinzu kommt, dass die unterlegten Texte, bzw. die den Texten überlegten Melodien, wie häufig bei Bach, nicht immer der gottesdienstlichen Praxis entsprechen und weitere Verweise enthalten ... Doch alle Erläuterung ersetzt das Hören nicht. Erklärung ersetzt nicht die Erfahrung, allermeist behindert sie diese sogar. Nicht umsonst hat Bach seine Predigt in diesem Falle verschwiegen, selbst das Vielleicht-schon-Singen der Choralzitate verborgen.

Direkt ergeben sich zwei Konsequenzen für die Predigt, die sich leicht umsetzen lassen, sofern man der Versuchung widersteht, einfach zu erklären. Die eine besteht darin, bewusst Leerstellen in der Predigt für das Hören von Musik oder für Stille zu lassen, unerklärt, aber bewusst gesetzt, so dass peinliche Situationen etwa eines unentschiedenen Abwartens für die zuhörende Gemeinde vermieden werden. Die zweite besteht in der theologischen Gestaltung bei der Auswahl des Predigtliedes, dem homiletisch etwas zugetraut werden kann, jenseits von Illustration und Erklärung, eher im Sinne von Kontrast und Differenz.

Eine weitere Inspiration für die Predigt könnte technischer Art von Chorälen, Kantaten und Passionen übernommen werden. Choräle arbeiten häufig mit Wiederholungen, Variationen und Refrains, diese lassen sich auch sprachlich gestalten, so dass Liedpredigten weniger erläuternde, das Lied verdoppelnde Predigten ergeben, sondern mit gleichen Mitteln kontrapunktisch gestaltet werden können. Kantatenpredigten sind keine Konzerteinführungen, sie können sprachlich kontrastreich gestaltet sein; wie auch Passionen enthalten Kantaten homiletisch relevante Techniken wie den Kommentar, den der gläubigen Seele in Arien und den des verwickelten Volkes in Chören. Beide können jeweils eigene sprachliche Varianten hervorbringen, die gedanklich aktualisieren, konterkarieren und zuspitzen. Hinzu kommt ihr dramatisches Potenzial. Einstimmen kann man in den musikalischen *cantus firmus*, sei es hörend oder einen Choral singend zwischen gegenläufig polyphon gestalteten Predigtteilen, ganz im Sinne des Vielleicht-schon-Singens.

Beides verlangt allerdings „eigentümliche Stimmen", nicht nur im übertragenen Sinne. Der Komponist und Theaterregisseur Heiner Goebbels, dem ich obengenanntes Heiner-Müller-Zitat verdanke, beschreibt seine Arbeit mit Sängern und Schauspielern auf diese Art. Als Heiner Goebbels für seine Inszenierung *I went to the house but did not enter* mit dem Hilliard Ensemble zu arbeiten begann, stellte er fest, dass er bis dahin immer mit „eigentümlichen Stimmen" gearbeitet hatte. „So habe ich zwar die Stimmen mikrophoniert, geschnitten, gesampelt, geloopt, transponiert und verzerrt. Sie von ihren Körpern und Ursachen abgelöst und mit ihnen wieder vereint; habe mit rauen, ungeübten, fehlerhaften, weichen, differenzierten, gehauchten Stimmen gearbeitet; mit jungen und alten Stimmen von Rauchern und Nichtrauchern; mit Stimmen, die nie schreien, selten rufen, wenig singen, meist sprechen; aber nie mit glatten Stimmen, sondern mit Stimmen, die vor allem eines sind: *eigentümlich.*"[1]

Heiner Goebbels misstraut den standardisierten akademischen Stimmen des zeitgenössischen Konzert- und Opernbetriebes und sucht nach einer weniger artistischen, akrobatischen Umgangsart mit Stimmen. Die Eigenheit einer Stimme zu respektieren bedeutet, diese nicht wie (Musik-)Instrumente zu behandeln und ermöglicht, ein anderes Verhältnis zum gesungen Text zu erfinden. In der Arbeit mit dem Hilliard Ensemble führt ihn diese künstlerische Suche konsequenterweise dazu, den Weg des „experimentellen vokalen Registers" im Umgang mit Stimmen nicht zu gehen.

> „Hinzu kam, dass die Sänger an mittelalterlicher Sakralmusik geschult sind und ihnen vergleichbare experimentelle Erfahrungen fehlen. Gerade weil die Sänger ihre Konzerte in den letzten dreißig Jahren vor allem in Kirchen gegeben haben und noch keinerlei szenische Erfahrung hatten – also auch keine ‚falsche' –, wollte ich auch mit ihnen und *nur* mit ihnen als Darsteller arbeiten. Bei der Suche nach Alternativen zu den konventionellen Präsenzkonzepten des Theaters und der Oper hat für mich eine weitere(?) Art von ‚Abwesenheit' eine Bedeutung. Diese fand in der Zurückhaltung der Sänger ihre wunderbare Entsprechung, dass mir die kleine Geste die Aufmerksamkeit der Zuschauer eher auf sich zu ziehen scheint als ein großes theatralisches Getue.
>
> Mir war auch die Verständlichkeit der Texte wichtig, die in verschiedenen Epochen des 20. Jahrhunderts von Elliot (1911), Blanchot (1948) und Beckett (1984) geschrieben worden sind. Bei aller Unterschiedlichkeit der Textsorten (Gedicht? Erzählung? Litanei?) haben sie doch eines gemeinsam: Sie verlei-

---

1   Heiner Goebbels, Ästhetik der Abwesenheit. Texte zum Theater, Berlin 2012, 71.

hen einem fragmentierten, anonymen Ich viele Stimmen, bei denen sich aber der Leser nicht mehr auf fest umrissene Figuren und Rollen verlassen kann. Ihre Sprache verspricht keine Sicherheit. Und allen Texten ist das Misstrauen gegenüber linearen Erzählformen gemeinsam, auch wenn die Texte voller Geschichten sind. Diese Erzählungen geben ihren oft paradoxen Sinn nur preis, wenn wir sie als Zuhörer vervollständigen. So ist *I went to the house but did not enter* vielleicht eine Reise, die von den unheroischen Protagonisten – ‚lauter Niemand' wie Kafka sie nennt – gar nicht angetreten wird. Und sie spielt in drei Bildern, Zeiten und Räumen, die ortlos sind – also überall und nirgends. [...] Ob dadurch eine magische Stimme jenseits des individuellen Ausdrucks entstehen kann und damit quasi anknüpft an einen vorbarocken Begriff von Gemeinschaft? Ob die Summe ihrer Stimmen umschlagen kann in etwas, das den Texten gerecht wird, in denen ein Ich nicht mehr auszumachen ist? Ob dadurch die Körperlichkeit der Stimme aufgehoben wird, obwohl die Sänger auf der Bühne stehen? Und die Worte selbst dabei zu *Dramatis Personae* werden?"[2]

Was man nicht sagen kann, kann man vielleicht schon singen. Das Vielleicht-schon-Singen mit in diesem Sinne eigentümlichen Stimmen würde so das Wort selbst auf die Bühne bringen. Vielleicht. Was hieße diese Inspiration aus der Wortlosigkeit, der Verschwiegenheit oder der Zurückhaltung für den Umgang mit dem Wort, der Predigt? Zuallererst hieße das, die Verständlichkeit von Texten neu zu denken. Konkret im Umgang mit biblischen Texten, die ja die Grundlage von Predigten bilden, hieße das, Mehrstimmigkeiten wahrzunehmen, gelten zu lassen und als homiletisch relevant zu erkennen, scheinbar linearen Erzählformen zu misstrauen und dem Zuhörer zuzutrauen, dass er sie vervollständigen

---

2   A. a. O., 75–77.

kann; sich auf die Reise machen, auch wenn man diese Reise gar nicht antritt, sie also ein Spaziergang fürs Gehirn ist, eine Bewegung des Denkens.

Für den Umgang mit Texten heißt das so viel wie den Text selbst als Landschaft zu sehen. „Text als Landschaft: Librettoqualität, auch wenn nicht gesungen wird", so betitelt Heiner Goebbels einen anderen Aufsatz, in dem er über seine Arbeit mit Texten, insbesondere von Heiner Müller, reflektiert.[3]

> „Den Text als Landschaft nehmen und ihn nicht oberflächlich wie ein Tourist mal eben durchqueren oder – um im Bild zu bleiben – vielleicht aus dem fahrenden Wagen ‚mitnehmen', sondern ihn wie bei einer Expedition in all seinen Facetten kennenlernen. [...] Eine Expedition in die Textlandschaft ist nicht bei jedem Autor ergiebig; auch braucht man dazu den Luxus der kurzen Texte, weil es sich praktisch um ein Lesen beziehungsweise Komponieren mit der Lupe handelt. [...] Die Expedition in die Textlandschaft kann soziologischer, literaturwissenschaftlicher oder archäologischer Natur sein. [...] Das Hören als einen Vorgang begreifen, der etwas von der Schriftlichkeit der Texte transparent macht und mit dem Lesen vergleichbar wird: vor- und zurückgehen, plötzlich sich verlesen, über den Irrtum begreifen, Worte in anderen Worten auffinden – darum geht es."[4]

> „Die Librettoqualität eines Textes entscheidet sich dort, wo er auf rhythmischer, klanglicher oder struktureller Ebene zwar musikalische Angebote macht, dabei aber stabil genug bleibt, die musikalischen Mittel auszuhalten."[5]

Auf diese Weise würde die Verschwiegenheit, die Texten, in unserem Zusammenhang insbesondere biblische Texten,

---

3   Wolfgang Sandner (Hg.), Heiner Goebbels. Komposition als Inszenierung, Berlin 2002, 64–70.

4   A. a. O., 68 ff.

5   A. a. O., 68.

eigen ist, in der Predigt respektiert. Ihre Angebote zur religiösen Rede würden wahrgenommen, aber die Texte selbst stabil gelassen und nicht in dogmatische Richtigkeiten gepresst oder durch Worte plattgemacht: davon muss man schweigen.

Ein abschließendes Bild zu dieser Art des Umgangs mit Texten aus der Arbeit mit Schauspielern, die sich direkt auf die Arbeit von Predigern mit biblischen Texten übertragen lässt:

> „Mit Anspielung auf eine Beuys-Performance in New York sagte dazu Heiner Müller: ‚Eigentlich ist das für mich die ideale Metapher für den Umgang des Schauspielers mit dem Text: Der Text ist der Coyote. Und man weiß nicht, wie er sich verhält. Aber wie bringe ich das einem Schauspieler bei, der gewohnt ist, wie ein Beamter mit dem Text umzugehen, den Text bestenfalls zu verwalten?'
>
> Wobei ich jedoch hinzufügen möchte, dass mir so manches Mal die unbeteiligte Verwaltung eines Textes, bei der eine Verteilung am ‚Schalter‘, an der Ausgabestelle fürs Publikum stattfindet, lieber wäre als eine begeisterte Inbesitznahme durch den Sprecher beziehungsweise Schauspieler, wodurch diese Verteilung ans Publikum ausgeschlossen wird, weil er die Erfahrung mit dem Text gepachtet zu haben scheint."[6]

Eine Predigt, die vom Choral kommt, könnte versuchen, Texte nicht zu besitzen, sondern sich ihnen auszusetzen, wie einem Coyoten. Es gelte, sich von seinen Wildheiten erschrecken und von seinen Zärtlichkeiten anrühren zu lassen. Die vielen Stimmen eines Textes könnten so als eigene erkannt und wieder freigelassen werden. Als Gegenstimmen dürfen sie auch erklingen. Es ginge darum, den Unsicherheiten der

---

6   A. a. O., 70.

Sprache zu vertrauen, ihr etwas zuzutrauen, im Angesicht des Textes sein eigener Niemand werden, zurückhaltend, verschwiegen. Was man nicht sagen kann, kann man vielleicht schon singen, auch wenn nicht gesungen wird.

Das führt zu einer weiteren musikalischen Technik, die ihrerseits in der abendländischen Musik eine verschwiegene Rolle spielt: Improvisation. Der Ursprung der ältesten Gesänge unserer Musiktradition ist schwer fassbar. „Bevor sie in die Bürokratenfinger von Papst Gregor und Karl dem Großen gerieten, führten diese alten Lieder ein Eigenleben, da jedes Kloster seine eigene lebendige Tradition hatte. Es gab keine zentrale Autorität, die zuständig gewesen wäre; was galt, waren einzig die Erfahrung und die Könnerschaft der Sänger; jede Aufführung war eine Premiere." Wir wissen nicht, wie etwa die Lieder eines Perotin gesungen wurden. Sie existieren

> „als eine einzige Melodielinie in vielen verschiedenen Manuskripten, deren jedes uns eine andere Information gibt. [...] Was geschah vor dem *Magnus liber*, dessen zweistimmige *organa* Perotin revolutionierte und zu Drei- und Vierstimmigkeit erweiterte? Sind diese großartigen Melismen die Überreste einer verlorengegangenen Tradition des Improvisierens? Und noch ein halbes Jahrtausend früher, haben die Mönche damals ihre vorgregorianischen Gesänge improvisiert?"

Diese Fragen stellt sich das Hilliard Ensemble im Begleitheft ihrer CD-Produktion *Officium*, die sie zusammen mit dem norwegischen Saxophonisten Jan Garbarek realisierte. Und vergleicht man die Aufnahme des ältesten Stückes *Beata viscera*, das mit dem Namen Perotins verbunden ist, auf der gleichnamigen CD eben desselben Ensembles, so erweitert sich selbst der Gesang momentweise um sonst eher verschwiegene Register der menschlichen Stimme, um Obertöne ... Ist die Welt Klang?[7]

Als Orientierung für die Fragestellung, wie Erfahrungen und Techniken der Improvisation eine homiletische Energie entfalten können, soll wiederum ein Satz von Heiner Goebbels gelten:

> „Improvisation begreife ich als kreativen Motor, als kompositorischen Impuls, als Materialausgabe, misstraue ihr aber als strukturgebender Kraft. [...] nicht jeder improvisierende Künstler ist als Individuum interessant genug, als dass man sich für seine Irrungen und Wirrungen, seine musikalischen Umwege und Aufbauten unbedingt interessieren und diesen als Hörer notwendigerweise folgen müsste. Es gibt so manche Improvisation, bei der es besser gewesen wäre, die Musiker hätten sich in der Garderobe eingespielt, um auf der Bühne gleich ‚auf den Punkt‘ zu kommen. Die Sache ist widersprüchlich: Vom Standpunkt des Hörenden aus ist das Motiv für meinen Unwillen gegenüber der Improvisation durchaus antiautoritär. Ich will nicht gezwungen sein, einer kompletten Entwicklung folgen zu müssen. Auf der anderen Seite fehlt der Improvisation auf angenehme Weise der oft zur Einschüchterung eingesetzte Vorsprung des Komponisten: sie lässt den Hörer an der Entstehung der Musik teilhaben."[8]

Könnte der Improvisation als kreativem Motor, als Impulsgeber eine homiletische Energie innewohnen? Könnte eine solche homiletische Energie der Improvisation die Hörer an der Entstehung einer Predigt teilhaben lassen, in dem Sinne,

---

7 Vgl. Joachim-Ernst Behrend, Nada Brahma. Die Welt ist Klang, Reinbek bei Hamburg 1985 und die kritische Auseinandersetzung von Peter Sloterdijk in: Ders., Kopernikanische Mobilmachung und ptolemäische Abrüstung, Frankfurt a. M. 1987, 85–120.

8 A. a. O., 184.

dass das Wort zu einer handelnden Person wird? Um diese Frage zu beantworten, kommt es auf den Versuch an. Was man nicht sagen kann, kann man vielleicht schon singen, auch wenn nicht gesungen wird.

Anne Gidion

Improvisation und Predigt

Vater unser im Himmelreich – oder:
Es hat immer schon angefangen

Erfahrungen eines Predigtimprovisationsworkshops,
Künstler trifft Pastorinnen und Pastoren

Jens Thomas ist Pianist. Klangkünstler. Jazzer. Komponist. Improvisationskünstler. Animal musicale. Jens Thomas ist durchlässig. Sein Außen und sein Innen, die Transportwege durch seine Membran sind weit und ständig im Fluss. Wenn er im Raum ist, in der Nähe, empfindet er die Energien wie ein Schamane. Er arbeite „schamanisch", sagt er selbst. Körpernah. Wenn Jens Thomas ein Kleidungsstück wäre, wäre er ein Body.

Jens Thomas trifft auf Texte, Rollen, Stücke, Lieder. Im Thalia Theater in Hamburg konnte man ihn einige Spielzeiten in Shakespeareinszenierungen von Luc Perceval erleben. Othello, Hamlet, große Tragödien mit ambivalenten Titelgestalten. Bei „Othello" zum Beispiel sitzt Thomas am Flügel mitten auf der Bühne, mehr Bild ist nicht, und sein Körper und der Flügel gehen miteinander eine Verbindung ein. Die Schauspieler agieren um ihn herum. Er untermalt ihre Worte und Gesten, aber das ist noch viel zu wenig, er spielt, was sie fühlen, die Schauspieler wie die Figuren. Er ist bei den Proben dabei, anders geht es gar nicht. Bei den Aufführungen läuft kein Abend gleich. Nicht nur das Publikum wechselt – zum Teil sogar während des Stücks, weil die Fäkalsprache von Feridan Zaimoglus Shakespeareübersetzung tatsächlich noch Bürger zu schrecken vermag.

Nein, die Figuren selbst, Amalgame aus Figur und Person, verkörpern immer anders an diesem oder jenem Abend, und Thomas reagiert darauf. Und sie reagieren wiederum auf ihn. Und was passiert, passiert.

Jens Thomas gibt sich hinein, manchmal lautiert er auch, kehlig oder obertönig, das Holz des Flügels stellt Resonanz, aber auch die Seiten und die Mechanik der Tasten. Und sein eigener Körper, er seufzt wie Keith Jarrett und juchzt wie Glenn Gould und ist dann wieder ganz ernst und still im Puls des Stücks. Bei „Othello" schmiegen sich die Schauspieler zum Teil erschöpft an ihn, suchen Zuflucht unter dem Schatten seines Flügels.

In ihrem Berliner Konzert spielte die New Yorker Pianistin Simone Dinnerstein neben anderen Werken „12 Variationen über einen Bachchoral" des amerikanischen Komponisten Philip Lasser. Lasser geht aus von dem Choral „Nimm von uns Herr Du treuer Gott" aus der gleichnamigen Kantate (BWV 101). „Die ersten zehn Variationen befreien sich selbst Stück für Stück vom Choral, eventuell der elften zustrebend; diese habe ich Variation der Variationen genannt, um darin alle Elemente, die ich zuvor ausgearbeitet hatte, zu nehmen und eine Bewegung aus ihnen heraus zu machen. Die letzte Variation kommt dann auf einer höheren spirituellen Ebene wieder auf den Anfangschoral zurück."[1]

Der Lassers Variationen zugrunde gelegte Choral trägt die Melodie von Martin Luthers Vaterunser-Lied „Vater unser im Himmelreich". Luther selbst geht bei der Melodie auf einen monastischen Tischsegen aus dem 14. Jahrhundert und auf die Böhmischen Brüder zurück. Sein Text paraphrasiert das Vaterunser (Mt 6,9–13) in neun Strophen, führt immer wieder aus ihm heraus und auf es zurück.

---

1 <http://philiplasser.com/composition/twelve-variations>.

Animiert durch die Interpretation der Pianistin Simone Dinnerstein von Variationen über Bachs Choral dachten Dietrich Sagert, Jens Thomas und ich in der Vorbereitung: das muss auch mit Texten und Menschen gehen im Rahmen der Tage der Predigtkultur 2012 zu „Predigt und Musik". Wir wollten versuchen, den Vaterunser-Text freizusetzen aus seinem Korsett des immer schon Gekannten, in dem er durch Improvisation zwar nahe bleibt, aber aufgebrochen wird, ins Schwingen kommt, ins Tanzen, in ein Eigenleben, das wiederum die Hörer zu eigenen Gedanken und Gefühlen befreit.

Nun also Improvisation und Predigt. Am Morgen steht der Choral von Martin Luther, am Abend soll ein Gottesdienst stehen. Dazwischen Stunden mit Jens Thomas.

Zuerst ein großer Raum in der Wittenberger Akademie, ein Flügel, ein Stuhlkreis. Zögerliches Platznehmen. Vorstellungsrunde, klassisch noch. Improvisation – Annäherungen über den Begriff.

Dann ist er dran, wirkt schüchtern plötzlich, zappelt auf seinem Stuhl, klopft, bearbeitet das Holz und das Metall. „Es fängt schon an", murmelt er, „jetzt geht's los, jetzt gucken sie dich alle an, wollen was hören, wundern sich, dass ich nicht aufstehe." Murmelnd geht er zum Flügel, klopft an ihm, Holz-Klang vor dem Tasten-Klang. Weiter murmelnd erobert er das Instrument, wie einen fremden Körper, seine Hände gleiten über den schwarzen Lack und drücken tonlos die weißen und schwarzen Tasten, zartes Zupfen der Saiten, dann heftiger, plötzlich ruft er „Vater! Vater!" und gleitet hinein in das Choral-Stück, auf das wir warten und das auf ihn wartet. Die Melodie schwillt an und ab, die Vaterunser-Strophen sind da, in ihrer Art, in seiner Art. Diese Spiel-Kunst entfaltet Sog. Er habe ihn nicht angucken können, sagt einer der Teilnehmer hinterher zu Jens Thomas. Es sei ihm zu nah gewesen, zu dicht. Es löst viel aus, sagt eine

Teilnehmerin, er zeige viel von sich, ohne Vorwarnung, und sie sei dabei ins Denken gekommen. Wenn man den Choral sonst so singt im Gottesdienst, wird er leicht etwas zäh und lang. Dies hier war auch lang, aber dicht am Eigenen. Dicht am Puls.

Nun der erste Überschritt in die eigene Erfahrung: die Stühle verlassen, nicht nur fremdes Hören und Fühlen auf sich einströmen lassen, sondern den Raum erkunden. Mit geschlossenen Augen herumlaufen, lange, im eigenen Tempo, sich dem Gefühl aussetzen, nicht mehr wirklich zu wissen, wo man ist. Gelegentlich Wände zu berühren oder Hände oder unter dem Flügel zu landen. Erst still, dann mit Tönen, fast ohne Vorgaben, formal jedenfalls. Die Vorgaben stecken in uns selber, alles, was wir zeigen wollen, bringen wir schon mit, es ist schon da, immer schon da, und will nur heraus, oder eben nicht. Am Ende sind wir uns selbst und miteinander fremder und vertrauter zugleich, der Boden schwankt etwas, aber die Wände stehen noch, peinlich ist es eigentlich nicht, eher leise irritierend für einige, wo soll das noch hin, und was hat das eigentlich mit Gottesdienst zu tun?

Der zweite Umschlag in die eigene Erfahrung: Jede Person findet ihre Strophe des Vaterunser-Chorals. Zu zweit oder allein gehen dann alle mit ihrer Strophe raus in die Stadt. Was passiert, passiert. Für die „Brot-Strophe" braucht es zum Beispiel richtiges Brot. In der Hosentasche sind genau noch die Münzen, die der urige Verkäufer auf dem Wittenberger Markt braucht, um das letzte Brennnesselbrot über die Theke zu reichen.

Aus den Strophen fügt sich ein ganzer Gottesdienst. Das Vaterunser selbst birgt ihn geradezu: Anrede, Anrufung, Gebet, Rückbezug auf die lange Vorgeschichte, Mahl, Fürbitte, Segen und Auseinandergehen.

Beim ersten Durchlauf geht es noch nicht so recht, das Genus Gottesdienst führt zu vergleichsweise konventionellen Zugängen. Der Improvisationskünstler wird ungeduldig mit den Pastorinnen und Pastoren. Was wiederum einige von ihnen unwirsch macht. Aber um 18 Uhr ist Gottesdienst angekündigt, und es kommen auch ein paar Leute, die den Tag nicht erlebt haben, das macht Druck natürlich.

Der vierte Umschlag: Es einfach tun. Was passiert, passiert – und im Vollzug gibt es viel, was einfließt vom Tag. Singen wird anders, das Gefühl, wann eine Situation eigentlich anfängt – nämlich schon lange, bevor ich aufstehe und einen sakral konnotierten Platz einnehme, der auch ein Klavierhocker sein kann. Oder ein Punkt mitten im Kreis. Als Medium nur Stimme und eine Blockflöte, plötzlich aus der Tasche des weiten Mantels gezogen. Und das Brot vom Wittenberger Markt kriegt einen eucharistischen Hauch, nicht zu viel für die meisten, für den Künstler schon, das ist ihm jetzt zu echt, aber das macht nichts, auch das ist Erfahrung – das Brot rückt zu nah, die Elemente nimmt gerade der ernst, der ihre Signifikanz nicht teilt. Es breitet sich ein kleines Moment von Leichtigkeit aus am Ende des durchaus fordernden Tages. Hände klopfen an Stühle, Stimmen klingen in ungenormter Weise, die Reihenfolge der Strophen fügt sich, den Raum zu bereiten, gehört plötzlich dazu, ist nicht Vorbereitung, sondern schon Teil von dem, was geschieht, was da ist. Etwas von der Jens Thomas'schen Durchlässigkeit hat sich übertragen, ist hineingeglitten in die Form Gottesdienst. Einfach so.

Der Abend endet im Flur des Zentrums für Evangelische Predigtkultur. Eine große Tafel, Essen und Trinken. Viel später dann noch Tanzen und ganz andere Lieder und Durchlässigkeiten. Aber das ist eine andere Geschichte.

Cura Homiletica II

Im Zusammenhang des Predigtcoaching am Zentrum für evangelische Predigtkultur stellt sich immer wieder die Frage nach der Predigtvorbereitung. Verschiedene Ansätze bieten sich zugleich als Aufgabenstellungen thematischer Art, die in Gruppenzusammenhängen praktisch ausprobiert und genutzt werden, an. Die Form der homiletisch-liturgischen Exkursionen hat zu einem eigenen interaktiven Format gefunden, das im Internet zur Verfügung steht. Diese Exkursionen sind Erfahrungswege, die jeweils unterschiedlich gestaltet sind. Im folgenden Beitrag beschreibt Dietrich Sagert die Suchbewegung, die ihn angeregt hat, homiletisch-liturgische Exkursionen herzustellen.

Dietrich Sagert

Homiletisch-liturgische Exkursionen

Vielleicht eine Reise, die gar nicht angetreten wird.
Heiner Goebbels

Im Fahren erfahren, *c'est le travelling* (Jean-Luc Godard).
Volker Breidecker

Eine Gruppe junger italienischer Studierender der Architektur hat in den Neunziger Jahren ein für ihre Zunft eigenartiges Projekt verfolgt. Sie haben abgelegene, übriggebliebene Stadtgebiete, verlassene Baustellen, stillgelegte Gleise oder Autobahnen gesucht, sie durchquert, dokumentiert und sie dann wieder verlassen, in Ruhe gelassen. Damit haben diese jungen Architektinnen und Architekten die klassische Objekthaftigkeit (Bauobjekt) ihrer Profession unterwandert und sind während ihrer Untersuchungen der vergessenen, vernachlässigten Gebiete an Stadträndern, in Stadtbrachen, an Flussufern selbst Teil dieser Gebiete geworden. Sie haben das Vorgefundene als Architektur angesehen und ihre Arbeitsmethode, das Durchqueren solcher Gebiete, wurde selbst zugleich ihr Architekturbüro (alles, was sie zu ihrer Arbeit brauchten, hatten sie bei sich) und ihre Architektur, eine Architektur in Bewegung allerdings.

Die Gruppe gab sich den Namen „Stalker" nach dem gleichnamigen Film des russischen Regisseurs Andrei Tarkowskij aus dem Jahre 1974. Sie gaben sich diesen Namen, ohne den Film jedoch gesehen zu haben. Darin geht es um eine sogenannte Zone, vielleicht ist sie durch den Einschlag eines Meteoriten entstanden. Man weiß es nicht. Jedenfalls ist sie abgesperrt und militärisch bewacht, eine Art Sperrgebiet; denn von der Zone geht eine irritierende Anziehungskraft aus, zugleich ist es sehr gefährlich in ihr. Einige wenige Menschen kennen sich in ihr aus, sie werden „Stalker" genannt, Pirschgänger. Im Vergleich zum heute geläufigen Gebrauch dieses Wortes sind sie am ehesten Stalker von Gedanken, sie verfolgen keine Popstars ...

Im realen Leben sind Stalker gescheiterte Existenzen, gezeichnet von etwas, das größer ist als sie, ewige Häftlinge. Sie werden tatsächlich verhaftet, wenn sie dabei erwischt werden, in die Zone zu gehen und andere Menschen dahin mitzunehmen. Das tut Stalker im gleichnamigen Film. Er nimmt zwei andere Männer mit in die Zone. Er kennt die Wege in die Zone, an den Wachen vorbei und weiß auch, wie man sich darin bewegt. Denn die Zone hat ihre Eigenarten.

> „Sie ist ein komplexes System. Man könnte sagen: Fallen. Das überlebt niemand. Man weiß nicht, was hier geschieht, wenn hier kein Mensch ist. Aber es braucht nur einer aufzutauchen, schon gerät alles in Bewegung. Frühere Fallen verschwinden, neue entstehen. Gefahrlose Stellen werden unpassierbar. Der Weg wird bald einfach und leicht, bald wird er über alle Maßen kompliziert. Das ist die Zone. Fast könnte man den Eindruck haben, sie sei launisch. Aber sie ist so, wie wir sie selbst durch unseren Zustand gemacht haben. [...] Alles, was hier geschieht, hängt nicht von der Zone sondern von uns ab."

In der Zone sind die direkten Wege nicht immer die kürzesten. Es gibt keinen Weg zurück. Je weiter die Umwege, umso weniger gefährlich ...

Der Bewegungsmodus des tarkowskij'schen „stalking" ist sehr speziell und die beiden Probanden, die Stalker in und durch die Zone führt, haben auch ihre Schwierigkeiten damit. Zu sehr sind sie daran gewöhnt, das nahe vor Augen liegende auf direktem Wege zu erreichen; höchstens aus taktischen Gründen könnte man einen Umweg machen.

Aber die Wege in der Zone sind zuallererst Erfahrungswege. Sie zielen auf Erkenntnis, die durch Erfahrung gemacht
wird und die eben ohne Erfahrung nicht zu haben ist.

Neben den realen Wegen in sogenannten Zonen sind
Erfahrungswege Spaziergänge fürs Gehirn. Spaziergänge
fürs Gehirn in mehrerer Hinsicht und unterschiedlicher Perspektive. Zuerst geht es darum, Abstände, Differenzen zu
erzeugen und Platz zu schaffen. Dem Kopf entkommen, wie
einem Gefängnis. Das menschliche Gehirn arbeitet wie ein
Synthesizer, es stellt unermüdlich Verbindungen her. Das
führt unausweichlich dazu, dass sich die Gedanken in den
immer gleichen Bahnen drehen. Aus ihnen auszubrechen
braucht Bewegung, Befremdung, Unterbrechung, nicht
nur theoretisch, sondern als Erfahrung. Ich nenne derartige Spaziergänge fürs Gehirn „Exkursionen". Konkret für
den Bereich der Predigtvorbereitung nenne ich sie „homiletisch-liturgische Exkursionen". Auch bei diesen Exkursionen
kommt man ohne Erfahrung nicht aus. Man muss etwas
tun: sehen, schreiben, laut lesen, hören, singen, denken,
schweigen, übersetzen, gehen, laufen etc. Wie ein Flaneur:
von Erfahrungsstation zu Erfahrungsstation schlendern, von
Hauptsachen zu Nebensachen, von der Peripherie ins Zentrum und umgekehrt, ein wenig verweilen, eine kurze Notiz
machen, weitergehen. Nicht bewerten oder beurteilen, weitergehen.

Während des Kirchenjahres unternehmen gläubige Menschen Exkursionen, sie gehen von Gebiet zu Gebiet, begin-
nend mit dem Advent laufen sie mehrere große liturgische Feste wie Stationen an und machen Erfahrungen, sie
hören bestimmte biblische Texte, singen bestimmte Lieder,
beten bestimmte Gebete, sie schmücken die Kirchen auf
bestimmte Art, einige auch ihre Gewänder, sie vollziehen
Gesten mit Dingen und denken bestimmte Gedanken ...

Dann verlassen sie das entsprechende liturgische Gebiet wieder und gehen ins nächste. Manchmal zählen sie eine bestimmte Zeit die folgenden Sonntage noch nach dem zuletzt vergangenen Fest. Es gibt auch Verbindungen zwischen den Festen, die wie Querverweise funktionieren, aber im Vollzug des Kirchenjahres werden sie zurückgelassen, in der ruhigen Gewissheit, ein Jahr später wiederzukommen. Was bis dahin, während also die Menschen abwesend sind, in diesen Gebieten passiert, weiß man nicht.

Die Feste des Kirchenjahres sind Zonen, wenigstens durch das beständige Weggehen und Wiederkommen machen die Gläubigen sie zu Zonen, zu Gebieten, zu Territorien. Denn Territorien entstehen durch Weggehen und Wiederkommen. Aber es kommt noch etwas hinzu: eine kleine Melodie. Jene kleinen Melodien, die etwa ein Kind vor sich hin trällert, wenn es Angst hat im Dunkeln, um es sich behaglich zu machen wie in einem Garten, sich zu beheimaten, sich ein Territorium zu schaffen, was es dann verlässt und sich ein neues zu eigen macht. Wenn es eines Tages wiederkommt, findet es Dinge vor und bringt neue mit, Dinge aus anderen Territorien, fremde Dinge, Erfahrungen, Gedanken ...

Bei der Konzeption der homiletisch-liturgischen Exkursion stellte sich die Frage, wie sich diese Prinzipien nutzen ließen, und so habe ich einen Zyklus von 15 Exkursionen[1], eine zu jedem Fest des Kirchenjahres, hergestellt. In ihnen finden sich alte, vertraute Dinge, Texte, Lieder, Bilder, Musikstücke, seltener Gebete. Man begegnet ihnen neu, wenn man sie etwa laut liest, gemeinsam singt, darüber nachdenkt, sie in der Originalsprache abschreibt oder einen Moment still bei ihnen verweilt. Damit praktiziert man zumeist sehr einfache

---

1   <http://www.homiletische-exkursion.de>.

und sehr alte Erfahrungstechniken. Es kommen aber auch neue hinzu: einen Film- oder Videoausschnitt, zeitgenössische Musik und Kunst anhören bzw. ansehen und zeitgenössische Gedanken denken. Diese sind in aller Regel eher fremd auf dem ihnen zugewiesenen Gebiet und ermöglichen eine doppelte Bewegung des Denkens und der Erfahrung: es wird etwas Neues aus dem Alltag der heutigen Lebenswelt in den Zusammenhang der alten Feste eingeführt (z. B. alte Tabuthemen wie Sexualität oder Selbsttötung und Fragestellungen aus Politik oder Ökologie), diskret, um beiläufig Freiräume zu eröffnen; und es wird eine Spur aus diesen alten Zusammenhängen hinaus gelegt in die alltägliche Welt, um Anknüpfungspunkte zu bieten an vergleichbare, außerhalb gelegene Erfahrungen und Gedanken, von denen aus manches klarer erscheint.

Weggehen, Wiederkommen, Hin und Her, vom Zentrum an die Peripherie und zurück, Fluchtlinien folgen. In diesen einfachen Bewegungen der Körper und des Denkens steckt Energie, Dynamik, Veränderung. Pilger wissen das und Dichter: „Der Aufstand beginnt als Spaziergang" (Heiner Müller, Hamletmaschine).

Die italienischen Architekten der Bewegung schreiben in ihrem Manifest, dass es beim Besuch der Territorien, die sie erforschen, nicht darauf ankommt, Informationen über diese Territorien zu gewinnen, etwa, um sie als potenziellen Baugrund zu erfassen und sie so wiederum zu Objekten zu machen. Sie wollen lediglich bezeugen, was sie dort vorgefunden und erlebt haben. Auf diese Weise markieren sie diese architektonisch ungestalteten, formlosen Orte als die Rückseite, das Unbewusste der Architektur und nehmen diese als solche ernst, eben als Architektur in Bewegung, ohne Einfluss auf ihre Veränderungen zu nehmen, ohne sie zu unterwerfen. Denken ohne Herrschaft.

207

Im Film „Stalker" ist das Ziel aller Umwege ein Ort, an dem sich die geheimen Wünsche erfüllen, „die tiefsten Wünsche, die du selbst nicht kennst, die aber dein Leben antreiben". Dieser Ort ist ein leeres mit Wasser überschwemmtes Zimmer in einem verfallenen Haus. Auf der Schwelle hockend, traut sich niemand hinein. „Das wichtigste ist es, Glauben zu haben." Rückwärts fährt die Kamera und mit ihr die Zuschauer in das Zimmer hinein. Man sieht die drei Männer vom Inneren des Zimmers aus. Es beginnt zu regnen.

Passagen –
Gedankengänge zwischen Kultur und Glauben II

Die zweite Passage des Jahres 2012 war bestimmt von den Worten Erinnerung und kulturelles Gedächtnis. Die Literaturwissenschaftlerin Aleida Assmann von der Universität Konstanz stellte ihre Forschungen vor, die als Buch mit dem Titel „Erinnerungsräume. Formen und Wandlungen des kulturellen Gedächtnisses" (München 2009) bekannt geworden und vielfältig diskutiert worden sind. Der Philosoph und Journalist Dirk Pilz fasst den Diskurs für dieses Buch zusammen.

Dirk Pilz

Das Echo des Vergessens

Aleida Assmanns Konzept der Erinnerungsräume

Ich erinnere mich, Aleida Assmanns umfangreiches Buch „Erinnerungsräume. Formen und Wandlungen des kulturellen Gedächtnisses" kurz nach dem Erscheinen 1999 gelesen zu haben; es fügte sich damals gut in meine Lektüreliste. Als ich es jetzt noch einmal las, stellte ich, wenig überraschend, nicht nur fest, dass ich erschreckend viel wieder vergessen hatte, sondern vor allem, dass einiges, das ich im Kopf Aleida Assmann zugeschrieben hatte, in diesem Buch gar nicht steht; es war offenbar Produkt meiner Fort- oder Umschreibung. Man geht ja als Leser, wenn man ein Buch nicht weglegt oder nur aus Pflicht oder sonstigen aufgedrängten Gründen liest, mit dem Autor immer eine heimliche Komplizenschaft ein; nie ist man nur Empfänger von Botschaften, sondern stets auch, wahrscheinlich sofort mit ihrer Aufnahme, ihr Interpret, also Umschreiber, Umdeuter und Fortdenker, weil alles, was gesagt und geschrieben wird, den kurzen oder langen Weg zum Hörer oder Leser nie ungeschehen machen kann. Und es geschehen die erstaunlichsten Dinge auf solchen Wegen.

Damit sind wir schon mittendrin. Mitten in der Geschichte, die Aleida Assmann erzählt. Diese Geschichte ist ein Fall der Kulturgeschichte, insofern sie mit Kultur im genuinen Sinne zu tun hat, nämlich mit der heiklen Frage, was den Menschen zum Menschen macht. Und offenbar sind es die Unterschiede, die hier entscheidend sind: Menschen sind Wesen, die nicht nur Geschichte haben, sondern davon wissen, wie auch immer. Sie wissen davon aber nur, weil sie sich erinnern können, weil sie Erinnerungen haben und so etwas wie ein Gedächtnis ausbilden.

Nun wird sich schwerlich jemand finden, der bereit wäre, dieser Beobachtung zu widersprechen. Erinnerung und Geschichte teilen damit aber dasselbe Schicksal: Sie sind absolute Begriffe und als solche tote Begriffe, weil sie ihre Funktion, nämlich zu unterscheiden, Differenzen zu setzen, verloren haben.[1] Das scheint auf Geschichte so wenig zuzutreffen wie auf das Gedächtnis: Es gibt keine Menschen ohne Geschichte und ohne Gedächtnis, es gibt zwar sehr wohl vergessliche, an Geschichte und Erinnerung desinteressierte Menschen, aber das ist etwas anderes. Menschen, die von Geschichte nicht betroffen wären und ohne Gedächtnis auskämen, finden sich nicht. Damit könnte dieser Text hier aufhören: Wir sind Menschen, wir haben Geschichte, wir erinnern uns. Was soll man machen. Das war's, auf Wiedersehen.

Man soll, sagt uns Aleida Assmann, genauer hinschauen, um die Geschichte des Erinnerns selbst wahrzunehmen. Damit weicht man der Wucht der Absolutheit aus: Geschichte und Erinnerung sind nicht mehr absolute, sondern selbst historische Begriffe. Das heißt: Das Absolute hat selbst Geschichte, es ist nicht schon immer das, was es uns heute ist. Heißt auch: Nicht nur wie wir erinnern, wandelt sich, sondern auch, was wir unter Erinnerung verstehen. Und unser modernes Wort Geschichte bedeutet nicht nur ein einzelnes reales Geschehnis oder die Gesamtheit dieser Geschehnisse, sondern immer auch den Bericht darüber, die Historia.

„Erst wenn Geschichte passiert ist", sagt der Althistoriker Alexander Demandt, „kann ich sie erzählen. Aber nur,

---

[1] Vgl. hierzu Wilhelm Schmidt-Biggemann, Geschichte als absoluter Begriff. Der Lauf der neueren deutschen Philosophie. Frankfurt a. M. 1991.

wenn ich einen Begriff von Geschichte habe, kann ich sie als Geschichte wahrnehmen. Das Bild des Möglichen bestimmt die Gestalt des Wirklichen. Geschichte liefert den Inhalt, Historie bedeutet Form. Geschichte hat die zeitliche, Historie die logische Priorität." Geschichte und Historie sind also zwei Seiten einer Medaille. „Geschichte wäre ohne Historie unsichtbar, Historie wäre ohne Geschichte gegenstandslos."[2] Geschichte als bloße Ereignisfolge wäre eben nichts als ein Sammelsurium.

Gottfried Benn hat einmal den Ploetz aufgeschlagen und zum Jahr 1805 dort gefunden: „einer wird abgesetzt, einer wird Gouverneur, einer wird zum Haupt ernannt, einer hält einen pomphaften Einzug, einer verabredet etwas, einige stellen gemeinsam etwas fest, einer überschreitet etwas, einer legt etwas fest"[3] – und so weiter. Das Komische an dieser Aufzählung besteht darin, dass Benn alle Eigennamen weglässt, also gerade das, was aufs Festeste mit unserem Geschichtsbegriff verbunden ist. Denn wir sind es gewohnt, sowohl Geschichte als auch Erinnerung an Eigennamen gleichsam festzumachen. Komisch und irgendwie abwegig erscheint das bloße Blättern in Daten und Ereignissen auch, weil Geschichte damit als schiere Ansammlung des Gewesenen auftritt, was für die Erinnerung hieße, dass sie sich im Wiederholen, im Zurückholen des Vergangenen erschöpfte. Als wäre die Vergangenheit ein gut gefülltes Fass, aus dem die Erinnerung sich bediene. Als wäre das Gewesene samt und sonders in einem Archiv verstaut, aus dem sich das Gedächtnis bedient. Komisch kommt uns diese Aufzählung von Benn ja vor allem deshalb vor, weil Geschichte dabei als

---

2   Alexander Demandt, Philosophie der Geschichte. Von der Antike zur Gegenwart, Köln/Weimar/Wien 2011, 25.

3   Gottfried Benn, Zum Thema Geschichte. In: Ders., Gesammelte Werke, Bd. 1, Stuttgart 1959, 383.

bloßer Dauerstrom von Ereignissen auftritt, ein Strom, der unablässig dahinfließt, was wiederum für die Erinnerung bedeuten würde, dass sie sozusagen nichts weiter kann, als dem Strom immer hinterherzutröpfeln.

So ist es nicht, wir wissen das alle aus Erfahrung. Es ist so nicht, weil die Vergangenheit der Erinnerung nicht einfach den Inhalt liefert, wie der Pizzaservice mir die Pizza ins Haus bringt. Der Inhalt ist nicht einfach so da, wie die Pizza auf meinem Küchentisch da ist. Jeder Inhalt ist vielmehr vermittelt, und die wichtigste Vermittlungsquelle ist, so ließe sich mit Assmann pointieren, die Erinnerung. Das Vermitteln darf man sich dabei aber nicht als reibungslosen Übertragungsvorgang vorstellen. Die Erinnerung ist kein Hilfsmedium, um sich das Gewesene zurückzuholen, sondern, so sagt es Assmann, „jene anthropologische Kraft, von der weder die Tiere noch die Maschinen wissen".[4]

Es ist dies also keine maschinelle oder tierische Kraft, die stumpf und geistlos ihre Arbeit verrichtet, sondern eine *gestaltende, schöpferische.* Deshalb sind – worauf Nietzsche viel hingewiesen hat – Erinnerungen identitätsstiftend: Mit ihnen gestalten wir unser Selbst, und wie stets sind wir dabei keine Alleinherrscher, die in völliger Freiheit über das zu Gestaltende gebieten, sondern bestimmt von Bedingungen, die wir uns nicht selbst zu geben vermögen. Das heißt für die Erinnerung offenbar, dass wir uns nur erinnern können, *weil* wir Geschichte haben. Und gerade, weil Geschichte etwas ist, das uns sowohl widerfährt als auch von uns gemacht wird, kann Erinnerung kein Vorgang sein, bei dem man schlichterweise etwas Vergangenes wieder aktualisiert, es verlust- und reibungslos zurückholt.

---

4   Aleida Assmann, Erinnerungsräume. Formen und Wandlungen des kulturellen Gedächtnisses. 5., durchgesehene Auflage, München 2010, 30.

Wenn also der italienische Schriftsteller Italo Svevo meinte, die Vergangenheit sei immer neu, weil immer die Gegenwart die Vergangenheit dirigiere, dann ist damit *nicht* gesagt, dass man vom Heute aus sich ein Gestern frei erfindet – solche Freiheit käme einem pathologischen Befund gleich –, sondern dass es für Subjekte, seien es Individuen oder Gruppen, keine Vergangenheit ohne die anthropologische Kraft der Erinnerung gibt. Wie alle Kräfte ist aber auch diese nicht nur notwendigerweise verformend, sondern – wie der noch immer unterschätzte Philosoph Johann Gottfried Herder sagt – eine „Beziehung", ein Wirkungszusammenhang, kein „plumper Mechanismus", so Herder, sondern „ein Band, das von keiner Mechanik abhängt".[5]

Diese Kraft ist, so Herder weiter, ein „Spiel von Ausbreiten und Zusammenziehen", ist ein Wechselspiel der Sinne und Vernunft, von Körper und Seele, Empfinden und Erkennen, ein Spiel, das zu einem Prozess gehört, in dem, so Herder, wir „empfangen, verarbeiten und fortpflanzen".[6] Dass diese Kraft für Herder sowohl der Erinnerung als auch der Ästhetik eigen ist, hat mit der zentralen Eigenschaft dieses Wechselspiels zu tun, eben fortpflanzend, schöpferisch zu sein. Die Erinnerung vermag deshalb, um es versuchsweise in einem Bild zu sagen, den Strom der Ereignisse zu stoppen und damit Inselstätten zu schaffen, die der Reflexion zugänglich sind, und sie tut dies in je eigener Weise, was Herder zu der Vermutung Anlass gab, dass „alle Tiergattungen untereinander vielleicht nicht so verschieden (sind) als Menschen vom Menschen".[7]

---

5   Zit. nach: Christoph Menke, Kraft. Ein Grundbegriff ästhetischer Anthropologie, Frankfurt a. M. 2008, 52.

6   Ebd., 59.

7   Ebd., 60.

Denn „der Mensch beweist Reflexion", schreibt Herder in seiner *Abhandlung über den Ursprung der Sprache*, das war 1772,

> „wenn die Kraft seiner Seele so frei wirket, dass sie in dem ganzen Ozean von Empfindungen, der sie durch alle Sinne durchrauschet, eine Welle, wenn ich so sagen darf, absondern, sie anhalten, die Aufmerksamkeit auf sie richten [...] Er beweist Reflexion, wenn er aus dem ganzen schwebenden Traum der Bilder, die seinen Sinnen vorbeistreichen, sich in ein Moment des Wachens sammeln, auf einem Bilde freiwillig verweilen, es in helle, ruhiger Obacht nehmen und sich Merkmale absondern kann, dass dies der Gegenstand und kein anderer sei."[8]

Herder spricht in diesem Zusammenhang von „Besonnenheit" und meint, wie Aleida Assmann feststellt, Erinnerung, oder genauer: Erinnerungsräume, „die dem Strom des Geschehens als Falten, Höhlen und Schichtungen entgegenstehen". Erinnerung, so Assmann verallgemeinernd, hat „schon immer etwas mit dem Unterbrechen von Strömen, mit dem Arretieren und Festhalten von Bildern und Zeichen zu tun gehabt".[9] Ich werde darauf noch zurückkommen, weil dieser „schwebende Traum von Bildern", die an unseren „Sinnen vorbeistreichen", viel mit uns in unserer Gegenwart zu tun haben. Die Arbeit der Erinnerung an einem Gedächtnis, dem individuellen wie dem der Gruppe, ist jedenfalls immer auf je verschiedene Weise, so ließe sich sagen, Strom-Unterbrechungs-, Festhaltearbeit gewesen. Das galt laut Assmann beim Übergang von einer mündlichen zur Schrift- und Buchkultur, das gilt auch bei dem Übergang von der Erinnerung

---

8   Ebd., 56.
9   Erinnerungsräume, a. a. O., 413.

als einer Gedächtnis-Kunst, wie in der Antike, zur Erinnerung als einer Kraft, wie sie seit dem 17. Jahrhundert, vor allem aber mit der Romantik in Erscheinung tritt. Und das gilt heute wieder, in einer Zeit, die einen Wandel des kulturellen Gedächtnisses erlebt, dessen Ausmaß noch niemand überblicken kann. Auch dazu später noch etwas.

Zunächst wollte ich nur auf die schlicht anmutende Dialektik von Erinnern und Vergessen verweisen, um das Verhältnis von Erinnerung zur Geschichte in den Blick zu bekommen. Aleida Assmann argumentiert ja, gerade hinsichtlich eines Gruppen-, also kollektiven Gedächtnisses, dass sich die „Opposition von Gedächtnis und Geschichte immer weniger aufrechterhalten lässt". Mittlerweile bestehe ein Konsens darüber, dass Geschichtsschreibung immer auch Gedächtnisarbeit ist, „also unhintergehbar verquickt ist mit den Bedingungen der Sinngebung, Parteilichkeit und Identitätsstiftung".[10] Das „gleitende Anpassen des Erinnerten an den Augenblick des Erzählens" ist, um mit Johannes Fried einen Konkurrenzdenker zu Assmann zu nennen, unhintergehbar[11], schon deshalb, weil auch für die Gedächtnisarbeit die Sprache nicht hintergehbar ist. Und hinsichtlich der Sprache greift dieselbe strukturelle Bedingung wie für Erinnerung allgemein: Man muss weg- und auslassen, um überhaupt etwas sagen zu können. Alles zu sagen, wäre dies möglich, hieße, nichts zu sagen, hieße, im Buchstabenstrom unterzugehen.

Es gibt eine schöne Erzählung eines der listigsten Schriftsteller des 20. Jahrhunderts, Jorge Luis Borges, „Das unerbittliche Gedächtnis" betitelt, in der man die Bekanntschaft mit einem gewissen Ireneo Funes macht.[12] Er sei, erzählt er dem

---

10 Ebd., 133.

11 Johannes Fried, Der Schleier der Erinnerung. Grundzüge einer historischen Memorik, München 2012, 53.

12 Jorge Luis Borges, Das unerbittliche Gedächtnis, in: Gesammelte Werke,

Ich-Erzähler, „genauso gewesen wie alle Christenmenschen: blind, taub, zu nichts nütze, ohne Gedächtnis". Neunzehn Jahre habe er gelebt wie einer, der träumt; „er sah ohne wahrzunehmen, hörte ohne zu hören, vergaß alles, fast alles". Dann stürzte er von einem Pferd, danach war er gelähmt, aber seine Wahrnehmung und sein Gedächtnis waren „unfehlbar". Er konnte jetzt alle Träume und ganze Tage rekonstruieren, „nie war er", heißt es, „über etwas im Zweifel, aber jede solche Rekonstruktion hatte einen ganzen Tag beansprucht". Sein Gedächtnis war wie eine „Abfalltonne": Es sammelte alles auf. Ohne Mühe hatte er zwar Englisch, Französisch, Portugiesisch, Latein gelernt. „Ich vermute aber", so der Erzähler, „dass er zum Denken nicht sehr begabt war". Denn „Denken heißt vergessen, heißt verallgemeinern, abstrahieren. In der vollgepfropften Welt von Funes gab es nichts als Einzelheiten". Sein unerbittliches Gedächtnis duldete jedoch keine Ungerechtigkeit gegenüber einer auch noch so kleinen Einzelheit. Dieser Funes ist ein Fanatiker der Vollständigkeit, ein Gerechtigkeitsterrorist, ein Absolutheitsritter. Der Erzähler lässt ihn notwendigerweise sterben, an einer Lungenblutung: Er erstickt in seiner vollgepfropften Welt der Einzelheiten.

Damit sind wir wieder bei Assmanns zentraler These, die zunächst schlicht geklungen haben mag, aber enorme Folgen hat: dass es kein Erinnern ohne Vergessen gibt. Dass wir vergessen müssen, um überhaupt erinnern zu können. „Was zur Erinnerung ausgewählt wird, ist stets von den Rändern des Vergessens profiliert",[13] schreibt sie. Das Vergessen ist demnach die strukturelle Bedingung des Erinnerns. Weder

---

Band 3/I, Erzählungen 1935–1944. Nach der Übersetzung von Karl August Horst bearbeitet von Gisbert Haefs, München 1981, 173 ff.

13   Erinnerungsräume, a. a. O., 408.

gibt es eine Erinnerung, die man in Kampfer einwickeln kann, um die Motten fernzuhalten, wie T. S. Eliot schrieb, noch gibt es eine Erinnerung, die alles behalten, alles umfassen könnte. Gäbe es sie, befänden wir uns entweder in jener „Nacht des Absoluten", von der Schelling sprach, oder in der endlosen „Schlaflosigkeit", von der Nietzsche spricht. So wie man etwas übersehen muss, um überhaupt etwas zu sehen, wie es Distanz braucht, um Nähe herzustellen, Verallgemeinerungen, um etwas sagen zu können, so ist Vergessen vonnöten, um Erinnerung zu ermöglichen. Der Held in Borges' Geschichte – darin liegt ja ihr Witz – ist weder ein Verrückter noch ein Supertalent, er ist Übermensch: zum Menschsein, zu Nähe, Distanz, Gespräch nicht fähig.

So genommen ist das Vergessen also, anders als es zunächst scheinen mochte, nichts Beklagenswertes. Das ist die Voraussetzung für Assmanns gesamtes Unternehmen: Sie liest aus der Dialektik von Erinnern und Vergessen keine Verlustgeschichte heraus; sie tappt hier sozusagen nie in die kulturpessimistische Falle: Eine angeblich vergangenheitsvergessene Gegenwart gibt es bei ihr genauso wenig wie eine vergangenheitsbesessene. Es ist bezeichnend, dass Assmann schon in der Einleitung Sir Thomas Brown zitiert, der davon spricht, dass Wissen durch Vergessen „gewonnen" wird. „Wenn wir also", so Brown, „einen klaren und triftigen Bestand an Wahrheiten erwerben wollen, müssen wir uns von vielem trennen, was in unseren Köpfen festsitzt".

Das sagt sich so, ist aber, natürlich, eine vertrackte Angelegenheit. Zunächst einfach deshalb, weil man zwar wissen kann, dass man vergessen muss, um erinnern zu können, das Vergessen selbst aber sich dem Zugriff des Einzelnen wie auch der Gruppe entzieht. Es stellt, wie der Phänomenologe Bernhard Waldenfels schreibt, „keinen zielgerichteten oder regelgeleiteten Akt" dar.[14] Es gibt ja weder Sinn noch Regel, woran das Vergessen Halt finden könnte. Mit dem Imperativ „Vergiss!" ist es wie mit jenem „Sei spontan!": Er lässt sich nicht befolgen. Am Anfang seiner zweiten „Unzeitgemäßen Betrachtung" schreibt Nietzsche deshalb: „Der Mensch fragte wohl einmal das Tier: warum redest du mir nicht von deinem Glück und siehst mich nur an? Das Tier will auch antworten und sagen: das kommt daher, dass ich immer gleich vergesse, was ich sagen wollte – da vergaß es aber auch schon diese Antwort und schwieg: so dass der Mensch sich darob verwunderte."

So viel zur Dialektik der Erinnerung. Es ließen sich viele, sehr viele Beispiele bringen, gerade aus der Kunst, der Literatur, auch dem Theater oder dem Film. Aber das hilft uns nicht so recht weiter, zumindest dann nicht, wenn man bedenkt, dass wir uns erinnerungslogisch gesehen in ausgesprochen aufschlussreichen Zeiten befinden. Aleida Assmann untersucht die Wandlung des kulturellen Gedächtnisses ja hinsichtlich der Funktionen, der Medien und der Speicher, und sie führt, vor allem, weil die Opposition von Gedächtnis und Geschichte nicht länger sinnvoll erscheint, eine zentrale Differenz ein: diejenige zwischen Funktions- und Speichergedächtnis. Das Funktionsgedächtnis nennt sie das „bewohnte", seine wichtigsten Merkmale sollen Gruppenbezug, Selektivität, Wertbindung und Zukunftsorientierung sein; die historischen Wissenschaften seien demgegenüber ein „Gedächtnis zweiter Ordnung", ein „Gedächtnis der Gedächtnisse, was in sich aufnimmt, was seinen vitalen Bezug zur Gegenwart verloren hat", was, um die obigen Überlegungen aufzunehmen, seine gestaltende Kraft

---

14 Bernhard Waldenfels, Hyperphänomene. Modi hypberbolischer Erfahrungen, Berlin 2012, 121.

verloren hat; es ist entsprechend „unbewohnt". Das Funktionsgedächtnis zieht, so Assmann, eine „produktive, weil verschiebbare Grenze zwischen ausgewählten, gedeuteten, angeeigneten" Elementen einerseits und der amorphen Masse der nie erzählten, nicht angeeigneten Ereignisse im Speichergedächtnis andererseits.

Man verstünde das Verhältnis zwischen diesen beiden Modi der Erinnerung aber falsch, würde man sie als Gegensätze lesen; das Speichergedächtnis ist vielmehr der Hintergrund, jener nicht-aktualisierte Hof von vergangenen Geschehnissen, auch das „Repertoire verpasster Möglichkeiten", die im Vordergrund, vom Funktionsgedächtnis, nicht Wirklichkeit wurden. Diese Unterscheidung ist allerdings selbst erst möglich, seitdem es Medien gibt, die mehr speichern als man erinnern kann, die Schrift etwa. In einer oralen Gedächtniskultur ist sie (noch) undenkbar, denn der Platz im Gedächtnis ist begrenzt und die Techniken des Memorierens sind so aufwendig, „dass es gar nicht in Frage kommt, etwas zu behalten, was für die Identität der Gruppe nicht auch gebraucht würde und somit überlebenswichtig wäre".[15]

In einer Kultur dagegen, die mehr zu speichern als zu erinnern vermag, wird eben diese Differenz von Funktions- und Speichergedächtnis überlebenswichtig. Entscheidend ist dabei aber, so Assmann, dass sie beide aufeinander verwiesen bleiben. Denn „ein vom Speichergedächtnis abgekoppeltes Funktionsgedächtnis verkommt zum Phantasma", umgedreht wäre ein vom Funktionsgedächtnis losgekoppeltes Speichergedächtnis bloße Masse bedeutungsloser Informationen.[16] Wer in oder mit ihm leben wollte, sähe sich

---

15 Erinnerungsräume, a. a. O., 137.
16 Ebd., 142.

mit jenen Nöten konfrontiert, die Borges seiner Figur Funes andichtete.

Funktionsgedächtnis, Speichergedächtnis. Diese von Aleida Assmann vorgenommene Unterscheidung hat zur Folge, dass die Geschichte des kulturellen Gedächtnisses einerseits zur Geschichte der Medien und andererseits zur Geschichte des Archivs wird; es ist also folgerichtig, dass sie die Wandlungen der Medien untersucht und dabei auf Schrift, Bild, Körper und Orte schaut, und dass sie das Archivieren untersucht, also die Speicher- und Konservierungsprobleme erörtert. Es ist auch folgerichtig, dass sie Erinnerung und Gedächtnis als Begriffspaar, als komplementäre Aspekte eines Zusammenhangs, auffasst; denn wenn es richtig ist, dass Erinnern nicht einfach heißt, aus der Vergangenheit zu schöpfen, sondern eben diese erinnernd mitzustiften, kann die Erinnerung nicht der Datenlieferant für das Gedächtnis sein – das hieße, die Differenz von Funktions- und Speichergedächtnis zu unterbieten, es hieße, so zu tun, als befänden wir uns als Erinnernde dem Gedächtnis gegenüber wie Einkaufende im Supermarkt. Die gesamte Geschichte der Formen und Wandlungen des kulturellen Gedächtnisses, die Assmann ausbreitet, zeigt, dass dies womöglich auf ein maschinelles, nicht aber ein kulturelles, also von Menschen unterhaltenes Gedächtnis zutreffen kann.

Nun will ich weder noch kann ich, schon aus Zeitgründen, diese Geschichte referieren – das Buch dürfen und mögen Sie bitte durchaus selbst lesen. Ich möchte aber die aufschlussreiche Beobachtung Assmanns aufnehmen, dass, wie sie sagt, „wer über Erinnerung spricht, dabei nicht ohne Metaphern auskommt"[17]. Sie begründet das nicht eigens,

---

17 Ebd., 150.

sondern weist lediglich darauf hin, dass sich das Phänomen der Erinnerung direkter Beschreibung verschließe und
offenbar *deshalb* in die Metaphorik dränge. Denn die Komplexität des Phänomens spiegele sich nicht in einzelnen Bildern, „sondern erst in den Überlappungen, Verschiebungen
und Differenzen der vielen unzureichenden Bilder".[18] Das ist
sicher richtig, scheint mir aber keine hinreichende Begründung dafür zu sein, dass das Sprechen über Erinnerung ohne
die Sprache der Metaphern nicht auskommt.

Dabei gibt Assmann selbst eine Antwort auf die Frage,
warum das komplexe Phänomen der Erinnerung in die
Metaphorik drängt. Es fällt ja schnell auf, dass sie in den
zentralen Passagen auf Künstler und ihre Kunst zu sprechen
kommt, und zwar nicht nur, wenn sie von der Gegenwart als
der „grundsätzlich prekären Situation des Gedächtnisses im
Zeitalter der industriellen Massenkultur" spricht und hier
der Vermutung Ausdruck gibt, dass sich das Gedächtnis, das
keine kulturelle Form und gesellschaftliche Funktion mehr
habe, in die Kunst flüchte.[19] Dazu gleich noch.

Zuvor möchte ich noch einmal an die Erinnerung als
anthropologische Kraft erinnern, von der Assmann spricht.
Ich habe vorhin in diesem Zusammenhang auf Herder und
seinen Begriff der Kraft verwiesen, die kein „plumper Mechanismus" ist, sondern ein „Spiel von Ausbreiten und Zusammenziehen", eben ein Wechselspiel der Sinne und Vernunft,
von Körper und Seele, Empfinden und Erkennen, ein Spiel,
das zu einem Prozess gehört, in dem wir „empfangen, verarbeiten und fortpflanzen".[20] Und ich hatte auch bereits
erwähnt, dass diese Kraft für Herder sowohl der Erinnerung

---

18 Ebd., 151.
19 Ebd., 359.
20 Kraft, a. a. O., 59.

als auch der Ästhetik eigen ist. Es lohnt, zumindest kurz, etwas genauer auf Herder zu hören. Was dieses Spiel nämlich ihm zufolge bewirkt, ist Einbildung, und Einbildung meint, anders als der heutige Alltagsgebrauch des Wortes nahelegt, *Einheitsbildung*. Diese Einbildungs-, also Einheitsbildungskraft ist für Herder dabei eine *ästhetische* Kraft.[21] Einbildung als das Wirken der ästhetischen Kraft ist demnach das Hervorbringen von Bildern durch das Verknüpfen mit anderen Bildern, so „webt und wirkt (...) die Seele sich ihr Kleid", wie Herder das nennt. Einbildung ist als Einheitsbildung deshalb immer auch „Fortbildung". Eine ästhetische Kraft wirkt offenbar, indem sie einen Ausdruck hervorbringt und dann einen weiteren und einen weiteren. Jedes Wirken der ästhetischen Kraft ist darum eine Wiederholung ihres Wirkens, und zwar potenziell unendlich.

Genau das ist es nun, was die Erinnerung mit der Ästhetik teilt: dieses Weben und Wirken, das Einheits- und Fortbilden. Verstehen Sie das nicht falsch: sich zu erinnern, ist keine Kunst, Erinnerung kein Künstlerwerk. Sie ist, für uns Heutige, auch keine Mnemotechnik, keine Gedächtniskunst wie in der Antike. Aber die Erinnerung bedient sich, so lese ich Herders Vorschlag, ästhetischer Strategien. Der Eindruck, den man haben kann, dass die Erinnerung sich die Vergangenheit *erfindet*, dass sie das Gewesene zu einem Erinnerungsbild formt, das kein Abziehbild, sondern eine Fortbildung durch Wiederholung ist – dieser Eindruck entsteht genau deshalb, *weil* das auch das Verfahren der Kunst ist – sie ist immer Nachahmung, nie Verdopplung von Wirklichkeit.

In *diesem* Sinne ist Erinnerung schöpferisch, gestaltend, identitätsbildend. Wie die Kunst nicht die Wirklichkeit wiederholt, holt die Erinnerung nicht die Vergangenheit zurück,

---

21 Ebd., 59 f.

sondern ahmt sie wiederholend nach. Das ist es, was die Kunst mit der Erinnerung verbindet. Deshalb ist es etwas irreführend, davon zu sprechen, dass sich das Gedächtnis in die Kunst flüchte, wie es Aleida Assmann angesichts der grundsätzlich prekären Situation des Gedächtnisses im Zeitalter der industriellen Massenkultur mutmaßt. Vielmehr tritt in diesem Zeitalter diese Gemeinsamkeit von Kunst und Erinnerungsarbeit deutlicher in Erscheinung.

Aber nicht, weil die Kunst irgendwie ans Gestern gemahnen will, womöglich an die gute alte Zeit oder angeblich einstmals noch gültigen Werte eines Guten, Wahren, Schönen zum Beispiel, geht die Kunst mit der Erinnerung eine Komplizenschaft ein, sondern weil sie beide an jener Kraft teilhaben – oder diese gebrauchen –, aus der sich, wie Herder sagt, die Seele ihr Kleid webt; oder wie wir heute eher sagen würden, aus der Sinnesdaten ihre Gestalt gewinnen. Insofern ist Kunst immer Gedächtnisarbeit, ist lesen, Musik hören oder Theater schauen immer auch erkenntnisfördernd, *indem* dies unserer Erinnerung aufhilft.

Es gibt ein wunderbares Buch, das Aleida Assmann nicht erwähnt – nicht erwähnen kann, weil es gerade erst auf Deutsch erschienen ist, zuvor zwar auf Englisch, Französisch und natürlich im russischen Original erhältlich war, aber wenig bekannt blieb – das diesen Zusammenhang zum Ausdruck bringt. Es ist ein Roman des russischen, 1971 in München gestorbenen Schriftstellers Gaito Gasdanow. Es heißt „Das Phantom des Alexander Wolf". Dies ist der erste Satz: „Von allen meinen Erinnerungen, von all den unzähligen Empfindungen meines Lebens war die bedrückendste die Erinnerung an den einzigen Mord, den ich begangen habe." Er geschieht im russischen Bürgerkrieg, irgendwo in verlassener Steppe, ohne jeden Zeugen. Viele Jahre später aber, so geht Gasdanows Geschichte, liest der Ich-Erzähler in Paris die Erzählung „Das Abenteuer in der Steppe" des englischen Schriftstellers Alexander Wolf. In dieser Erzählung ist genau wiedergegeben, was damals im russischen Bürgerkrieg in der Steppe geschah – und zwar aus Sicht des Erschossenen. Wie sich herausstellt, ist er nicht gestorben, sondern Schriftsteller geworden. Der Ich-Erzähler trifft dann erst diesen Mann und verdrängt danach die „unerträgliche Erinnerung"[22] an das damals in der Steppe Geschehene, er versucht es zumindest. Bis es ihn wieder einholt und in ihm eine Art „seelischen Brechreiz"[23] auslöst, nicht einfach, weil die Verdrängung, sondern weil die Erinnerung nicht gelingen will. Denn der Ermordete bleibt ein Phantom, eine ferne, unwirkliche Gestalt. Der Ich-Erzähler erinnert sich nicht, ehe er die Erzählung von Alexander Wolf noch einmal gelesen hat, was allerdings – das ist der erzählerische Trick von Gaito Gasdanow – schwerwiegende Folgen hat. Denn die Erinnerung an den Mord in der Steppe verdichtet sich für den Ich-Erzähler erst dann zum Bild, zum Gegenstand der Selbst-Erkenntnis, indem er Alexander Wolf sozusagen noch einmal ermordet, aus ganz anderen Gründen und in ganz anderen Zusammenhängen: Er tötet das Phantom und gibt seiner Erinnerung Bild und Halt. Er wiederholt nicht den ersten Mord, sondern ahmt ihn – unfreiwillig, aber notwendig – nach. Man kann das Buch von Gasdanow auf vielen, sehr vielen verschiedenen Ebenen lesen, ich kann es nur empfehlen, auf einer jedenfalls, vielleicht der zentralen, ist es eine Geschichte von der schöpferischen und formenden, damit genauso immer verformenden *Kraft* der Erinnerung.

---

22 Gaito Gasdanow, Das Phantom des Alexander Wolf. Deutsch und mit einem Nachwort von Rosemarie Tietze, München 2012, 87.

23 Ebd., 173.

Nun ist aber auch in Gasdanows Erzählung die Erinnerung abhängig von einem Medium, in diesem Fall dem Medium der Schrift, dem Buch – es gibt hier ja sogar ein Buch im Buch. Und der Ich-Erzähler unterhält dabei das intimste Verhältnis zu diesem Medium und zu seiner Vergangenheit, das sich denken lässt. „Das Verhältnis einer Epoche zur Vergangenheit beruht", so stellt Assmann fest, immer „zu einem wesentlichen Bestandteil auf ihrem Verhältnis zu den Medien des kulturellen Gedächtnisses".[24] Thomas Jefferson etwa jubelte über den Buchdruck: „Wie viele der kostbaren Werke der Antike gingen verloren als sie nur als Handschrift existierten! Ist bisher ein einziges verloren gegangen, seit die Kunst des Buchdrucks die Vervielfältigung und Verbreitung von Kopien ermöglicht?"[25] In Robert Burtons „Anatomie der Melancholie" ist dagegen der Seufzer zu lesen: „Täglich erscheinen neue Bücher, Pamphlete, Wurfsendungen, Geschichten, ganze Kataloge von Bänden aller Art, neue Paradoxa, Meinungen, Irrlehren". Wer kaum in der Lage sei, eine Feder zu halten, müsse unbedingt schreiben und sich einen Namen machen! „Sie schreiben", so mutmaßt Burton, „um zu zeigen, dass sie noch am Leben sind".[26] Aus den Druckerzeugnissen werden Dreckerzeugnisse – Fluch des neuen Mediums!

Wüsste man nicht, dass dies um 1621 geschrieben wurde, man könnte es glatt für ein heutiges Pausengespräch auf einem Kirchen- genauso wie auf einem Germanistentag halten. Längst erscheinen ja nicht mehr nur täglich neue Bücher, längst fühlt sich jeder berufen zu schreiben, der Internetanschluss hat und eine Tastatur bedienen kann,

---

24 Erinnerungsräume, a. a. O., 204.
25 Ebd., 199.
26 Ebd., 200.

und längst wird nicht mehr nur geschrieben, um zu zeigen, dass man am Leben ist, sondern getwittert, gefacebookt und gebloggt, um zu zeigen, dass man auf dem Laufenden ist. Wir befinden uns mitten in einem derart umfassenden Medienwandel von der Schrift- und Buchkultur zur digitalen Kultur, dass niemand zu sagen wüsste, was daraus entstehen mag. Er findet jedenfalls überall statt und betrifft auch jeden – selbst der Papst hat einen E-Mail-Account und wird künftig seinen Segen per Twitter erteilen; auch Angela Merkel hat ihre eigene Facebook-Seite, mit übrigens derzeit 211.000 Facebook-Freunden, die dort kommentieren dürfen, was die Kanzlerin auf ihrer Pinnwand, wie das heißt, bekannt gibt. Soeben habe sie den Heinz-Galinski-Preis erhalten, teilte Merkel zuletzt mit – und gleich heißt es in einem Kommentar: „Und, fühlste dich jetzt fame?" Und in einem anderen: „Das ist der Dank für die Waffenexporte, zum Kotzen!"

Ja ja, so spricht das Volk. Oder: So hört es sich eben auch an, wenn alle mitreden dürfen, was für eine Demokratie so ungewöhnlich im Grunde nicht sein sollte, nur dass wir Heutigen, die mit einer Schriftkultur aufgewachsen und verwachsen sind, an solches Mitrederecht nicht gewöhnt sind, weshalb einem der Artgenosse mitunter wie ein fremdes Wesen vorkommen mag. Derlei Volkskommentar aber unerhört oder abstoßend zu finden, ist genauso ein Zeichen des Wandels, in dem wir uns befinden, wie jenes Lob der demokratischen Wissensgesellschaft, das Anfang dieser Woche gesungen wurde, als die Deutsche Digitale Bibliothek online ging. Man kann dort künftig auf über 30.000 Bibliotheken, Museen und Archive zugreifen, man kann virtuell in Handschriften blättern, Schillerlesungen in Schellackaufnahmen hören, das Luthergrab betrachten, in der Erstauflage von Herders Schriften oder Aleida Assmanns Büchern lesen. Nichts bleibt mehr in Depots verschlossen, niemand entscheidet über mich hinweg, was ich lesen, sehen oder hören kann. Seit Jahren ist zum Beispiel die weltweite größte Sammlung von Fleischwölfen im Berliner Stadtmuseum – es sind gut 2000 Stück – nicht zu sehen, weil keine Kuratorin und kein Museumschef es für nötig befanden, sie auszustellen: vorbei!, diese trüben Zeiten der Vormundschaft. Die Fleischwölfe werden jetzt gemütlich am Rechner zu Hause betrachtet.

Das ist schön. Die Erinnerung aber, das gesamte kulturelle Gedächtnis dehnt sich damit, so schreibt Assmann, „in ganz neue Richtungen" aus. „Angesichts dieser Entwicklung der Speichertechnologien erscheinen anthropomorphe Kategorien wie Erinnern und Vergessen immer mehr als unangemessen."[27] Denn wir erleben derzeit einen entscheidenden „Konsistenzwandel des Erinnerungsraumes". Mit dem Schreiben war die Erfahrung von Tiefe, Hintergrund und Schichtung verbunden, unter elektronischen Bedingungen werden sich solche Bilder, solche Vorstellungen, vermutet Assmann vollkommen zu Recht, kaum noch aufrechterhalten lassen. Erstmals wird damit, auch darauf weist sie hin, die Geschichtlichkeit der Schriftkultur sichtbar.

Es ist äußerst bemerkenswert, wie entspannt und unaufgeregt Aleida Assmann diesen Wandel wahrnimmt: Es sei, sagt sie, eine „Frage des Temperaments", ob man die Neuen Medien als „dunkle Bürde" oder als „Reservoire an Möglichkeiten" betrachte.[28] Es ist eine Frage des Temperaments, ja, allerdings nicht nur. Denn die Geschichte des kulturellen Gedächtnisses, die sie erzählt, ist ja weder eine Aufstiegs- noch eine Abstiegsgeschichte, kündet weder von trium-

---

27 Ebd., 410.
28 Ebd., 409.

phalen Fortschritten noch von Niedergängen. Mit Kultur-
pessimismus ist hier genauso wenig gewonnen wie mit
Zukunftsjubelei. Die Geschichte des kulturellen Gedächtnisses, wie sie Aleida Assmann darstellt, ist vor allem eine über
den Wandel der Vorstellungen vom und der Funktionen des
Erinnerns.

Es wird auch in Zukunft noch erinnert werden, es wird
auch das digitale Zeitalter keine Zeit der völligen Vergessenheit und bloßen Zerstreuung herbeiführen, so viel lässt
sich prognostizieren, aber es wird anders, auch vielleicht aus
anderen Gründen, erinnert werden.

Wenn wir also, um den eingangs zitierten Sir Thomas
Brown noch einmal aufzunehmen, einen klaren Begriff vom
derzeitigen Gedächtnis- und Medienwandel machen wollen,
müssen wir uns von vielem trennen, was in unseren Köpfen festsitzt. Fragen des Temperaments oder der Moral sind
hierbei irrelevant. Aber wenn man heute leicht den Eindruck
gewinnen kann, im Dauerstrom der Live-Ticker, Twitter-
Tweeds und Facebook-Meldungen, im riesenhaften Raum
der virtuellen Bibliotheken und Archive bringe sich das Subjekt gleichsam selbst zum Verschwinden, werde zum bloßen
Daten-Sammelbecken, wenn man also fürchtet, die digitalen Medien dienten einer gigantischen Gedächtnisvernich-
tung – dann sei noch einmal an Herder erinnert. Er sprach
vom „Ozean der Empfindungen", vom „schwebenden Traum
der Bilder"; er meint damit, so schreibt Aleida Assmann, das,
was wir heute Internet nennen: das fortwährende Informa-
tionskontinuum, den Dauerbeschuss durch Daten, Bilder,
Texte. Und so wie Herder die Erinnerung als ein Unterbrechen von Strömen, als ein Arretieren und Festhalten von
Bildern, als eine Inselbildung im Ozean der Empfindungen
beschrieb, so haust auch heute das Gedächtnis auf solchen
Inseln der Unterbrechung. Auch Aleida Assmann weiß nicht,

wie das kulturelle Gedächtnis beschaffen sein wird, wenn es seinen neuerlichen Wandel durchlaufen haben wird. Aber mit ihr darf man davon ausgehen, dass die Geschichte des Erinnerns und Vergessens nicht abgeschlossen ist, solange Menschen weder zu Tieren noch zu Maschinen geworden sind. Auch das ist zwar einstweilen nicht mehr ausgeschlossen, allerdings eine *andere* Geschichte.

Dr. Dirk Pilz, Studium der Literaturwissenschaft, Philosophie und Psychologie in Potsdam, Berlin und Kopenhagen, arbeitet als Publizist in Berlin, Mitbegründer und Redakteur des überregionalen Theater-Feuilletons www.nachtkritik.de, zudem Redakteur im Feuilleton der Berliner Zeitung und Autor der Neuen Zürcher Zeitung. Lehraufträge an mehreren Universitäten.

Homiletisches Fachgespräch II

Das Thema des Homiletischen Fachgespräches hat sich während der vorangegangenen Fachgespräche wie von selbst ergeben. Es liegt auf der Hand, dass Predigt davon abhängt, aus welchem Blick oder in welcher Wertigkeit man die Bibel liest. So sollte die Bibel im Mittelpunkt des homiletischen Fachgespräches 2013 stehen. Zuerst sollte ein Literaturwissenschaftler über seine Forschungsinteressen und Erfahrungen im Umgang mit der Bibel als Literatur berichten. Dieser Zugang ist in Deutschland relativ ungewöhnlich, im angelsächsischen und französischen Raum weiter verbreitet. Daniel Weidner, Literaturwissenschaftler und Komparatist am Zentrum für Literatur- und Kulturforschung in Berlin, folgte der Einladung des Predigtzentrums. Frère Richard von der Communauté de Taizé berichtete von den Bibeleinführungen im internationalen ökumenischen Kontext als eine besondere Art homiletischer Praxis. Beide Beiträge, letzterer wurde für das vorliegende Buch aus dem geführten Gespräch transkribiert und bearbeitet, könnten nicht ohne Anregungen sowohl für die Lektüre- als auch für die Predigtpraxis im kirchlichen Kontext bleiben.

Daniel Weidner

Bibel als Literatur

Zugänge zum Buch der Bücher

Schlägt man die Bibel auf, stößt man schnell auf Vertrautes, und selbst wenn man sie nicht aufschlägt, meint man doch wenigstens ungefähr zu wissen, worum es geht. Schaut man aber genauer hin, so findet man Mehr, Anderes und Überraschendes. Das fängt schon an, wenn man von den bekannten Stellen ein Stück vor- oder zurückblättert und etwa nach dem triumphalen Durchzug durch das Rote Meer plötzlich auf das gegen Gott murrende Volk stößt. Aber auch die vertrauten Geschichten erweisen sich bei näherem Hinsehen oft als recht rätselhaft: Eigentlich geht es in ihnen nie so einfach zu, wie man es in Erinnerung hatte, oder die Einfachheit ist selbst bemerkenswert, ja staunenswert, wenn man sie unbefangen ansieht. Wenn man sich mit ihnen beschäftigt, reicht es daher nicht aus, zu wiederholen, was sie sagen oder was man über sie weiß, man muss auch beschreiben, wie sie sagen, was sie sagen: man muss sie lesen können.

Das scheint uns heute nötiger denn je. Die historischen Ereignisse und theoretischen Entwicklungen der letzten Jahrzehnte haben zu einer Renaissance der Religionen im Diskurs der Kulturwissenschaften geführt. An die Stelle der Religionsvergessenheit der alten Geisteswissenschaften ist eine höchst fruchtbare Diskussion über die Religion getreten, die nicht mehr allein von einigen wenigen Spezialisten – Religionswissenschaftlern, Theologen und allenfalls noch einigen Historikern – geführt wird, sondern an der sich auch Literaturwissenschaftler, Philosophen, Kunsthistoriker beteiligen. Allerdings sind solche Diskurse oft erstaunlich undif-

ferenziert: Man redet lieber allgemein von „dem" Mono-
theismus oder „dem" Christentum, als sich mit konkreten
Phänomenen und Texten auseinanderzusetzen. Wir glauben, dass literaturwissenschaftliche Konzepte und Methoden hier eine wichtige Rolle spielen können, weil die Fragen
nach rhetorischen Mitteln und literarischen Darstellungs-
weisen es auch den Nicht-Spezialisten erlauben, die historischen Texte – und in diesem Falle die Bibel – reflektiert und
produktiv zu lesen. Natürlich kann man einer solchen Lektüre entgegenhalten, dass man Texte nicht verstehen könne,
ohne den historischen Kontext zu kennen, aus dem sie stam-
men, genauso, dass man sie nicht außerhalb ihrer Wirkungsgeschichte lesen kann und daher auch die Geschichte ihrer
Auslegung kennen müsse. So berechtigt beide Einwände
auch sein mögen, so wenig hilfreich sind sie in der gegen-
wärtigen Situation. Denn beide Aufgaben, die Erforschung
des historischen Umfelds der Texte wie auch ihre Wirkungsgeschichte, sind nahezu unendlich. Gegenüber den hochent-
wickelten Spezialdiskursen über Vor- und Nachgeschichte
der biblischen Texte scheint die Analyse ihres literarischen
Charakters ein leichterer und breiterer Zugang zu sein und
kann vielleicht sogar als eine Art Mittelfeld dienen, auf dem
sich die Methoden und Fragen verschiedener Disziplinen
begegnen und in Interaktion treten können. Der literaturwissenschaftliche Ansatz und die literarische Lektüre der
Bibel haben also keineswegs per se Priorität und sie sind
auch nicht als „feindliche Übernahme" der Theologie durch
die Literaturwissenschaft zu verstehen. Sie beanspruchen
nicht, eine „neutrale" Herangehensweise zu sein, sondern
haben wie jede andere Interpretation ihre besonderen Interessen und ihre unbefragten Vorannahmen, die zu kennen
wichtig ist, um zu verstehen, was „Bibel als Literatur" ist
und kann. Trotzdem kann die Frage nach der Literatur die

biblischen Texte öffnen, wenn man sie nicht selbst wiederum dogmatisch begreift und die „Literatur" nicht als Zweck um ihrer selbst willen versteht, sondern berücksichtigt, dass die literarische Analyse der Bibel von selbst zu ganz anderen, weiterreichenden Fragen führen kann.

Wenn man versucht, die Bibel literarisch zu lesen, stößt man bald auf die angloamerikanische Debatte um *Bible as Literature*. Seit den 1970er Jahren gibt es vor allem in Amerika, England und Israel eine lebhafte literaturwissenschaftliche Forschung über die Bibel. Die Texte aus dieser Debatte verbinden die besondere Frische eines ersten Zugangs mit der Eleganz und Verständlichkeit, die der einmal etablierten Fachwissenschaft oft verlorengehen. Am Anfang meiner Arbeit stand dann auch die Begeisterung für diese Texte, für ihre Methoden und die Art ihres Zugriffs, für die Weite ihres Interesses und die Weltläufigkeit ihres Stils.

Anhand von kleinen Lektüren biblischer Passagen zeige ich im Folgenden, (1) wie produktiv die Lektüre der Bibel als Literatur für allgemeine kulturwissenschaftliche Fragen sein kann, (2) wie die Bibel selbst Teil einer Lektüregeschichte ist, die für die europäische Textkultur und daher für unser Verständnis von „Literatur" zentral ist, (3) wie auch literarische Texte die Bibel „lesen" und daher die Beschäftigung mit Literatur einen Zugang zur Bibel ermöglicht und benötigt, (4) wie die Debatte über *Bible as Literature* selbst eine gewisse Geschichte hat, die man kennen muss, um die einzelnen Ansätze und ihre Probleme zu verstehen, und schließlich, (5) welche weiteren Perspektiven sich für „Bibel als Literatur" auftun.

1.   Text und Herrschaft – Bibel und Kulturwissenschaft

Im achten Kapitel des ersten Samuelbuches beginnt die Geschichte der Königsherrschaft Israels:

> Als Samuel alt geworden war, setzte er seine Söhne als Richter Israels ein. Sein erstgeborener Sohn hieß Joël, sein zweiter Abija. Sie waren in Beerscheba Richter. Seine Söhne gingen nicht auf seinen Wegen, sondern waren auf ihren Vorteil aus, ließen sich bestechen und beugten das Recht. Deshalb versammelten sich alle Ältesten Israels und gingen zu Samuel nach Rama. Sie sagten zu ihm: Du bist nun alt und deine Söhne gehen nicht auf deinen Wegen. Darum setze jetzt einen König bei uns ein, der uns regieren soll, wie es bei allen Völkern der Fall ist. Aber Samuel missfiel es, dass sie sagten: Gib uns einen König, der uns regieren soll. Samuel betete deshalb zum Herrn, und der Herr sagte zu Samuel: Hör auf die Stimme des Volkes in allem, was sie zu dir sagen. Denn nicht dich haben sie verworfen, sondern mich haben sie verworfen: Ich soll nicht mehr ihr König sein. Das entspricht ganz ihren Taten, die sie (immer wieder) getan haben, seitdem ich sie aus Ägypten heraufgeführt habe, bis zum heutigen Tag; sie haben mich verlassen und anderen Göttern gedient. So machen sie es nun auch mit dir. Doch hör jetzt auf ihre Stimme, warne sie aber eindringlich und mach ihnen bekannt, welche Rechte der König hat, der über sie herrschen wird. Samuel teilte dem Volk, das einen König von ihm verlangte, alle Worte des Herrn mit. (1Sam 8,1–10)

Diese Geschichte ist offensichtlich ein Gründungsnarrativ über die Etablierung einer politischen Ordnung. Historisch wird der Übergang von den charismatischen Heerführern der Richter zur stetigen Herrschaft der Könige erzählt, wobei der Text das Königtum spürbar ambivalent bewertet. Auf der einen Seite macht er kein Hehl daraus, dass das Begehren nach einem König zu verurteilen ist und sich eigentlich gegen Gott richtet, auf der anderen Seite sagt er nicht weniger explizit, dass das Königtum schließlich doch auf göttlichen Befehl eingerichtet wird, sogar auf wiederholten. Historisch ist diese Geschichte dann auch ganz verschieden gelesen worden: so ist etwa das folgende Königsgesetz in der politischen Ideengeschichte geradezu heiß umkämpft. Samuels Warnung, die gewünschten Könige würden ein Heer aufstellen, Steuern erheben, Beamte einsetzen und das Volk zu Dienern machen, erschien etwa für die Republikaner der englischen Revolution im 17. Jahrhundert als Warnung vor den tyrannischen Neigungen der Könige, den Royalisten schlicht als Liste von Rechten, die Königen nun einmal zukommen.

Man hat die Ambivalenz des Textes historisch erklärt: als eine Art Kompromissbildung zweier Überlieferungen oder auch als nachträgliche und (königskritisch-)tendenziöse Überarbeitung einer älteren Vorlage. Tatsächlich besteht jene Ambivalenz aber nicht nur im Schwanken zwischen zwei ideologischen Standpunkten, sondern reicht viel tiefer und schlägt sich überall im Text nieder. Auffällig sind zunächst die Wiederholungen: Warum wird uns eigentlich am Anfang zweimal gesagt, dass Samuel alt ist und seine Söhne „nicht auf seinen Wegen" gehen (V. 3 und 5)? Als Information redundant, erfahren wir es von zwei Seiten: vom Erzähler des Textes und von den Ältesten, wobei sich jener auf die Seite der Ältesten und damit zumindest tendenziell gegen Samuel stellt. Aber das ist nicht die einzige Wiederholung. Dass Gott seinen Befehl, auf das Volk zu hören, wiederholt, scheint ein Zögern des Propheten anzudeuten, das später noch deutlicher wird: „Und der Herr sagt zu Samuel: Hör auf die Stimme, und setz ihnen einen König ein! Das sagte Samuel zu den Israeliten: Geht heim, jeder in seine

Stadt" (8,22). Anstatt den König einzusetzen, schickt Samuel
das Volk nach Hause, und es wird dann auch noch mehrere
Kapitel dauern, bis Saul zum König wird. Es scheint also im
Text mehrere Standpunkte zu geben, und sowenig Samuel
schlichtweg das Sprachrohr Gottes ist, sowenig ist auch der
Erzähler ein bloßes Sprachrohr Samuels.

Aber die dreimalige Wiederholung des göttlichen Befehls
zu „Hören" lenkt die Aufmerksamkeit auch auf etwas Anderes, Spezifischeres: auf das sprachliche Geschehen im Text,
der ja fast ausschließlich aus wiedergegebener Rede besteht.
Auf den Dialog der Ältesten mit Samuel sowie Samuels mit
Gott folgte eine Rede Samuels – das erwähnte Königsgesetz –, dann die Antwort des Volkes:

> Doch das Volk wollte nicht auf Samuel hören, sondern sagte:
> Nein, ein König soll über uns herrschen. Auch wir wollen wie
> alle anderen Völker sein. Unser König soll uns Recht sprechen,
> er soll vor uns herziehen und soll unsere Kriege führen. Samu-
> el hörte alles an, was das Volk sagte, und trug es dem Herrn
> vor. Und der Herr sagte zu Samuel: Hör auf ihre Stimme und
> setz ihnen einen König ein! (1Sam 8,19–22)

Das „Hören" – hebräisch *shama*, bei Luther auch mit *Gehor-
chen* übersetzt – bestimmt die gesamte Erzählung und
entwirft eine komplexe Kommunikationssituation, in der
Samuel – dessen Namen man auch als „von Gott erhört"
deuten kann – als Vermittler tätig ist. Nun bringt es diese
Vermittlerrolle mit sich, dass alles zweimal gesagt wird,
von Gott und von Samuel, dann vom Volk und von Samuel.
Der Erzähler hebt dabei die Treue der Wiederholung hervor,
indem er konstatiert, Samuel habe „alle Worte des Herrn"
dem Volk mitgeteilt (8,10) bzw. „alles, was das Volk sagte",
Gott vorgetragen (8,21). Damit scheint er nicht nur Samuel
aufzuwerten, sondern könnte sich auch ersparen, diese

Worte zu wiederholen. Aber das geschieht nur im zweiten Fall, im ersten Fall trägt Samuel gegenüber dem Volk in direkter Rede das Königsgesetz vor, das Gott zwar erwähnte, aber nicht zitierte; während er die „Worte Gottes" (V. 7–9) erwähnt (10), aber nicht zitiert. Auf der Ebene der zitierten Rede herrscht also geradezu ein Kontrast: Während Samuel dem Volk detaillierte politische Bestimmungen mitteilt, von denen wir nicht wissen, woher er sie hat, spricht er die so viel wichtigere grundsätzliche Verwerfung der Königsherrschaft durch Gott nicht aus. Wenn er sie *auch* gesagt hat – dem Volk also „alle Worte" Gottes und das Königsgesetz mitgeteilt hat –, so teilt der Erzähler uns das jedenfalls nicht mit. So entsteht zumindest der Verdacht, dass das Volk sich seines Frevels gar nicht bewusst ist – und damit auch die Frage, ob der Erzähler diesen Verdacht schüren will. Das „alle Worte" erweist sich also als unzuverlässig und stimmt nicht mit dem überein, was der Text tut. Der Text ist selbst nicht eindeutig und verschränkt verschiedene Stimmen, durch die nicht nur die Königsherrschaft in Frage gestellt wird, sondern auch diese Infragestellung untergraben wird. Damit öffnet sich ein Spielraum, in dem im Folgenden nicht nur das Thema der politischen Herrschaft, sondern auch der Beherrschung des Wortes verhandelt wird: Denn wenn der Prophet dem Volk das Wort Gottes vermittelt, so vermittelt der Erzähler uns seinerseits das Wort des Propheten; und wenn jene Übermittlung vom Erzähler als unzuverlässig dargestellt wird, so hindert uns nichts daran, auch die Übermittlung des Erzählers in Frage zu stellen. Die Begründung der Herrschaft erweist sich hier also als höchst komplex, und die historische Wirkung dieses Textes ist wohl nicht zuletzt darauf zurückzuführen, dass es der Text erlaubt, die Frage nach der diskursiven Repräsentation und der politischen Repräsentation immer wieder anders zu denken.

Die Instituierung und Inszenierung (und Inszenierung der Instituierung) von Herrschaft gehört zum Kernbestand dessen, wofür sich die in den letzten Jahrzehnten rasant gewachsenen „Kulturwissenschaften" interessieren. Denn Disziplinen wie die Sprach- und Literaturwissenschaften, die Kunstgeschichte und Musikwissenschaften, die Geschichte und Archäologie, die früher als „Geisteswissenschaften" die Erzeugnisse des menschlichen Geistes – und das hieß faktisch meistens der Hochkultur – erforschten, werden heute oft als „Kulturwissenschaften" reformuliert, die sich für die zahlreichen Praktiken und Zeichensysteme interessieren, die die menschliche Kultur in ihren verschiedenen Ausprägungen charakterisieren. Das geht nicht nur mit der Ausweitung der Gegenstände einher, zu denen jetzt auch nichtkanonisierte Texte und inoffizielle Praktiken gehören, sondern auch mit einer Verschiebung der Methoden, insofern jetzt auch „nichtliterarische" Texte wie Tagebücher und Gesetze mit literaturwissenschaftlichen Mitteln gelesen werden. Denn wenn Kulturen insgesamt Bedeutungssysteme sind, so schlägt sich das in allen ihren Texten nieder. Man könnte erwarten, dass sich von diesem Ansatz her fast von selbst ein Zugang zu einer literarischen Analyse biblischer Texte ergeben hätte, umso mehr als das Thema der Religion sich bald als zentrales Gegenstandsgebiet der Kulturwissenschaft abzeichnete und auch im allgemeinen Diskurs eine bemerkenswerte Renaissance erfuhr. Aber zumindest in Deutschland war das nicht der Fall, ganz im Gegenteil. Zwar wird viel über Religion gesprochen und deren Wiederkehr beschworen, aber sie erscheint dabei eher als etwas Fremdes: als das große Andere der Kultur, als deren dunkler Ursprung, als ursprüngliche Naivität, die zwar etwas Faszinierendes hat, aber eben dadurch der Differenziertheit entbehrt. Für die politische Theologie etwa, vielleicht der anspruchsvollste

Diskurs, der sich in den letzten Jahrzehnten mit der Religion in unserer Kultur auseinandersetzte, steht die Theologie für eine ursprüngliche Ungeschiedenheit von Herrschaft und Heil, die dann in der Geschichte Europas mehr oder weniger langsam auseinandergetreten sein sollen. Dabei zeigt doch schon die hier vorgestellte kurze Lektüre einer theokratischen Urszene, dass die vermeintliche Ursprünglichkeit komplexer und die behauptete Identität von Politik und Religion ambivalenter ist, als es der erste Augenschein vermuten ließ. Denn der Text legt zumindest nahe, dass die sakrale Begründung der Herrschaft nicht erst in der Moderne, sondern von seinen Ursprüngen her paradoxe Züge trägt. Um die kulturelle Bedeutung der Bibel zu verstehen, ihre Wirkung, ihre Nachgeschichte, ihre Subtexte, darf man daher nicht nur oberflächlich lesen – mit dem Resultat etwa, dass Israel „königskritisch" war –, sondern muss die Texte öffnen und neue, weniger zutageliegende Bedeutungen herausarbeiten. Denn hier handelt es sich nicht um eine Ursprungsgeschichte, die einen bestimmten Zustand erklären und als natürlich legitimieren soll; eher ist es eine Urszene im Freudschen Sinne: eine Konstellation, in der die verschiedenen Protagonisten in spannungsreichen Verhältnissen versammelt sind. Es gibt eine ganz Reihe solcher Urszenen in der Bibel, in denen verhandelt wird, was Moral und Schuld, Wissen und Unwissenheit, Darstellung und Abbild, Geschlecht und Genealogie ist. Immer werden dabei nicht nur Aussagen gemacht, deren Wirksamkeit wohl kaum überschätzt werden kann, sondern es geschieht auch auf höchst komplexe Weise. Von Kulturwissenschaften ist zu erwarten, dass sie diese Texte nicht einfach nur zitieren oder ihrer Bedeutsamkeit beschwören, sondern sie wenigstens so genau lesen, wie sie andere Texte lesen können.

2. Das Buch der Bücher –
Urgeschichte der Literatur

Am Ende des Deuteronomiums, damit auch am Ende der mosaischen Bücher, wird die Geschichte „dieses Buches" erzählt:

> Als Mose damit zu Ende war, den Text dieser Weisung in eine Urkunde einzutragen, ohne irgendetwas auszulassen, befahl Mose den Leviten, die die Lade des Bundes des Herrn trugen: Nehmt diese Urkunde der Weisung entgegen und legt sie neben die Lade des Bundes des Herrn, eures Gottes! Dort diene sie als Zeuge gegen euch. Denn ich kenne deine Widersetzlichkeit und deine Halsstarrigkeit. Seht, schon jetzt, wo ich noch unter euch lebe, habt ihr euch dem Herrn widersetzt. Was wird erst nach meinem Tod geschehen? (Dtn 31,24–27)

Die hier zitierte Stelle scheint eine ganze Reihe von Sicherheitsvorkehrungen zu treffen, um die Erinnerung zu sichern und das Aufschreiben zu ordnen. Nicht nur in dieses Buch soll die Weisung geschrieben werden, sondern auch aufs Herz und auf die Seele (11,18), zum Schmuck auf die Stirn (ebd.) und an die Türpfosten (11,20). Die Bibel ist ein mächtiger Gedächtnistext. Aber trotz aller Vorkehrungen wird das zukünftige Vergessen schon kurz darauf zur Gewissheit: „Denn ich weiß: Nach meinem Tod werdet ihr ins Verderben laufen und von dem Weg abweichen, den ich euch vorgeschrieben habe. Dann, in künftigen Tagen, wird euch die Not begegnen, weil ihr tut, was in den Augen des Herrn böse ist, und weil ihr ihn durch euer Machwerk erzürnt" (32,29). Der Text geht hier in das vollendete Futur über: wenn ihr mich vergessen werdet, wird euch die Not begegnen. Aber auch diese Vergessenheit wird nicht radikal sein, denn Mose hat noch eine weitere Absicherung installiert: das folgende Kapitel 32, das sogenannte *Lied des Mose*.

> Wenn ich dieses Volk in das Land geführt habe, das ich seinen Vätern mit einem Schwur versprochen habe, in das Land, wo Milch und Honig fließen, und wenn es gegessen hat und satt und fett geworden ist und sich anderen Göttern zugewandt hat, wenn sie ihnen gedient und mich verworfen haben und es so meinen Bund gebrochen hat, dann wird, wenn Not und Zwang jeder Art es treffen, dieses Lied vor ihm als Zeuge aussagen; denn seine Nachkommen werden es nicht vergessen, sondern es auswendig wissen. (Dtn 31,20 f.)

Hier wird noch eine weitere Stufe in die vollendete Zukunft eingeschoben, die zeitlich schon schwer zu konstruieren ist: Wenn ihr Gott verraten haben werdet und (danach) in Nöte gekommen sein werdet, wird euch dieses Lied erinnern – an den Moment jetzt, in dem ich euch das sage, aber auch an die Verheißung an die Väter. Offensichtlich projiziert sich die Weissagung in die eigene Zukunft, in der sie erinnert werden wird, selbst wenn sie vergessen wird – indem der Text über sich selbst spricht, befestigt er seine Position.

Aber welche Weisung ist eigentlich gemeint? Zur selbstreflexiven Wendung der Stelle passt, dass Mose hier von „dieser Urkunde" und „dieser Weisung" spricht und beides miteinander verschränkt: In V. 24 heißt es wörtlich, „die Worte dieser Weisung", in V. 26 „diese Urkunde der Weisung". Beides scheint sich, so die Konvention auch des hebräischen Demonstrativpronomens, auf etwas zu beziehen, das im Kontext der Äußerung vorliegt und auf das gezeigt werden kann. Ein solches Zeigen ist freilich in einem geschriebenen Text immer paradox, weil er als geschriebener eben keinen Kontext hat. Zeigt Moses auf „dieses Buch", das wir lesen, beinhaltet das Schreiben „dieser Worte" auch „diese

Worte" selbst? Oder sind die „Worte", die „Weisung" und die „Urkunde" zu unterscheiden? Der Text scheint hier nicht klar zu sein, und er verschleiert diese Unklarheit zugleich. Erzähltheoretisch wäre der Verweis des Textes auf sich selbst eine „Metalepse", ein Wechsel der narrativen Ebene (der klassische Fall im Roman des 18. Jahrhunderts: „Während unser Held sich zur Ruhe legt, wollen wir seine Jugend berichten"). Er verwirrt den Leser, aber er führt auch zu einer neuen Stabilität, indem er den Text gegen seine Außenwelt abschließt, denn noch das Niederschreiben „dieser Worte" gehört gewissermaßen zu „diesen Worten" selbst. Dabei steht dieser Schluss des Deuteronomiums nur exemplarisch für eine viel allgemeinere Eigenschaft, die so bemerkenswert und meist selbstverständlich akzeptiert wird: In den mosaischen Büchern werden „Weisung" und Erzählung verbunden, denn sie enthalten ja nicht nur die Anweisungen des mosaischen Gesetzes, sondern auch die Geschichte, wie dieses Gesetz empfangen, niedergeschrieben, verkündet worden ist. Was in den Gesetzen, die wir kennen, säuberlich auseinandergehalten wird – die Präambel, die von den historischen Umständen eines Gesetzes handelt, und das Gesetz, das eben unter allen Umständen gelten soll –, ist im mosaischen Text vermischt. Sie erzählen sich selbst als gültig. Es ist daher auch irreführend zu sagen, sie seien „im Nachhinein" kanonisiert worden – wenn das historisch so gewesen ist, so ist dieser Schritt doch jetzt in die Struktur der Texte eingeschrieben, die sich selbst als „diese Worte" bezeichnen und den Akt ihres Schreibens als Schreiben einer unvergesslichen „Weisung" darstellen, ja noch mehr: die sogar ihre Lektüre, sogar noch das Vergessen „dieser Worte" voraussehen und mit dem „Lied des Moses" dagegen ihre Vorsichtsmaßregeln treffen. Es sind dabei gerade die Unschärfen des Textes – „diese" Urkunde oder „diese" Weisung, und was ist

„diese"? –, die ihn in die Lage versetzen, sich auf sich selbst zu beziehen und sich selbst zu kommentieren. Durch sie enthält er weder eine monolithische Botschaft noch ist er ein bloßes Reservoir von Bedeutungen, aus dem jeder etwas anderes entnehmen kann; eher gleicht er einer offenen Struktur, einem Feld der Lektüren oder Schauplatz von Verhandlungen nicht nur über die Welt und das Tun des Menschen, sondern auch darüber, was eigentlich „Lesen" und was ein Buch ist.

Die Bibel ist nicht nur eine Sammlung von Geschichten, Motiven und Urszenen, sondern auch ein Modell des Buches, „Buch der Bücher" ist sie nicht nur als besonders wichtiges Buch und als Buch, das aus anderen Büchern zusammengesetzt ist, sondern als Muster des Buches, das lange Zeit bestimmend dafür war, was man unter einem Buch versteht und wie man mit ihm umgeht. Das biblische Modell der „Heiligen Schrift" war lange Zeit zentral für die europäische Textkultur und hat auch nach dem Ende seiner selbstverständlichen Geltung ein machtvolles Nachleben. Letztlich kann man wohl kaum verstehen, was „Lesen" in Europa bedeutet, ohne die Tradition der Lektüre der Bibel zu berücksichtigen, die durch die Urszene „dieser Urkunde" veranlasst wurde. Die Geschichte dieser Lektüre ist lang und vor allem breit und umfasst unzählige Texte ganz verschiedener Epochen und ganz verschiedener Strömungen, die einander vielfach beeinflussten. Für die Spätantike, das Mittelalter oder die frühe Neuzeit könnte man die Kulturgeschichte als Kultur der Bibellektüre beschreiben. Und sie beginnt schon sehr früh. Schon in der Hebräischen Bibel findet man vielfältige Spuren der Lektüre, so wenn sich die Propheten auf die mosaische „Weisung" beziehen und sie teilweise höchst eigenwillig interpretieren. Die rabbinische Lektüre und Kommentierungspraxis setzt bereits einen geschlossenen Kanon von Texten voraus, die zu ihrer wechselseitigen Erhellung miteinander verbunden werden: Jede Stelle der Schrift kann potenziell eine andere erklären oder ein Gebot für einen konkreten Fall spezifizieren, ohne dass sich die Interpreten dabei definitiv für eine Bedeutung entscheiden. Die Präzision, Subtilität und Ambiguität dieser Lektüren hat übrigens auch zu einer in vieler Hinsicht parallelen Debatte über *Midrash as Literature* geführt, deren Rezeption in Deutschland ebenfalls noch aussteht. Fast gleichzeitig greifen auch die ersten christlichen Schriftsteller auf die Bibel zurück: Im Neuen Testament wird die Hebräische Bibel „typologisch" als Vorausdeutung auf Christus gelesen. Die mittelalterliche Exegese entwickelt das System des vierfachen Schriftsinns, der jeder Bibelstelle mehrere Schichten von Bedeutungen gibt, „Jerusalem", so das bekannteste Beispiel, bezieht sich *literal* auf die historische Stadt, *allegorisch* auf die christliche Kirche, *tropologisch* auf die menschliche Seele und *anagogisch* auf das zukünftige himmlische Jerusalem. Die Reformatoren brechen zwar mit dieser Ordnung, lesen aber weiterhin die Schrift *typologisch* und zugleich als direkte Ansprache des Gläubigen. Das reformatorische Schriftprinzip fordert gerade, sich nicht auf Autoritäten und nicht auf Vernunft, sondern nur auf die Schrift zu verlassen und begründet damit ein intensives Verhältnis zum Buch, das zu den entscheidenden Voraussetzungen für die Entstehung der modernen Literatur gehört. Die historische Kritik des 18. und 19. Jahrhunderts entwickelte sich in diesem Kontext: Um den offenkundigen Verständnisschwierigkeiten zu begegnen, sollten die Texte historisch verstanden werden. Das führt schon früh dazu, dass die einzelnen Texte historischen Autoren zugewiesen werden – schon Spinoza hatte etwa Esra und nicht Moses für den Autor der „mosaischen" Bücher gehalten –, später werden sie dann selbst noch historisch aufgespalten: Für die sich um 1800 entwickelnde Pentateuchkritik sollen die Erzählungen des Alten Testaments ursprünglich aus verschiedenen „Urkunden" bestanden haben, die ein späterer „Redaktor" zusammenkompiliert habe; in den Evangelien sucht die synoptische Kritik ältere und jüngere Überlieferung und unterscheidet bald das wirklich Geschehene von seiner mythischen Überformung. Diese historisch-kritische Auslegung spielt eine entscheidende Rolle für die Ausbildung der modernen Hermeneutik, also der Kunst des Verstehens, in der sich auf paradoxe Weise der emphatische Begriff des „Geistes" eines bestimmten Textes bzw. seines als „Schöpfer" gedachten Autors mit der mikrologischen Untersuchung einzelner Textteile verbindet. Gegen Ende des 19. Jahrhunderts, als sich die Leistungen dieser Philologie erschöpft haben, treten religions-, kultur- und formgeschichtliche Fragen in den Vordergrund der Forschung: die biblischen Texte werden nicht mehr als historische Berichte oder als Werke einzelner Autoren gelesen, sondern als Ausdruck allgemeiner Tendenzen der Frömmigkeit oder als Spiegel kultureller Spannungen und Konflikte: Fragen und Methoden, die für die um 1900 entstehende „Kulturwissenschaft" etwa bei Max Weber, Ernst Cassirer und Aby Warburg eine große Bedeutung haben. Weil dabei ein besonderes Augenmerk auf die „Form" der Texte gelegt wird – die kleinen Formen wie Spruch, Gedicht, Segen gelten als besonders alte Reste einer mündlichen Literatur und die „Umformung" von Stoffen in Erzählungen oder größeren Texten als literarisch wie kulturell bedeutsamer Prozess –, kann sich an den Rändern dieser Formgeschichte auch eine literarische Lektüre der Bibeltexte entwickeln. Die seit den 1920er Jahren erscheinende Übersetzung der Hebräischen Bibel durch Martin Buber und Franz Rosenzweig legt besonderen Wert auf die Übersetzung der sprachlichen Form und begreift die

Bibel – oft unter Rekurs auf formgeschichtliche Argumente – als „gesprochenes Wort", allerdings nicht aus historischen und nicht aus primär literarischem Interesse, sondern um die säkularen jüdischen Zeitgenossen wieder zur Bibel zurückzuführen. 20 Jahre später schreibt der jüdische Romanist Erich Auerbach im Istanbuler Exil das berühmte erste Kapitel von *Mimesis. Dargestellte Wirklichkeit in der abendländischen Literatur* (1946), in der die Gegenüberstellung der griechischen Erzählweise in der Odyssee und der biblischen Erzählung in Genesis 22 zum Grundmotiv einer umfassenden Literaturgeschichte von der Antike bis in die Moderne wird. Kaum irgendwo zeigt sich so deutlich wie in diesen Projekten, aus welchen Spannungen die moderne literarische Lektüre der Bibel entspringt: zwischen verschiedenen Sprachen und Disziplinen, zwischen historischen Methoden und theologischen Hintergrundannahmen, zwischen kulturellen Projekten und persönlichen Schicksalen und schließlich verbunden mit dem Judentum in einem neuen, radikalisierten Exil angesichts der Vernichtungsdrohung.

3. Die Versuchung der Dichtung – Literatur liest die Bibel

John Miltons kleines Epos *Paradise Regained*, Gegenstück und Anhang zum großen *Paradise Lost*, erzählt die Geschichte von Jesu Versuchung. Sie wird bei Markus nur kurz erwähnt (Mk 1,12 f.) und erst bei Lukas (Lk 4,1–13) und Matthäus (Mt 4,1–11) zu einer kleinen Geschichte ausgearbeitet, deren starke Typisierung, Wiederholung (drei Versuchungen durch Satan, drei Antworten Jesu) und Variation (Lukas endet mit der Versuchung, von der Zinne des Tempels zu stürzen, Matthäus mit der Schenkung aller Herrlichkeit dieser Reiche) dem Text fast märchenhafte Züge gibt. Es scheint kaum ein größerer Kontrast denkbar als zwischen dieser simplen Erzählung und der von Milton benutzten Form des klassischen Epos mit seinen mythologischen Vergleichen, seinem gehobenen Stil und der rhetorischen Brillanz seiner langen Reden. Handelt es sich hier um jenes „Umgießen" eines biblischen Inhalts in eine „pseudantike Form", die nach dem Literaturkritiker Ernst Robert Curtius das Bibelepos zu einer „innerlich unwahren Gattung" gemacht hat? Wenn man beide Texte nebeneinanderlegt, zeigt sich ganz im Gegenteil, dass auch der biblische Text keineswegs simpel ist, sondern einige Rätsel und Unbestimmtheiten in sich birgt, an denen Miltons Epos ansetzt. Literatur interpretiert hier die Bibel und macht deren verborgene Strukturen sichtbar, ebenso wie die Untersuchung der literarischen Struktur es möglich macht, Miltons Text differenzierter zu lesen.

Trotz der offenkundigen formalen Differenz ist die Grundstruktur der biblischen Geschichte im Epos noch deutlich erkennbar, vor allem in Gestalt der vier Zitate, die die Versuchungsgeschichte gliedern. Denn auf die erste Versuchung des Satans:

> But, if thou be the Son of God, command / That out o these hard stones be made thee bread

antwortet Jesus wie in der Bibel mit einem Zitat:

> Think'st thou such force in bread? Is it not written
> (For I discern thee other than thou seem'st),
> Man lives not by bread only, but each word
> Proceeding from the mouth of God, who fed
> Our fathers here with manna? (Canto I, V. 347 ff.).

Das Zitat aus dem Deuteronomium – „der Mensch lebt nicht nur von Brot, sondern von allem, was der Mund des Herrn spricht" (Dtn 8,3) – wird im Epos ausgebaut und wird auf die

Wüstenwanderung und auf Elias Aufenthalt in der Wüste bezogen. Aber das entfaltet nicht nur den Kontext jenes Zitats, sondern diese Stellen sind ja auch tatsächlich die Vorbilder, nach der die Versuchungsgeschichte gestaltet ist. Auffällig ist freilich, dass sich Jesu Erwiderung im Folgenden auf das wechselseitige Erkennen bezieht: „Why does thou, then, suggest to me distrust / Knowing who I am, as I know who thou art?" Aber auch diese Erweiterung ist keineswegs willkürlich, sondern greift auf ein bemerkenswertes Charakteristikum des biblischen Textes zurück: Es ist nämlich gerade der Versucher, der hier konditional vom „Sohn Gottes" spricht: „Wenn du Sohn Gottes bist" (Mt 4,3; Lk 4,3). Das ist nicht nur (abgesehen von der Verkündigung Lukas' 1,35) das erste Mal, dass dieser Titel in den Evangelien fällt, es kann auch als direkter Kommentar zur unmittelbar vorangegangenen Taufe Jesu gelesen werden, bei der die Stimme aus dem Himmel spricht: „Das ist mein geliebter Sohn, an dem ich gefallen gefunden habe" (Mt 3,17). Was diese Sohnschaft sein kann, wird in der Versuchungsgeschichte erörtert, und Miltons *Paradise Regained* macht Satan zum Wortführer dieser Suche.

Das wird vor allem am Schluss des Epos deutlich. Nachdem der Versucher Jesus erfolglos nicht nur alle Königreiche der Welt, sondern auch die Weisheit der Welt und die Macht der Dichtung angeboten hat – typisch für Milton wird in der Dichtung die Gewalt der Dichtung problematisiert –, geht er zu einer letzten Probe über: „that I might learn / In what degree or meaning thou art called / The Son of God, which bears no single sens". Wieder folgt die Prüfung selbst dem biblischen Text bei Lukas, nach der Satan Jesus auf den Tempel stellt und auffordert: „Wenn du Gottes Sohn bist, so stürz dich von hier hinab, denn es heißt in der Schrift: Seinen Engeln befiehlt er, dich zu behüten und: Sie werden dich auf

ihren Händen tragen, damit dein Fuß nicht an einen Stein
stößt" (Lk 4, 9–11). Hier ist nun schon die Bibel keineswegs
„naive" Erzählung, sondern inszeniert einen rhetorischen
Zweikampf, einen Wettstreit um die richtige Bibelausle-
gung. Die letzte Prüfung stellt die Frage, was es heißt, ein
„Sohn Gottes" zu sein, in besonders subtiler Weise, denn
die Versuchung bedient sich jetzt nicht des Brotes oder der
Herrschaft oder der Weisheit, sondern der Schrift selbst, die
Satan hier zitiert. Aber Jesus geht nicht in die Falle, sondern
antwortet wie in der Bibel mit einem anderen Zitat: „To
whom thus Jesus: „Also it is written, / „Tempt not the Lord
thy God. He said, and stood; / But Satan, smitten with ama-
zement, fell." Jesus bleibt also auf dem Tempel stehen, Satan
fällt, und zwar fällt er aufgrund einer Erkenntnis, wie der folgende Vergleich mit der Sphinx deutlich macht:

> [...] as that Theban monster that proposed
> Her riddle, and him who solved it not devoured,
> That once found out and solved, for grief and spite
> Cast herself headlong from the Ismenian steep,
> So, strook with dread and anguish, fell the Fiend.
> (Canto IV, V. 572 ff.)

Auch dieser Vergleich, der scheinbar nur eine mythologische
Ausschmückung ist, trägt entscheidend zum Verständnis
des Textes bei: Der Satan fällt, weil seine Frage beantwortet worden ist, weil damit auch die Versuchung, die von ihr
ausging: die Versuchung zu handeln, Wunder zu tun, zu
springen, erloschen ist. Aber wo soll eine solche Antwort
erfolgt sein? Jesu letzte Entgegnung scheint der Versuchung
doch eher auszuweichen oder sie doch nur sehr äußerlich
zurückzuweisen. Aber, und das ist entscheidend, sie tut das
mit einer charakteristischen Unschärfe: Zitiert Jesus „Du
sollst den Herrn, deinen Gott nicht versuchen" eigentlich

als allgemeine Maxime, oder wendet er sich damit konkret an Satan? Anders gesagt: Wer soll nicht in Versuchung führen: Soll Jesus Gott nicht versuchen? Gott – wie könnte er? Oder nicht vielmehr Jesus? Wenn man aus dem Vorhergehenden weiß, dass hier alles um die Frage kreist, was es heißt, Gottes Sohn zu sein, kann man das, was ein Zitat zu sein scheint, auch als ganz direkte Aussage lesen: Du, Satan, sollst deinen Gott nicht versuchen, nämlich mich, denn Gottes Sohn ist Gott. Das wäre schließlich die Antwort auf die Frage, die Satan Jesus stellte und die ihn nun selbst zu Fall bringt. Allerdings bleibt diese Aussage zweideutig und auch die erste Lesart als Zitat bleibt möglich und wäre nicht weniger passend. Hier würde der Sohn sich ermahnen, seinem Vater gegenüber gehorsam zu bleiben, Sohn und Gott wären also gerade unterschieden. Beide Versionen liegen nicht nur im Rahmen der christologischen Dogmatik, die hier verhandelt wird, sondern auch in der Ambivalenz, die Zitaten genauso wie generell literarischen Texten eigen ist. Miltons Verhältnis zum Text ist also nicht willkürlich. Sein Epos stellt Fragen, die der biblische Text nicht stellt, aber auch dieses Nicht-Stellen ist eine Eigenschaft des Textes, der nun, gewissermaßen rückwirkend, anders lesbar wird. Es handelt sich also nicht um einen Umguss, es handelt sich auch nicht einfach um eine Neuinterpretation des biblischen Textes, sondern präzise um eine Relektüre, die an den Paradoxien und Leerstellen des biblischen Textes ansetzt und sie literarisch ausgestaltet. Dass diese Paradoxien bestehen bleiben, dass die Ambiguität nicht aufgelöst, sondern nur verstärkt wird, ist die besondere Leistung von Miltons Epos.

In der englischen Literaturgeschichte ist Milton immer ein Klassiker gewesen. Auch das mag ein Grund sein, warum es hier eine umfassende und differenzierte Forschung über das Verhältnis der Literatur zur Bibel gibt. Das umfasst Überblickswerke wie David Nortons *A History of the Bible as Literature* (1993), die dem kulturellen und literarischen Einfluss der Bibel insbesondere durch ihre Übersetzungen nachgeht, es betrifft auch eine ganze Reihe von Untersuchungen zu einzelnen Epochen oder Gattungen sowie zum prägenden literarischen Einfluss der King James Bible, zu schweigen von der Fülle von Studien zu einzelnen Autoren. Diese Forschungen sind umso bemerkenswerter, als sie theoretisch oft auf hohem Niveau stehen. Wichtige allgemeine Literaturtheoretiker haben sich mit der Bibel beschäftigt und wesentliche Bestandteile ihrer Theorien an biblischen Texten entwickelt und veranschaulicht. Kenneth Burkes universale Theorie der Rhetorik diskutiert in der *Rhetoric of Religion* (1961) etwa das Problem, wie man eigentlich einen absoluten Anfang wie die Schöpfung überzeugend erzählen könne. Northrop Fryes universelle Theorie literarischer Modi als verschiedene Weltzugänge bezog sich immer wieder auf die Bibel, die als *The Great Code of Art* (1982) wie kein anderer Text die verschiedenen Darstellungstheorien verbindet. Stanley Fischs *reader response criticism* entwickelte sich gerade an einer Untersuchung von Bibeldichtungen, etwa wenn er zeigt, dass Miltons *Paradise Lost* den Leser selbst der biblischen Erfahrung von Versuchung, Fall und Buße unterziehe. Schließlich entwickelt sich auch Harold Blums dekonstruktivistische Theorie der Literaturgeschichte als permanente und ambivalente Subversion der Vorgänger am Vorbild der Bibel, demgegenüber alle anderen Texte immer als verspätet und abhängig erscheinen müssen. Gerade diese theoretischen Impulse haben die allgemeine Literaturwissenschaft sensibel für religiöse Texte und deren besondere Dynamik gemacht, haben aber umgekehrt auch wieder die Untersuchung biblischer Texte befruchten können.

Ganz anders in der deutschen Literaturwissenschaft. Hier sind Arbeiten zur Bibel nicht besonders häufig und theoretisch nicht immer auf der Höhe der Zeit. Sie sind größtenteils entweder autormonographisch – „Die Bibel im Werk von x" – oder motivgeschichtlich –„Esther in der Literatur" – orientiert. So verdienstvoll diese Ansätze auch sein mögen, sie sind in der heutigen literaturwissenschaftlichen Diskussion kaum noch anschlussfähig. Autoren sind längst keine entscheidende theoretische Größe mehr, und das meistgeübte Verfahren, ihren Umgang mit der Bibel mit einer besonderen „Weltanschauung" oder gar existentialen Entscheidung zu erklären, kann heute kaum mehr überzeugen. Und der Motivgeschichte haftet noch immer die Vorstellung an, die auch Ernst Robert Curtius' einflussreicher Rede vom „Umguss" biblischer Inhalte in eine antike Form zugrunde liegt und die sich auf die Formel bringen lässt: Religiöse Stoffe werden mit mehr oder weniger „dichterischer Freiheit" einer literarischen Form unterworfen. Diese Vorstellung macht die religiöse Bezugnahme per se zu etwas Äußerlichem, oft nur apologetisch Begründetem; sie impliziert, dass Bibeldichtung je mehr Dichtung ist, desto freier sie von etwaigen nichtliterarischen (also auch religiösen) Zwecken ist; insgesamt schreibt diese Unterscheidung von Form und Inhalt einen veralteten Literaturbegriff fort, den es heute nach der methodischen Selbstkritik des Faches und seiner kulturwissenschaftlichen Erweiterung zu verabschieden gilt. Aber während es zur Selbstverständlichkeit geworden ist, die Interaktion und Interdependenz literarischer Diskurse mit politischen oder wissenschaftlichen zu beobachten, werden religiöse Texte noch immer als etwas Fremdes betrachtet.

Die Entgegensetzung von Bibel und Literatur prägt auch die in Deutschland einflussreichste Theorie ihres historischen Verhältnisses: Albrecht Schönes Untersuchung der literarischen Verwendung religiöser Sprache als „Säkularisation". Immer wieder und insbesondere um 1800 werde in der Dichtung religiöse Sprache benutzt und damit gewissermaßen religiöse Bedeutung auf die Literatur „übertragen". Schöne denkt diese Übertragung freilich einseitig als wachsende Befreiung der Literatur von der Bibel und dementsprechend als zunehmende Freiheit im Umgang mit religiösem Material. Das impliziert, dass ein Bibelzitat im literarischen Text immer „schon" dichterisch ist oder „noch" religiös, was aber eben den literarischen Charakter des Textes in Frage stellt. Tatsächlich soll Schönes Theorie wohl eher der Autonomieästhetik der Goethezeit und ihrer Abgrenzung von einem religiösen oder moralischen Zweck der Literatur eine historische Legitimation verschaffen – um den Preis freilich, dass auch hier die Bibel zum Gegentext der Literatur schlechthin wird, insofern diese eben „nicht mehr Bibel" ist. Diese starre Gegenüberstellung muss heute, wo jene Ästhetik autonomer Kunst schon lange nicht mehr bestimmend für das Literaturverständnis ist, überwunden werden. Um die Bibel selbst nicht nur als Quelle von Stoffen und Motiven zu begreifen, muss man ihre literarische Struktur untersuchen können; die literarische Lektüre der Bibel wird ihrerseits die literarischen Texte über die Bibel leichter verständlich machen. Wenn die Bibel für die deutsche Literaturwissenschaft so etwas wie ein blinder Fleck war, hat es systematische Bedeutung für die ganze Disziplin, wenn man sie ein wenig genauer ins Auge fasst.

4. Wege der Lektüre –
Geschichte der literarischen Analyse

Unmittelbar nach dem ersten Auftritt Abrahams in der biblischen Geschichte findet sich eine eigenartige und beinahe anstößige Geschichte, die die Interpreten schon immer vor Probleme gestellt hat und an der sich das Besondere der literarischen Lektüre gut deutlich machen lässt. „Als er sich Ägypten näherte, sagte er zu seiner Frau Sarai: Ich weiß, du bist eine schöne Frau. Wenn dich die Ägypter sehen, werden sie sagen: Das ist seine Frau!, und sie werden mich erschlagen, dich aber am Leben lassen. Sag doch, du seiest meine Schwester, damit es mir deinetwegen gut geht und ich um deinetwillen am Leben bleibe" (Gen 12,12 f.). Genau das geschieht: Der Pharao holt die Frau in seinen Palast und beschenkt Abram reich:

> Als aber der Herr wegen Sarai, der Frau Abrams, den Pharao und sein Haus mit schweren Plagen schlug, ließ der Pharao Abram rufen und sagte: Was hast du mir da angetan? Warum hast du mir nicht gesagt, dass sie deine Frau ist? Warum hast du behauptet, sie sei deine Schwester, so dass ich sie mir zur Frau nahm? Nun, da hast du deine Frau wieder, nimm sie und geh! Dann ordnete der Pharao seinetwegen Leute ab, die ihn, seine Frau und alles, was ihm gehörte, fortgeleiten sollten. (Gen 12,17–20)

Abram zieht also bereichert von dannen, der Pharao bleibt zurück und scheint auch weiter Opfer jener „Plagen" zu sein. Einiges an dieser Geschichte ist unverständlich oder jedenfalls unausgeführt: Worin bestehen diese Plagen, wie hat der Pharao sie eigentlich mit Sarai und Abram in Verbindung gebracht, und woher weiß er jetzt plötzlich, dass Sarai

dessen Frau ist? Wie hat Abram auf die nur allzu berechtigten Vorwürfe des Pharao reagiert – sollen wir das Schweigen des Erzählers als betretenes Schweigen des Patriarchen
deuten? –, und natürlich: Wie ist das Erzählte zu bewerten?
Wenn man ein wenig weiter blättert, stößt man auf eine
andere Geschichte, die hier Aufschluss verspricht. In Genesis 20 ist Abram, der inzwischen von Gott „Abraham" (vgl.
Gen 17,5) genannt wurde, erneut im Negev, diesmal in Gerar.

> Abraham behauptete von Sara, seiner Frau: Sie ist meine
> Schwester. Da schickte Abimelech, der König von Gerar, hin
> und ließ Sara holen. Nachts kam Gott zu Abimelech und
> sprach zu ihm im Traum: Du musst sterben wegen der Frau,
> die du dir genommen hast; sie ist verheiratet. Abimelech aber
> war ihr noch nicht nahe gekommen. Mein Herr, sagte er, willst
> du denn auch unschuldige Leute umbringen? Hat er mir nicht
> gesagt, sie sei seine Schwester? Auch sie selbst hat behauptet,
> er sei ihr Bruder. Mit arglosem Herzen und mit reinen Händen
> habe ich das getan. Da sprach Gott zu ihm im Traum: Auch ich
> weiß, dass du es mit arglosem Herzen getan hast. Ich habe
> dich ja auch daran gehindert, dich gegen mich zu verfehlen.
> Darum habe ich nicht zugelassen, dass du sie anrührst. Jetzt
> aber gib die Frau dem Mann zurück; denn er ist ein Prophet. Er
> wird für dich eintreten, dass du am Leben bleibst. Gibst du sie
> aber nicht zurück, dann sollst du wissen: Du musst sterben,
> du und alles, was dir gehört. (Gen 20,2–7)

In diesem Fall ist sehr klar, wie der fremde König von seinem
Fehler erfuhr: durch eine Traumerscheinung Gottes. Es ist
dabei nicht nur eine besondere Ehre, dass sie ihm als Heide
widerfährt, sie entschuldigt ihn auch weitgehend: Während
in Genesis 12 der Pharao kommentarlos vom Unheil getroffen
wird, erklärt Gott hier Abimelech lange das Geschehen und
erörtert mit ihm die Schuldfrage. Aber auch eine andere, dort
fehlende Diskussion wird hier nachgetragen: Abraham ant-

wortet hier auch auf den Vorwurf Abimelechs, warum er das getan habe, und zwar erneut mit einer wortreichen Rede:

> Ich sagte mir: Vielleicht gibt es keine Gottesfurcht an diesem Ort und man wird mich wegen meiner Frau umbringen. Übrigens ist sie wirklich meine Schwester, eine Tochter meines Vaters, nur nicht eine Tochter meiner Mutter; so konnte sie meine Frau werden. Als mich aber Gott aus dem Haus meines Vaters ins Ungewisse ziehen hieß, schlug ich ihr vor: Tu mir den Gefallen und sag von mir überall, wohin wir kommen: Er ist mein Bruder. Darauf nahm Abimelech Schafe, Ziegen und Rinder, Knechte und Mägde und schenkte sie Abraham. Auch gab er ihm seine Frau Sara zurück. (Gen 20,11–14)

Scheinbar sind damit alle Fragen gelöst, wir haben jetzt das erfahren, was die erste Geschichte ausließ: wie der fremde König von seiner Sünde erfuhr, in welchem Maße sie überhaupt als Sünde bewertet wird und dass Abraham auf die Vorwürfe antwortete; wenige Verse weiter scheint sogar noch das Rätsel der Plage gelöst: Zum Abschied tritt Abraham vor Gott für Abimelech ein: „da heilte Gott Abimelech, auch seine Frau und seine Dienerinnen, so dass sie wieder gebären konnten. Denn der Herr hatte im Haus Abimelech jeden Mutterschoß verschlossen, wegen Sara, der Frau Abrahams" (Gen 20,17 ff.). Aber diese Auflösung ist gewissermaßen *zu* perfekt: Von dieser Plage der Unfruchtbarkeit war im Vorhergehenden gar nicht die Rede gewesen, sie ist in der Ökonomie dieser Erzählung geradezu überflüssig durch die göttliche Botschaft und deren Drohung, Abimelech zu töten, wenn er nicht gehorche. Wir erfahren hier also gewissermaßen zu viel, und die Episode der Plage scheint besser zur ersten Geschichte zu passen. Umgekehrt erfahren wir aber auch zu wenig, denn genau dort, wo Genesis 12 ausführlich war, ist Genesis 20 lakonisch: Warum Abraham eigentlich so handelt, erfahren wir hier nicht vom Erzähler und nicht am Anfang der Geschichte, sondern von Abraham, der im Nachhinein behauptete, er habe aus Furcht gehandelt und nicht einmal im Widerspruch zu den Tatsachen. Vom Eigennutz ist keine Rede – und trotzdem zieht er auch hier beschenkt von dannen.

Die beiden Geschichten sind also auf eigenartige Weise miteinander verschränkt. Sollen wir daraus schließen, dass beide Geschichten zusammengehören, so dass die Plage in der ersten Geschichte die Unfruchtbarkeit war und dass Abrahams Verhalten auch in der zweiten durchaus egoistisch war? Oder haben wir es mit zwei je in ihrer Weise lückenhaften bzw. inkohärenten Geschichten zu tun? Ganz zu schweigen davon, dass die zweite Geschichte nicht nur Probleme löst, sondern auch neue aufwirft, etwa das hohe Alter der vom fremden König begehrten Sara – sie war bereits in Genesis 17,17 neunzig Jahre alt. Ganz zu schweigen auch davon, dass es noch eine dritte Episode gibt, die eine offensichtlich „ähnliche" Geschichte nur wieder „anders" erzählt: Diesmal ist es nicht mehr Abraham, sondern sein Sohn Isaak, der nun seine Frau Rebekka in Gerar als seine Schwester ausgibt – was sich aber als vollkommen übertrieben erweist, denn niemand nimmt sie zur Frau und es bleibt nur der Vorwurf: „Was hast du uns angetan? Beinahe hätte einer der Leute mit deiner Frau geschlafen, dann hättest du über uns Schuld gebracht" (26,10). Ganz zu schweigen schließlich davon, dass diese drei Geschichten von der „Gefährdung der Ahnfrau" die Geschichte jeweils vollkommen unbefangen erzählen, ohne irgendeinen Hinweis darauf, dass nur wenige Seiten vorher schon einmal fast „dasselbe" erzählt worden ist.

Diese Wiederholung ist oft als problematisch empfunden worden und hat dazu geführt, sie auf verschiedene „Quellen" zu verteilen: Weil Genesis 12 Gott mit dem Tetragramm

„YHWH" bezeichnet wurde, gehöre die Geschichte zum Jahwisten, Genesis 20 dagegen zum Elohisten, bei Genesis 26 ist man sich schon weniger einig. Dabei habe der Redaktor bei der Zusammenfügung dieser Geschichten Genesis 20 an die falsche Stelle der Erzählung gestellt – daher das hohe Alter Saras – und Genesis 12 ebenfalls unvermittelt in eine andere Erzählung eingebaut, unterbricht sie doch den Fluss der Erzählung, die Abraham im Negev herumziehen lässt und diesen Zug in 13,3 fortsetzt, als sei nichts geschehen. Trennt man diesen künstlichen Zusammenhang auf und betrachtet jede Geschichte für sich, so sei jede logisch und für sich verständlich, ja Symptom einer ganz verschiedenen Denkweise, Genesis 12 etwa sei älter und primitiver, Genesis 20 dagegen Produkt einer moralischen Reflexion etc. Aber abgesehen von den auffälligen Lücken dieser so rekonstruierten Geschichten und der Unwahrscheinlichkeit der Rekonstruktion selbst – wie soll man sich die Arbeit des Redaktors vorstellen? – bleibt die Frage, ob die Klarheit, Glätte und Kohärenz einer Geschichte überhaupt ein notwendiges Kriterium ist, oder anders gewendet, ob die Lückenhaftigkeit, Wiederholung und Inkohärenz nicht auch ein Mittel der Darstellung sein kann.

Denn was an der Bibel verstört – Brüche, Wiederholungen, Inkohärenzen und Lücken, abrupte Wechsel von Genres und Unzuverlässigkeiten des Erzählens –, gehört zu den genuinen Mitteln der modernen Literatur. Es ist daher auch nicht verwunderlich, dass die Debatte über *Bible as Literature* gerade von an moderner Literatur und Literaturtheorie geschulten Literaturwissenschaftlern ausging. Oft handelt es sich um relative Außenseiter in der akademischen Disziplin der Bibelwissenschaft, in der die literarische Untersuchung der Bibel gewissermaßen zwischen den Stühlen entstanden ist: zwischen der historisch-kritischen und der theologischen

Bibelexegese. An jener störte die Atomisierung der Texte und das einseitig historische Interesse am Kontext, an dieser die Fixierung auf den Inhalt oder die Aussage der Texte. Beide Bewegungen, so argumentieren die ersten literarischen Untersuchungen, verdeckten den literarischen Charakter des Textes oder machten ihn sogar unsichtbar durch die weitverbreitete Methode der Stellenexegese.

Aber wie kann eine solche Untersuchung eigentlich methodisch vorgehen? Eine „literarische" Exegese oder literaturwissenschaftliche Analyse biblischer Texte markiert ja zunächst nur eine Leerstelle, die ganz verschieden gefüllt wird, je nachdem, was man unter Literatur versteht und welche Literaturwissenschaft man betreibt. Daher hat die Debatte über *Bible as Literature* auch ihre eigene Geschichte, die teils den verschiedenen theoretischen und methodischen Wellen des allgemeinen literaturwissenschaftlichen und -theoretischen Diskurses folgt, teilweise aber auch einer Eigendynamik der Debatte über die Bibel, die sich nach einer ersten Phase des Enthusiasmus zunehmend normalisierte, ausdifferenzierte und sich schließlich auch selbstkritisch in Frage stellte.

Dabei gibt es eine Phase idiosynkratischer Vorgänger: Herbert N. Schneidau sah im Anschluss an Auerbach in der biblischen Erzählweise den Ursprung eines „demythologisierenden Bewusstseins". Meir Weiss untersuchte biblische Texte mit den Mitteln der Werkinterpretation, Luis Alonso-Schökel bediente sich der Kategorien der klassischen Rhetorik und Poetik. Der eigentliche Beginn der Debatte wird aber durch einen doppelten Impuls markiert: Einerseits ruft der Strukturalismus und die durch ihn angestoßene Methodendiskussion in den Humanwissenschaften eine neue Besinnung auf die Möglichkeiten der Lektüre und Textanalyse hervor. Strukturalistische Theorien und Analyseverfahren erlauben eine streng methodische Untersuchung biblischer Texte in synchroner Perspektive, d. h. unter Absehung ihrer historischen Gewordenheit oder ihrer „Autoren". Sie erreichen bald ein erhebliches Maß an Komplexität und werden bald zu einem eigenen, oft ein wenig esoterischen Diskurs, der eine eigene Auseinandersetzung verdienen würde. Andererseits – und oft vom Strukturalismus abgeleitet – erweist sich der Formalismus in der Poetik als entscheidend, insbesondere in der angloamerikanischen Tradition des *New Criticism*. Solche Poetik betont das Eigenrecht des poetischen Textes gegenüber seinem historischen Kontext: Poetische Texte bestehen in einer besonderen Verdichtung von Bedeutung, die sich niemals vollständig in ihre einzelnen Komponenten (die „Absicht" des Autors, das verwendete „Material", die einzelnen „Bilder", die historischen „Umstände") zerlegen lasse, sondern nur in einem „close reading", einer minutiösen Bewegung der Arbeit des Textes, nachvollzogen werden könne. „Paradox" und „Ambiguität", die im Zentrum jedes literarischen Textes stehen, erlauben es eben nicht, diesen auf einen einfach zu paraphrasierenden „Inhalt" festzulegen, weil das, was hier gesagt wird, nicht einfach anders gesagt werden kann, ohne dass dem Text etwas Wesentliches genommen wird.

Beide Richtungen, Strukturalismus und Formalismus, flossen zusammen in die Narratologie, die auch in den anderen Humanwissenschaften in den 8oer Jahren des 20. Jahrhunderts zum wichtigen Paradigma wurden, mit dessen Hilfe alle möglichen Arten von Texten (politischen, wissenschaftlichen, autobiographischen etc.) als „Erzählung" lesbar wurden, unabhängig von der Frage, ob es sich bei ihnen um „Kunst" handle oder nicht. Dieser weite Begriff von Literatur, der historische und fiktionale, „primitive" wie hochgradig komponierte Texte umfasste, prägte bald die Analyse der

Bibel, die sich zunehmend auf die Erzählungen der hebräischen Bibel, insbesondere der Bücher der Königszeit, konzentrierte. Denn nicht nur fand sich gerade hier eine Fülle von literarisch höchst komplex gestalteten Erzählungen, die aber bisher fast ausschließlich als historische Quellen gelesen worden waren. Die literarische Analyse griff hier auch auf die rabbinische Tradition zurück, die sich ebenfalls für die Details der Texte interessierte, ohne damit ein historisches Interesse zu verbinden. Demgegenüber spielte der literarische Ansatz bei vielen anderen Teilen der hebräischen Bibel, wie etwa die Psalmen und Propheten, zunächst eine geringere Rolle, ebenso wie beim Neuen Testament, das weiter mit überwiegend hermeneutischen, mehr an der Verkündigung als an ihrer literarischen Form interessierten Methoden behandelt wurde.

Im Laufe der folgenden Jahrzehnte wurden auch andere Methoden und Paradigmen der Literaturwissenschaft übernommen, insbesondere die Genderforschung, die zu einem breiten Diskurs literarisch-feministischer Exegese führte, und die Rezeptionsästhetik, die ein neueres, offeneres Textmodell entwickelte und damit schon eine implizite Kritik der formalistischen Ansätze formulierte: Texte seien zwar geschlossene Sinngebilde, aber sie verlangen auch eine Mitarbeit des Lesers, der etwa Lücken in der Erzählung schließen muss; Bedeutung ist daher eigentlich als Wechselspiel von Text und Leser zu fassen, das vom Text zwar angeregt, aber niemals vollkommen kontrolliert wird. Daran anschließend gingen einige Interpreten mit der Dekonstruktion bis zu der Behauptung, dass Texte grundsätzlich dazu neigen, ihre eigene Aussage zu untergraben und die Hierarchien, auf denen sie zu beruhen scheinen, immer auch in Frage stellen („gut" und „böse", „Gott und Mensch"). Gerade diese letzte Wendung macht deutlich, dass der Begriff der „Literatur", der

der ganzen Debatte zugrunde liegt, zwar weit und grundsätzlich offen, aber nicht unprofiliert ist: Wenn die „Literatizität" literarischer Texte in ihrer Überdeterminiertheit und Unparaphrasierbarkeit besteht, dann ist es kein Wunder, dass diese Lektüren in ganz besonderer Weise an den Paradoxien und Ambiguitäten interessiert sind. Umgekehrt folgt daraus aber auch, dass diese Form der Untersuchung per se dazu neigt, die literarische Fragestellung zu überschreiten, weil die Offenheit und Dekonstruierbarkeit der Texte auch ihren Charakter als „geschlossene" Texte oder „Kunstwerke" in Frage stellt und sie für immer neue Kontexte öffnet.

Heute handelt es sich vor allem im angloamerikanischen Raum um eine breite Bewegung, mit eigenen Institutionen, Studiengängen, Zeitschriften und Buchreihen. Umso bemerkenswerter ist, dass sie in der deutschen Diskussion bisher noch wenig wahrgenommen worden ist. Inzwischen gibt es zwar eine ganze Reihe literarischer Analysen der Bibel, aber sie sind nach wie vor deutlich in der Minderheit und scheinen sich auch nicht immer leicht zu behaupten. Generell hat die Debatte über *Bible as Literature* viel Kraft bei der Auseinandersetzung zwischen dem literarischen Ansatz und der historisch-kritischen Methode einerseits und der theologischen Exegese andererseits verbraucht.

5. Zerbrechen der Texte

Im Anfang des 19. Kapitels des Jeremiabuches erhält der Prophet einen ungewöhnlichen Auftrag:

> Der Herr sprach zu mir: Geh und kauf dir einen irdenen Krug, und nimm einige Älteste des Volkes und der Priester mit dir! Dann geh hinaus zum Tal Ben-Hinnom am Eingang des

Scherbentors! Dort verkünde die Worte, die ich dir sage. Du sollst sagen: Hört das Wort des Herrn, ihr Könige und ihr Einwohner Jerusalems! So spricht der Herr der Heere, der Gott Israels: Seht, ich bringe solches Unheil über diesen Ort, dass jedem, der davon hört, die Ohren gellen. Denn sie haben mich verlassen, mir diesen Ort entfremdet und an ihm anderen Göttern geopfert, die ihnen, ihren Vätern und den Königen von Juda früher unbekannt waren. Mit dem Blut Unschuldiger haben sie diesen Ort angefüllt. (Jer 19,1–4)

Wie immer in der Bibel ist der prophetische Auftrag komplex und kann nur mit einer komplizierten Verschachtelung von Sprechakten erteilt werden. Gott kündigt dem Propheten zunächst den Auftrag an, etwas bekannt zu geben, zitiert dann im dritten Vers in wörtlicher Rede die Botschaft, die der Prophet ausrufen soll, um dann im Zitat wiederum sich selbst in der ersten Person zu zitieren: „Gott sagt: „Du sollst sagen: „Ich sage, dass er sagt: Ich bringe Unheil [...]“ Es wird noch komplizierter, weil schon im folgenden Vers der ersten Person der vorweggenommenen Unheilsdrohung nicht mehr die zweite Person entspricht, die ihr doch der Logik der Verkündigung nach entsprechen müsste: Heißt es zunächst noch „Ich bringe Unheil über *diesen* Ort“ (V. 3), so heißt es nun, dass „sie“ mich verlassen haben. Der Text schwankt also beständig zwischen erster, zweiter und dritter Person, zwischen göttlicher und menschlicher Rede, zwischen unpersönlicher Erzählung und persönlichem Diskurs. Die „Inspiration“, die der prophetische Diskurs beansprucht, besteht daher nicht einfach in einer Übertragung von Autorität oder von Worten, sondern kann nur durch die Ausnutzung der Mehrdeutigkeit des literarischen Sprechens dargestellt werden. Aber es geht nicht nur um Worte, auch der Krug erweist sich bei der Durchführung des Auftrages noch als zentral: „Und du sollst den Krug vor den Augen der Männer zerbrechen, die mit dir gegangen sind, und zu ihnen sagen: So spricht der Herr der Heerscharen: Ebenso werde ich dieses Volk und diese Stadt zerbrechen, wie man ein Gefäß des Töpfers zerbricht, das nicht wiederhergestellt werden kann" (Jer 19,10 f.). Dieses Zerbrechen des Kruges ist eine der sogenannten prophetischen Zeichenhandlungen wie das Joch, das sich Jeremia später auferlegt (Kap. 27 f.) und das in diesem Fall von einem anderen Propheten zerbrochen wird (28,10). Der Vergleich des Volkes Israel mit dem zerbrechlichen Gefäß, der etwa bei Jesaja noch ein poetisches Bild war (Jes 29,16) und Jeremia kurz vorher, im Haus des Töpfers, einmal anschaulich vorgeführt worden ist (Jer 18,2–10), soll jetzt „ausgeführt" werden: Die szenische Darstellung soll das gesprochene Wort unterstützen und bekräftigen. Freilich hat auch dieses multimediale und performative Zeichen keinen Erfolg, im Gegenteil: Im zwanzigsten Kapitel lässt der Priester Paschur Jeremia einsperren und schlagen.

Vielleicht ist es kein Zufall, dass das Zeichen ausgerechnet im *Zerbrechen* des Kruges besteht, also in der Zerstörung dessen, was gezeigt wird. Denn nicht nur sind die prophetischen Worte bekanntlich meist Drohworte, die eher Unheil als Heil vorhersagen. Sie haben auch an sich etwas Flüchtiges, wie die Wirkungslosigkeit dieser und zahlreicher anderer Prophetien zeigt und im Jeremiabuch auch noch einmal explizit zum Thema wird, wenn sich der König die Mahnworte Jeremias von Jehudi vorlesen lässt:

> Sooft nun Jehudi drei oder vier Spalten gelesen hatte, schnitt sie der König mit dem Schreibermesser ab und warf sie in das Feuer auf dem Kohlenbecken, bis das Feuer auf dem Kohlenbecken die ganze Rolle verzehrt hatte. Niemand erschrak und niemand zerriss seine Kleider, weder der König noch irgendeiner seiner Diener, die all diese Worte gehört hatten. (Jer 36,23 f.)

Wie der mosaische Diskurs sein Vergessen thematisiert, so thematisiert der prophetische sein Verschwinden im wörtlichsten Sinn, so dass sich die historische Prophetenforschung auch fragen konnte, was denn wohl in dieser verbrannten „Urrolle" habe stehen können und wie sie sich zum uns vorliegenden Jeremiabuch verhalte. Nicht nur die Einsetzung des prophetischen Diskurses gestaltet sich also als höchst komplex, er kann auch nur weiterbestehen, indem er sich selbst negiert und in Stücke schlägt. Wenn man die Literatur als Diskurs versteht, der immer schon ein Problem mit sich selbst hat, dann stellen sich auch die biblischen Texte selbst in Frage – und gerade in dieser Infragestellung öffnet sie sich auch anderen Fragen, die nichts mehr mit Literatur zu tun haben.

Es gehört zu den interessantesten Zügen der Debatte über *Bible as Literature*, dass sie sich permanent selbst problematisiert hat. Von vornherein wurde der Ansatz nicht nur von außen, seitens der historischen und theologischen Auslegungsmethode, kritisiert. Auch im Kreise der literarischen Interpreten wurde immer wieder die Frage erörtert, was denn eigentlich das „Literarische" in der Bibel als Literatur sei und ob die Bibel nicht auch den Begriff der Literatur verschiebe. Wie dem auch sei. Es geht nicht nur darum, die Bibel als „große Literatur" zu verstehen, jedenfalls, wenn man darunter ein in einem mehr oder weniger sicheren Schatzhaus verwahrtes Erbe meint. Dieser Begriff der Literatur ist heute problematisch, er kann allenfalls noch die apologetische Funktion haben, dass etwas „auch" dazugehört. Die eigentliche Leistung literarischer Lektüre besteht aber darin, die Texte wieder lesbar zu machen, und damit auch für andere Fragestellungen zu öffnen: Fragen nach dem Leser, nach der Konstitution der Kultur, nach den Medien, der Wirkungsgeschichte und der Weltsicht.

Bibeleinführungen in Taizé
als homiletische Praxis

Gespräch mit Frère Richard

Im traditionellen zweiten Teil, einem Bericht aus der Praxis, soll es heute darum gehen, wie in Taizé gepredigt wird. Ich freue mich sehr, dass Frère Richard von der Communauté de Taizé hier bei uns ist. Wir alle kennen Taizé, man denkt an Mengen von Jugendlichen, Schweigen und Singen in Kirchen und an anderen Orten auf der Welt. Dabei ist die Gemeinschaft von Taizé zuerst eine Gemeinschaft von Mönchen, die auch wie Mönche leben. Das heißt, sie haben Stundengebete und führen ein spirituelles und praktisches Leben in einem kleinen Dorf in Frankreich. Dort probieren sie, wie ein mönchisches Leben in Gemeinschaft in der heutigen Zeit aussehen kann: Sie leben eine Gemeinsame Schöpfung, *une création commune.*

Und von Anfang an gab es ein Stichwort, das die Gemeinschaft bis heute prägt: die Dynamik des Vorläufigen, *la dynamique du provisoire.* Alle Dinge können sich immer verändern, man sieht, wie das gelebte Leben einen weitertreibt und verändert eben bis in die spirituelle Praxis hinein, bis hin zu den Lebensformen der Brüder untereinander: Arbeiten, Wohnen, Austausch. Das ist natürlich Sache der Brüder selbst.

Wo und wie kommt da Predigt vor und wie hat sich die Predigt verändert und zu welchen Formen hat sie sich entwickelt? Darüber möchte ich gern mit Frère Richard sprechen. Zuallererst möchte ich dich fragen: „Wie geht es dir hier, was hörst du, wenn du uns zuhörst und was macht das für einen Eindruck auf dich, wenn wir nach Predigt fragen und wie wir damit umgehen sollen?"

Richard: Was in Taizé geschieht, geschieht nur, weil es viele Kirchengemeinden und Kirchen gibt, überall. Ein großer Teil der Jugendlichen, die nach Taizé kommen, kommen immer noch über die Kirchengemeinden oder haben irgendwas mit der Kirche zu tun. Wie können die Kirchen die Heilige Schrift öffnen für die Menschen – das betrifft uns natürlich sehr und es ist sehr interessant, davon auch hier zu hören. Ebenso die Frage danach, wie die Bibel nicht isoliert bleibt. Sie ist auch Literatur, sie hat auch etwas zu tun mit dem täglichen Leben der Menschen.

Sagert: Ihr Brüder von Taizé seid vornehmlich keine Professoren, obwohl ihr sehr studierte Brüder unter Euch habt, theologische und homiletische Fragen sind in dem Leben dieser Gemeinschaft eher versteckt. Und darum wollte ich dich ein wenig locken, uns ein wenig von den Anfängen zu erzählen. In Taizé legt man keinen großen Wert auf Archive. Die historischen Geschichten interessieren die Brüder nicht so sehr, gerade weil sie diese Dynamik des Vorläufigen leben. Man verändert Dinge und das Leben geht weiter, manches lässt man hinter sich. Aber man weiß, dass zu Anfang, nach dem Krieg, Anfang der 50er Jahre Stundengebete und Liturgie eine Rolle spielten. Und zwar auch deshalb, weil es in der französischen Kirche eine liturgische Bewegung parallel zu Deutschland gegeben hat, wovon wir relativ wenig wissen. Kannst du das beschreiben?

Richard: Diese liturgische Bewegung war bereits zwischen den beiden Kriegen in der französischsprachigen Schweiz entstanden und das hat Taizé mitgeprägt, aber nicht nur. Frère Max hatte sich sehr bemüht und Frère Roger natürlich auch. Aber Frère Roger vertrat immer ein wenig diese Dynamik des Provisorischen. Und wenn die liturgische Bewegung zu traditionell wurde oder zu starr, dann hat er sich dagegen gewehrt. Er hatte eine spontane Aversion gegen alles, was man zu sehr festlegt. Ich habe vor kurzem erneut sein Buch „Introduction à la vie communautaire" („Einführung ins gemeinsame Leben") aus dem Jahre 1944 gelesen und es ist erstaunlich, wie die Schrift von Luther – ich bin glücklich, zum ersten Mal in Wittenberg zu sein – über die Freiheit eines Christenmenschen sich durchzieht durch das ganze Buch. Also ein Christ ist ein freier Mensch und das prägt Taizé bis heute. Die Brüder kamen nach Taizé und es war gar nicht klar, was es werden sollte am Anfang. Das sieht man auch in den alten Texten. Die Sehnsucht war da nach gemeinsamem Leben, nach Konsequenzen im Leben, nahe zu sein den Menschen, die bedroht sind. Konkret bedeutete das die Aufnahme von Flüchtlingen, als Frère Roger noch ganz allein war, etwas später die Aufnahme von Kindern, die nicht wussten wohin. In diesem Buch von 1944 steht noch: „aucun règlement, aucun statut", also kein Reglement und keine Statuten. Im Laufe der Zeit wurde dann die Frage virulent, ob die Brüder sich engagieren sollen für das Leben, ein lebenslängliches Engagement eingehen sollen. Und da hat die Heilige Schrift eine große Rolle gespielt. Denn es gab neben dieser liturgischen Bewegung auch eine biblische Bewegung damals mit Suzanne de Diétrich aus dem Elsass, die aber in Genf lebte. Und die Protestanten in Genf sagten Frère Roger: Das gibt es nicht. Man darf nicht den Heiligen Geist binden durch ein lebenslanges Versprechen! Da steht natürlich die Gelübdekritik von Luther dahinter. Und Suzanne de Diétrich hat dann gesagt: Aber der Heilige Geist kann auch eine lebenslange Treue schenken. Diese Bibelbewegung hat also eine ganz konkrete Rolle gespielt. Schließlich haben sich die Brüder, die sieben ersten Brüder, 1949 engagiert für das gemeinsame Leben in der Ehelosigkeit, in der Einfachheit und in der

Akzeptanz einer Autorität. Das Wort Gehorsam kommt nicht vor in den Taizé-Texten, schon in diesen alten Texten nicht. Ein ganz wichtiges Element war das gemeinsame Gebet und das war zuerst in dem Haus, was Frère Roger gekauft hatte. Und dann erhielt er die Erlaubnis, die alte Dorfkirche zu nutzen. Eine sehr schöne romanische Kirche aus dem 12. Jahrhundert. Wobei die Brüder alles rausgeschmissen haben: die Bänke, den Beichtstuhl, also aufgeräumt. Es war ja da kaum ein Gottesdienst gewesen. Dann haben sie die Psalmen gesungen, aber auch die Choräle, die Genfer Psalmen – vierstimmig. Das vierstimmige Singen war von Anfang an sehr wichtig, mit den Schriftlesungen. Und am Sonntag waren die Abendmahlsfeier und die Predigt. Ein Bruder, meist einer von denen, die ordiniert waren, hat gepredigt. Aber nicht nur, es war nicht ganz so streng. Ich habe, bevor ich abgereist bin, noch mit Frère Daniel gesprochen. Er ist der einzige der ersten sieben Brüder, der noch lebt. Er ist 92, kniet sich hin wie ein junger Mensch in der Kirche und töpfert von morgens um fünf bis abends. Er ist noch ganz dynamisch und ist auch eigentlich Pfarrer. Aber er hat gesagt, er sei Töpfer geworden, damit er nicht mehr predigen müsse. Dabei hat er es wohl gut gemacht. Aber er hat gesagt, dass er immer sehr gelitten habe am Samstag, bis er die Predigt hinkriegte. Also, was man gestern auch herausgehört hat.

Sagert: Und hat er dir etwas erzählt von dem, wie die Predigten waren?

Richard: Eine Schwierigkeit bei den Brüdern besteht darin – ich habe etwas nachgefragt – dass es natürlich merkwürdig ist, vor seinen Brüdern zu predigen. Weil man sich kennt, man lebt zusammen ein Leben lang. Dann fängt einer an zu predigen. Man muss sehr aufmerksam sein, dass man nicht die Predigt benutzt, um irgendwelche Dinge zu sagen, die man sonst nicht zu sagen wagt. Oder dass man nicht irgendwelche Dinge sagt, die so verstanden werden können, als ob sie auf den Einen oder Anderen gemünzt wären.

Also die Predigt muss sehr biblisch sein, etwas ansprechen und natürlich kurz. Denn niemand hört gern seinem Bruder zu lang zu, wenn er predigt. Ich hab das kaum mehr mitbekommen und kenne das nur noch von den Erzählungen. Die Schwierigkeit war schon, in einer Gemeinschaft zu predigen. Später kamen mehr Gäste und dann hat es mehr Sinn, das Wort auszulegen, es zu aktualisieren ist dann sehr wichtig. Und ich glaube, die Brüder haben es auch gern gemacht, wenn Leute da waren. Frère Roger hat ab und zu auch andere gebeten, die Predigt zu halten. Das waren Pfarrer, Priester, die vorbeikamen. Und das ist bis heute so und kommt ausnahmsweise noch vor.

Noch etwas später kam die Schwierigkeit der Sprachen hinzu. Sobald viele Sprachen vertreten sind, kann man die Bibeltexte in mehreren Sprachen vorlesen. Das ist kein Problem. Also nacheinander, wenigstens kurze Teile davon. Aber eine Predigt übersetzen, das ist schon schwieriger. Das haben wir manchmal auch gemacht, doch es hat sich zurückgebildet im Gottesdienst.

Kommen wir noch einmal zurück zu den Tagzeitengebeten. Gebete sind Gebete und nicht Predigten. Ich denke an die alte Tradition der Klöster, als die Mönche in Ägypten in die Wüste gingen. Da hat niemand gepredigt. Sie haben gebetet und das war's. Dann hatten sie Gespräche mit ihrem geistlichen Begleiter oder Vater. Und davon haben wir sicher etwas wieder aufgenommen in Taizé.

Sagert: War es auch der Gesichtspunkt, dass der moderne Mensch nicht mehr so lange zuhört, der die Brüder dazu bewegt hat, kurz zu predigen? Das ist bis heute eine sehr aktuelle Frage. Auch, dass die Predigt zum Mittel werden kann, um auszudrücken, was man anders nicht auszudrücken wagt. Gerade wenn jemand so exponiert ist. Und dass auch Gäste gebeten werden zu predigen. Also nicht bloß, dass es angemessener ist, wenn Gäste da sind, zu predigen. Sondern auch, dass man auf die reagiert, die da sind, sie einlädt, zu predigen. Ich kann mich erinnern, ein deutscher Bischof kam, der predigte auch. Ich glaube, es war Bischof Krusche ...

Richard: Ja genau, er predigte zum Fest der Verklärung des Herrn. Er kam aus Magdeburg. Es war jedes Mal ein Ereignis, wenn jemand aus der DDR kommen konnte. Ich erinnere mich noch heute an diese Predigt. Das ist auch interessant. Wenn es denn so selten und in diesem Falle sogar einmalig ist, erinnert man sich. Gelegentlich ist das heute noch so: Vor 14 Tagen hatten wir Besuch vom zuständigen katholischen Ortsbischof, das ist nicht außergewöhnlich und es waren auch nicht viele Leute da. Er hat die Eucharistiefeier geleitet. In Taizé sitzen wir alle. Da steht niemand vorn und sitzt auch niemand vorn. Vorn ist der leere Altarraum, außer wenn die eucharistische Liturgie gefeiert wird. Und der Bischof kniete auch, wie alle anderen, die Brüder und die Jugendlichen. Nach der Lesung des Evangeliums hat er den Text meditiert und ist dann übergegangen in ein Gebet. Anschließend waren die zehn Minuten Stille. Viele Brüder waren sehr glücklich. Das ist es eigentlich, was wir am liebsten hätten, aber nicht haben können. Weil es natürlich nur geht, wenn wenigstens 80 % der Anwesenden auch Französisch verstehen. Sonst hat es keinen Sinn. Aber das war ein Beispiel – und es ist noch bis heute so geblieben –, dass jemand vorbeikommt und uns dann etwas sagt. Bei dem Bischof erinnere mich auch an das, was er gesagt hat. Es ist immerhin 14 Tage her. Aber wenn es ein Bruder gesagt hätte, würde ich mich vielleicht nicht mehr erinnern. Man weiß schon ein wenig, was der Bruder erzählt. Umso bereichernder ist es, wenn ein wandernder Prediger vorbeikommt und uns etwas sagt.

Sagert: Ich wollte noch einmal auf diese Wanderung dessen, was Predigt im herkömmlichen Sinne ist und was sie in Taizé zu Anfang auch war, zurückkommen. Da waren die Predigten am Sonntag, sie waren kurz und wurden mit der Zeit aus mehreren Gründen weniger. Man hat reagiert auf andere Sprachen, Gäste eingeladen, zu predigen. Das ist ja ein dynamisches Verhältnis, in dem Predigt steht. Als immer mehr Menschen nach Taizé kamen, wurde das Sprachproblem immer größer. Dann fing, wenn ich das richtig verstanden habe, die Predigt an zu wandern und kam, wie in der orthodoxen Liturgie öfter, ans Ende des Gottesdienstes?

Richard: Ja, Frère Roger war beeindruckt von orthodoxen Liturgien. Nach der orthodoxen Liturgik ist es eigentlich nicht richtig, was die meisten machen. Dass sie nämlich die ganze Liturgie feiern, und wenn die Liturgie einmal fertig ist, dann sagt der Pfarrer oder der Bischof noch ein Wort. Ein Wort zu der Gemeinde. Das hat Frère Roger irgendwie gefallen. Und er hat manchmal auch am Sonntag gesagt nach einem Gottesdienst ohne Predigt: Wer noch bleiben will – so konnten die Brüder, die wollten, schon gehen und mussten nicht mehr die Predigt hören – es gibt ein Wort am Schluss. Das gab es eine Zeit lang am Sonntag nach dem Gottesdienst, dass man zurückkam auf den Text des Evangeliums oder der Lesung oder auf ein Thema. Dann ist es gewandert vom Sonntag auf einen Wochentag aus ganz praktischen Gründen: weil die meisten Besucher am Sonntag nach dem

Gottesdienst abreisen und wenn man packen muss und nicht weiß, ob man noch was vergessen hat, oder noch ein Lunchpaket braucht, dann ist man nicht so in der Stimmung, eine Predigt zu hören und dann viel darüber nachzudenken. Lange Zeit war es am Donnerstag nach dem Abendgebet. Es war nicht wirklich in Form einer Predigt, eine Lesung und dann die Predigt. Aber es fand nach dem Abendgebet statt. Man hat dafür die Simultanübersetzungen eingerichtet. Manchmal bis zu 15 Sprachen, zum Teil mit Kopfhörern, mit Lautsprechern. Wie man gerade konnte. Meistens hat Frère Roger eine Art Ansprache gehalten. Wobei er es einen Dialog nannte. Und die Brüder lachten ein wenig und sagten: wieso Dialog? Aber es war als Dialog gemeint. Frère Roger hatte die Fragen von Jugendlichen angehört, die ganzen vorherigen Tage, überhaupt das ganze Jahr über hat er jeden Abend viel Zeit in der Kirche verbracht, einfach um zuzuhören. Und er wollte dann, dass dieses Treffen am Donnerstagabend so eine Art Dialog ist. Und manchmal wurde es sogar wirklich ein Dialog. Jemand stellte eine Frage und er hat geantwortet. Und das hat sozusagen in einem gewissen Sinn die Predigt, ich will nicht sagen ersetzt, aber sie war etwas gewandert. Vom Sonntagsgottesdienst auf den Donnerstagabend. Und dann war es mal Freitagabend, dann Samstagabend. Und das bewegt sich noch immer.

Sagert: Was mich daran interessiert, diese Wanderungen der Predigt bei Euch in Taizé als homiletische Praxis wahrzunehmen, ist die Frage danach, wo es Situationen gibt, in denen Predigt sich bei uns verändert. Wir kamen gestern darauf zu sprechen, dass im Osten Deutschlands oft wenige Leute in den Gottesdienst kommen. Wie macht man das mit kleinen Formen? Ist die kleine Zahl immer nur eine Last? Muss man darunter leiden, dass da keine „richtige" Predigt gehalten werden kann? Vielleicht wandert die Predigt dann, verändert sich, wandelt sich zu einer Gesprächsform. Wenn sich etwas verändert, selbst wenn es sich praktischen Notwendigkeiten beugt, ist das vielleicht eine Chance für die Formen von Wortverkündigung. Das heißt nicht, dass traditionelle Formen ausgeschlossen werden sollen. Es könnte doch mehrere Möglichkeiten von Predigt geben. Was ist bei Euch noch passiert?

Richard: Was sich in diesem Sinne noch stärker verändert hat und was immer wichtiger geworden ist in Taizé sind die täglichen Bibelarbeiten oder wir sagen: Bibeleinführungen. Als ich zum ersten Mal nach Taizé kam, das war 1975, da war es so, dass diejenigen, die wollten, zu einem Bibeltreffen kommen konnten. Aber das war nicht Teil vom Tag oder von der Woche. Und es war eher thematisch orientiert. Das waren die Jahre, als die Spanier noch gegen Franco gesungen und gesprochen haben. Alles war auch ein wenig revolutionär. In den Jahren danach kam eine starke Welle mit Umweltschutzbewusstsein. Es war alles sehr interessant. Aber Frère Roger hat auch gemerkt – Ende der 70er Jahre schon – dass die Zeit reif war, den Jugendlichen die Bibel zuzumuten. Nicht in der Predigt am Sonntag, sondern direkt. Zunächst war es eine Wahlmöglichkeit. Eine Woche, jeden Tag ein Gespräch; eine Einführung haben wir es genannt, Einführung in einen Bibeltext. Daran anschließend geht es in Gesprächen in kleine Gruppen. Und es hat sich ziemlich schnell gezeigt, dass wir das allen anbieten können und heute gehört es zu einer Woche in Taizé automatisch dazu. Vormittags um 10 Uhr, nach dem Frühstück, trifft man sich in Gruppen von 50 bis 250 Personen. Es kommt darauf an, wie viele Leute da sind und wie viele Brüder zur Verfügung stehen. Bibeltexte werden für die ganze Woche vorbereitet, so dass sich ein roter Faden durch die Woche zieht. Der Text wird vorgelesen, ein Bruder erklärt ein paar Dinge. Und dann verbringt man eine Stunde in der Stille. Denkt darüber nach, schreibt Fragen auf. Wir bereiten auch Fragen vor, die den Text erschließen helfen und auch eine Brücke bauen können zu aktuellen Fragen. Danach gibt's Gesprächsgruppen, so etwa acht bis zehn Jugendliche, die sich zusammentun. Und es gibt eine Kontaktperson; das sind Leute, die wir jeden Tag vorher kurz treffen, um zu sehen, wie es läuft. Die Jugendlichen sprechen also untereinander über die Bibeltexte. Und die Bedeutung dieser Treffen ist gewachsen. Sie hat zugenommen. Und auch die Sorgfalt, Liebe und Anstrengung, die wir Brüder darin investieren, damit wirklich jedes Jahr gut vorbereitet wird. Diese Bibeleinführungen sind jetzt nicht eigentlich Predigten, man würde sie traditionell eher Katechese nennen. Sie sind etwas dazwischen. Denn es ist auch nicht wie Unterricht in der Schule. Am ehesten sind diese Einführungen Textauslegung, ein wenig wie die alten Homilien der Kirchenväter. Wenn man dort nachliest, zuerst kommt ein Vers, dann erklären sie ein wenig. Dann wieder ein Vers, dann erklärt man ein wenig. Und dann müssen die Leute im Gespräch noch etwas draus machen. Und das hat eigentlich nur Sinn, weil die Einführung Teil von dem Gesamtvorgang ist; zunächst wirkliche Anleitung, dann das Nachdenken in der Stille für sich selbst und anschließend noch ein weiterer Teil: der Austausch über diesen Text.

Sagert: Bevor wir darauf genauer zurückkommen und einen kleinen Filmausschnitt ansehen, wollte ich noch fragen: Im Gottesdienst selbst, am Ort der Predigt, nach der Schriftlesung ist bei euch Stille. Und das beeindruckt sehr viele Menschen, weil tausende Jugendliche schweigen. Es ist relativ lange Stille. Ist die Predigt weggewandert und die Stille ist geblieben?

Richard: Ja, am Sonntag, wenn die Lesungen vorüber sind und bevor die Stille beginnt, hat Frère Roger angefangen, ein kleines meditatives Gebet zu sprechen. So vier Zeilen. Er hatte es aufgeschrieben und auf Französisch gelesen. Das wird dann übersetzt auf Englisch, Deutsch, Italienisch, Polnisch, Russisch. Je nachdem. Noch heute geschieht das jeden Tag beim Mittagsgebet. Mittags haben wir ganz kurze Lesungen, wie die Losungen. Also ein Satz oder ein Vers und ein kleines meditatives Gebet. Das nimmt Bezug auf diese Lesung und leitet in die Stille ein. Das gibt es nur beim Mittagsgebet so. In den anderen Gebeten ist tatsächlich diese Zeit der Stille und ich glaube, das ist nur möglich, weil viele Leute schon in die Kirche kommen, bevor es anfängt und dort in der Stille warten. Manchmal haben wir vorher auch Musik, klassische Musik in der Kirche. Dann beginnen wir zu singen, dann kommt der Psalm, dann die Lesung. Dann kommt noch mal ein Gesang und dann ist man schon etwas zur Ruhe gekommen.

Dennoch, diese Zeit der Stille – manchmal fragen die Jugendlichen: Was muss man denn da machen? Und dann sagen wir: einfach nur da sein. Fast immer sind auch Kinder in der Kirche, aus Taizé selbst, aus dem Dorf oder Kinder, die mit ihren Eltern gekommen sind. Die malen dann etwas.

Das ist vielleicht eine gute Geste, die zeigt, worum es geht: einfach bei Gott zu Gast zu sein. Stille. Wir verteilen die Lesungen noch gedruckt, in vier, fünf Sprachen. Für diejenigen, die etwas nachlesen möchten in der Stille oder vielleicht einen Satz genauer lesen. Wenn wir am Ende der Woche die Jugendlichen fragen, was ihnen wichtig gewesen ist, dann ist es oft auch diese Zeit der Stille. Erstaunlicherweise.

Junge Jugendliche, ich hab einmal eine Gruppe getroffen aus dem Nachbarort, Zwölfjährige, beim Mittagsgebet. Und dann hab ich gefragt: Wie war es denn? Ah, die Stille war

ganz toll. Und was habt ihr während dessen gemacht? Nachgedacht, sagte ein Mädchen, ich hab ja sonst nie Zeit zum
Nachdenken, zwölfjährig und sie war ganz glücklich über
diese Stille.

Anfang Juli, wenn die Schule fertig ist, kommen die Kate-
chismuskinder, manchmal 500, und noch mehr. 1000 haben
wir schon gehabt. Die sind klein und noch jung und sie sind
mit ihren Begleitern da. Wenn sie da sind, ist es nicht ganz
still. Aber fast. Das ist sehr, sehr erstaunlich. Natürlich hilft
es auch, dass die Kirche ein Ort ist, an dem man sich auf den
Boden setzen kann. Es sind warme Farben. Sie ist ein Ort, wo
viele Menschen sich spontan zu Hause fühlen.

Film: Frère Roger: Im Evangelium heißt es einmal: Bereitet
Christus den Weg. Wir wissen, wie nötig es ist, anderen eigenes Wissen weiterzugeben und wir tun es. Es gibt Stellen im
Evangelium, die ich nicht verstehe. Gestern erst las ich in aller
Frühe im Evangelium herrliche Worte. Plötzlich begriff ich
nichts mehr. Ich fand mich damit ab und sagte mir: Andere
werden die Stelle verstehen, sie kennen die orientalischen
Sprachen, die Wurzel eines jeden Wortes und seinen Stellen-
wert in der Bibel. Ich vertraue auf diese Menschen. Ich sagte
mir: Glücklich, die wenigstens einige Worte im Evangelium
verstehen, einige oder sogar viele Seiten. Damit kann man
leben. Und man kann trotzdem das gesamte Evangelium
lesen. Manche Abschnitte überliest man. Die Jugendlichen,
die hierher kommen, sind so verschieden. Da ist es wichtig,
keine unzugänglichen Bibelstellen auszuwählen. Wenn man
allein ist, kann man sagen: Ich verstehe das nicht; eines Tages
wird es mir jemand erklären, der das ausgiebig studiert hat
und den Text auslegen kann. Und dann liest man einfach
weiter. Man darf aber mit einem Text, den man selbst nicht
versteht, niemals anderen zu Leibe rücken. Das Wort Gottes,

das Evangelium, das ist schnell gesagt. Aber nur, was man selbst verstanden hat, kann man weitergeben. Man kann nur über etwas sprechen, das einen bewohnt. Außerdem gibt es seit 2000 Jahren unzählige Menschen auf der Erde, die im Neuen Testament, im Evangelium lesen. Wenn jeder nur ein Wort verstanden hat, zusammengenommen ist das viel.

Sagert: In diesem Ausschnitt drückt sich eine große Vorsicht aus, große Sorgfalt der Lektüre gegenüber. Wie geht ihr damit um, wie bereitet ihr euch vor? Wie sprecht ihr vor vielen Leuten? Man kann aufgeregt sein und erzählt nicht irgendetwas. Das wird übersetzt. Was geschieht?

Richard: Die Vorbereitung fängt natürlich damit an, dass das Wort der Bibel, also das Evangelium in uns wohnen soll. Das hat Frère Roger hier noch mal gesagt. Das heißt, unser Leben ist die Vorbereitung. Wirklich Tag für Tag zu beten, das Wort Gottes zu hören, zu verstehen, manchmal nicht zu verstehen. Zusammen zu leben ist, glaube ich, wirklich die erste Vorbereitung. Frère Roger sagt, man kann etwas lesen, dieses nicht verstehen und dann weitergehen, weiterlesen. Das stimmt. Für uns Brüder trifft das natürlich auch zu. Auch wir lesen für uns Texte, die wir nicht verstehen. Dieses Thema der Fremdartigkeit und dass das, was wir wirklich nicht verstehen den Horizont weitet und öffnet, das ist ein wichtiges Element. Aber es bedeutet schon viel Nachdenken. Auch persönlich für jeden Einzelnen, auch unter uns, mit Fragen, die überhaupt nicht angewandt werden nachher in solchen Treffen mit Jugendlichen. Eben weil es Texte gibt, die wir selbst nicht verstehen. Und was wir selbst nicht verstehen, können wir nicht anderen an den Kopf werfen. Insofern ist die Vorbereitung eine Arbeit, die sehr existenziell ist.

Und man muss sagen, dass die Brüder sehr unterschiedlich sind, schon von ihrer Ausbildung her. Es gibt einige, die nach der Schule gleich nach Taizé gekommen sind. Andere haben etwas studiert. Aber nicht unbedingt Theologie, sondern ein anderes Fach. Sie kommen von verschiedenen Kontinenten. Von daher sind wir wirklich sehr unterschiedlich. Aber wir haben alle die ersten vier, fünf Jahre eine gemeinsame „Ausbildung", das ist vielleicht nicht das beste Wort, es soll umschreiben, dass man ganz konkret hineinlebt in das gemeinsame Leben. Auch intellektuell, wir studieren zusammen Bibeltexte, Kirchengeschichte usw. Mit der Zeit entwickelt sich viel Gemeinsames, was uns prägt.

Schließlich wird es konkret: Was machen wir dieses Jahr? Wir haben uns schon im Dezember zusammengesetzt, vielleicht zehn Brüder, und wir haben überlegt: Was ist jetzt dran? Vorschläge werden gemacht, von denen wir auswählen. Denn wenn wir die Zettel schließlich drucken, die wir den Jugendlichen mit den Bibeltexten und mit den Fragen vorbereiten, dann wird das in etwa 15 Sprachen übersetzt. Das kann man nicht jede Woche neu machen.

Wir bereiten das für ein Jahr vor. Die meisten kommen einmal im Jahr. Da kann man sich das erlauben. So sitzen wir zusammen, wählen diese Texte aus. Dann sitzen wir ein weiteres Mal zusammen und lesen. Einfach lesen. In diesem Jahr, zum Beispiel, kommt zuerst Abraham vor, Genesis 12, und dann 15 ein klein wenig – also muss man da schon entscheiden – dann noch Hebräer 11 vielleicht dazu, dann Genesis 18. Dann kommt die Verkündigung an Maria und dann kommt der Mann, der zu den Jüngern Jesu kam und die konnten seinen Sohn nicht heilen, und da kommt dann diese Stelle: Ich glaube, hilf meinem Unglauben. Das alles lesen wir zusammen und fragen uns selbst: Was hab ich gehört? Was spricht mich an? Was versteh ich nicht? Danach setzen sich wieder zwei, drei Brüder zusammen, um noch konkreter zu überlegen: Welche Fragestellungen kann man auf die Zettel schreiben und drucken, für das kommende Jahr.

Letztes Jahr haben wir auch die freiwilligen Jugendlichen gefragt – es gibt Jugendliche, die sind für ein paar Wochen oder Monate in Taizé –: wenn ihr jetzt diese Texte habt, was würdet ihr ansprechen? Im Winter sind ungefähr 60 Jugendliche aus allen Kontinenten und jeder nur möglichen Herkunft vor Ort. Sie sehen natürlich verschiedene Dinge und sagen: Dieses könnte man entwickeln, oder dort könnte man Fragen stellen. Es ist eine wirkliche Vorbereitung des Materials, so dass wir den Jugendlichen etwas in die Hände geben können. Denn viele haben keine Bibel. Oder sie haben vielleicht eine zu Hause. Wir sagen, sie sollen die Bibel mitbringen, aber sie bringen sie nicht alle mit. Einige bringen sie mit. Wenn sie mehrmals nach Taizé kommen, kommen sie auf den Geschmack und lesen dann selbst in der Bibel. Wenn man als Bruder vor einer Gruppe steht oder sitzt, muss man schon vorbereitet sein. Was soll ich jetzt sagen? Jeder Bruder macht es etwas anders. Der eine liest gern Kommentare, der andere fragt einen anderen Bruder: Was kann man dazu sagen? Das geschieht beim Mittagessen oder zwischendurch. Für mich persönlich habe ich über die Jahre folgendes bemerkt: was ich im Kopf behalten kann, ohne es aufzuschreiben, das können die Jugendlichen auch behalten. Aber wenn ich Notizen brauche, um zu ihnen zu sprechen, dann hat das eigentlich gar keinen Sinn. Denn wenn ich es schon nicht behalten kann, können die Jugendlichen es erst recht nicht. Aber man braucht ein Konzept. Also wie komme ich von A nach B; und zu einem Abschluss. Aber ich sage mir auch, dass es um ein Geschehen geht, dass man miteinander ins Gespräch kommt. Wenigstens eine Fragestellung behalten – es ist nicht so wichtig, die Texterklärung gleich zu verstehen –, aber eine Frage, die man behalten kann und mit der man weitergehen kann, das ist wichtig.

Sagert: Wir sprachen gestern über Übersetzung und die alten Sprachen, Griechisch, Hebräisch. Kümmert sich jemand darum? Und die Vielfalt der Sprachen der vielen jungen Menschen – trägt das was aus?

Richard: Auf jeden Fall. Wir hatten letztes Jahr zum Beispiel die Geschichte von Kain und Abel. Da muss man Bibelübersetzungen auswählen, um diese Zettel zu drucken. Auf Französisch, auf Deutsch, auf Englisch, auf Russisch usw. Und dann kommt zum Beispiel dieser Satz: Meine Schuld ist zu groß, dass ich sie tragen könnte oder meine Strafe ist zu groß, dass ich sie tragen könnte oder meine Schuld ist zu groß, dass sie vergeben werden könnte. Das Wort *awon* kann Sünde oder Schuld oder Strafe heißen. Oder das Wort *nasa* kann heißen tragen oder vergeben. Und die Exegeten der verschiedenen Länder haben das unterschiedlich entschieden. Jetzt kann man das in alttestamentlichen Vorlesungen erklären. Oder man kann einfach vier, fünf Bibeln nehmen, ausdrucken und dann sagen: Bitte schön. Das ist dann interessant, wenn Jugendliche solche Sachen merken: Es steht auf Englisch etwas ganz anderes als auf Deutsch. Und warum? Das kann man dann vielleicht kurz ansprechen.

Eine Schwierigkeit bedeutet, dass wir diese Bibeleinführungen meist auf Englisch halten. Und wenn man nicht so sehr gut ist im Englischen und die Jugendlichen auch nicht, dann organisiert man Übersetzungen. Und manchmal kommen sehr gute Übersetzungen, besser als das Original, manchmal sind sie nicht so gut. Das ist eine problematische Seite dieser Sprachenvielfalt. Aber es ist auch eine Bereicherung, weil gewisse Dinge einfach sofort evident sind. Die schlichte Tatsachen, dass es Übersetzungen sind, dass man manches auch anders sagen kann ... Unter uns Brüdern ist es dann so, dass, wenn jemand nicht Griechisch kann oder nicht Hebräisch, er dann jemanden fragt, der das kann. Wir tauschen uns dann darüber aus.

Sagert: Wenn ein Text von einem Chinesen gehört wird oder von einem Afrikaner; für die klingt das wahrscheinlich jeweils ganz anders. Die kulturelle Vielfalt, die kulturellen Unterschiede, wie wirken sich diese Dinge unter euch Brüdern und bei den Jugendlichen aus?

Richard: Mir ist bei den jüngeren Brüdern in der Ausbildungsphase aufgefallen, dass oft die Brüder aus Afrika die Geschichten viel besser lesen als wir. Weil sie sie wirklich als Geschichten lesen. Sie haben ein Gespür, das uns Europäern ein wenig abgeht. Wir haben Brüder aus Asien, aus China, Korea, Indien, für die sind zum Beispiel die weisheitlichen Zugänge sehr wichtig, nicht irgendwelche dogmatischen Auslegungen, sondern die Lebensweisheit.

Und unter den Jugendlichen gibt es einige aus anderen Kontinenten, die länger in Taizé sind, also mehrere Wochen und Monate. Mit denen machen wir auch diese Bibelarbeiten. Die haben eine Bibel dabei aus ihrem Land. Die Art und Weise, wie sie einfach in den Text lesen und eine ganz andere Tonalität zu hören ist, ist beeindruckend. Derselbe Satz hat einen anderen Ton, oder er hat eine andere Assoziation. Das ist bereichernd, aber das können wir nicht systematisch machen. Und das wollen wir auch nicht, wir sind kein Kulturforschungszentrum. Aber es zeigt etwas davon, dass die Kirche viel weiter und viel offener ist, als viele denken. Und dann denkt man auf einmal, es gibt wenige oder keine menschlichen Organisationen, Gemeinschaften, die so vielfältig sind wie die christliche Kirche. Die Jugendlichen entdecken durch die verschiedenen Übersetzungen verschiedene Zugänge.

Frage aus dem Publikum: Als gerade in Ausbildung befindliche Vikarin wurde mir ein sehr hoher Anspruch an die Predigt nahegelegt. Und wenn ich mir überlege: Ich müsste meine Predigt auf das beschränken, was ich mir merken kann, da würde ich wahrscheinlich durch jede Prüfung fallen.

Richard: Es war nicht so gemeint, dass man es nur so machen soll. Wir werden auch manchmal eingeladen zu predigen oder bei Kirchentagen eine Bibelarbeit zu machen. In derartigen Situationen schreibe ich mir das auf. Das würde sonst gar nicht gehen. Aber ich glaube, vielleicht in einem regelmäßigen kleineren Kreis, könnte man das trainieren. Bei den Bibeleinführungen in Taizé geht es nicht so formell zu, jemand kommt zu spät, jemand geht vorher weg. Man reagiert darauf: Wie hören die Leute zu? Und dann sieht man auf einmal, etwas interessiert sie und man kann noch etwas mehr dazu sagen. Oder sie fangen an, ein wenig einzuschlafen, muss man sagen: Nein, ich gehe jetzt an dieser anderen Stelle weiter. Aber wir alle haben etwas angesammelt, glaube ich, durch unser Leben, unser Gebet, unser Studium, so dass man das einfach auch teilen kann. Ich will überhaupt nicht sagen, man solle eine Predigt nicht auch vorbereiten und aufschreiben. Es ist nicht als Ersatz gedacht, eher wie eine weitere Disziplin. Es ist mir wichtig geworden im Laufe der Zeit.

Frage aus dem Publikum: Ich finde die Idee, dass Predigt und Gottesdienst auch etwas mit Resonanz zu tun haben, doch übertragbar für den Gottesdienst hier oder auch für

Ausbildungszusammenhänge. Die Vorstellung, dass ich die Dinge nicht nur an meinem Schreibtisch entwickle, sondern im Kontakt. Und zwar sowohl im Kontakt mit dem biblischen Text als auch mit mir, mit dem mich umgebenden Leben und mit der Situation selbst, der Performanz. Insofern würde ich diesen Stachel noch nicht wegbiegen und sagen: In anderen Situationen muss man sich vorbereiten und wiederum in einer weiteren Situation noch anders sein. Eigentlich gilt das für jede Verkündigungssituation.

Die Internationalität ist noch mal ein spezifischer Aspekt. Und trotzdem, wenn ich an unsere Erfahrungen im Sommer mit der *Societas Homiletica* denke: Die Lesungen von Menschen in fremden Sprachen, bei denen man im Grunde kein Wort verstand, auf der semantischen, der reinen Wortebene, auf einer anderen Ebene aber doch ganz viel verstand. Das würde mich hier in diesem Kreis interessieren. Also wie kann man für Ausbildungszusammenhänge diese Art von Durchlässigkeit und Resonanz üben?

Sagert: Bildet ihr euch untereinander aus? Also wenn jüngere Brüder kommen und bestimmte Dinge lernen von den älteren, Verhaltensweisen im Leben, aber auch theologisch bestimmte Grundlagen. Fangen Sie gleich an, Bibeleinführungen zu geben? Oder gibt es eine bestimmte Vorbereitung?

Richard: Die jüngeren Brüder waren alle in den letzten Jahren bei den Treffen dabei und haben Bibeleinführungen von der anderen Seite mitbekommen. Und dann geht es ziemlich schnell, dass sie in den Gruppen der 15- bis 16-Jährigen die Einführung machen. Sie sind ja auch vom Alter her am nächsten dran. Aber es ist natürlich nicht dasselbe: Die 15- bis 16-Jährigen, die 17- bis 18-Jährigen und dann bis 25 usw.

Wir haben bemerkt, dass es wichtig ist für diese Arbeit, dass wir sie ein wenig aufteilen. Aber wenn die Brüder sich vor dreihundert 15- bis 16-Jährigen hinstellen müssen und ihre Aufmerksamkeit erlangen bzw. sie ruhig kriegen müssen, dann merken sie, wie wichtig es ist, sich gut vorzubereiten. Und dann kommen Fragen. Die Fragen von den Jugendlichen motivieren wiederum, nachzulesen, selbst weiter nachzufragen.

Und was ich noch hinzufügen möchte: In Taizé ist uns ganz wichtig, dass niemand alles versteht, aber alle etwas verstehen können. Frère Roger sprach davon im Filmausschnitt. Das betrifft auch die Sprachen im Gottesdienst; es gibt kaum einen Gottesdienst, in dem alle alles verstehen. Und das bedeutet, niemand versteht alles. Vom Leben, von sich selbst. Aber alle können etwas verstehen. Das ist uns sehr wichtig.

Frage aus dem Publikum: Da will ich gerne noch einmal anknüpfen. Gestern Nachmittag waren wir im Gespräch mit einem Literaturwissenschaftler. Aus der Perspektive der Literaturwissenschaft ist eigentlich das Nichtverstehen das Interessante: Brüche, Widersprüche, die offenen Stellen. Das, was nicht zusammenpasst, erregt die Aufmerksamkeit. Beiden Zugängen ist das Lesen gemeinsam, das aufmerksame Lesen. Bei Ihnen höre ich, es geht auch um Verstehen. Handelt es sich dabei um eine besondere Art von Verstehen? Also so etwas wie ein persönlicher Sinn, der auch eine Frage sein kann? Was heißt Verstehen für Sie selber und für die Gemeinschaft der Brüder?

Richard: Beim Verstehen in diesem Sinn, da geht es um mich. Wenn in manchen Bibeltexten ein Gebot steht „Liebe deinen Nächsten wie dich selbst" ist klar: Ich soll das erfüllen. Aber es gibt Geschichten, die sich in unserem Leben erfüllen. Auf einmal merkt man, es geht um etwas in dieser Geschichte. Sie hat mich beschäftigt oder betroffen. Wir möchten erreichen, dass die Menschen, auch wir selbst natürlich, darauf kommen. Das hängt mit Verstehen zusammen, aber nicht in dem Sinn, eine Schlussfolgerung zu ziehen, sondern im Sinne von Betroffen-Sein.

Frage aus dem Publikum: Wäre das dann auch die Voraussetzung, mit der Sie Bibel lesen: Dass sich die Geschichte in mir erfüllt?

Richard: Ja, im Neuen Testament bei Matthäus erfüllt sich, was im Alten Testament geschrieben steht. Es geht darum, dass sich die Schrift in unserem Leben erfüllt. Die ganze, also Altes und Neues Testament. Nicht nur die Gebote, die wir erfüllen. Sondern das Heilsgeschehen erfüllt sich auch in uns, so wie ein alttestamentlicher Text sich im Heilsgeschehen von Christus erfüllt.

Frage aus dem Publikum: Mich interessiert die Stille. Und zwar besonders das, was die Stille mit der vorhergehenden Nicht-Stille macht. Ich habe als junger Pfarrer einmal angefangen, die Fürbitten in eine Stille auslaufen zu lassen. Ich habe dabei gemerkt, was diese eingefügte Stille mit der Nicht-Stille macht, nämlich dass ich mich sprachlich zurückgenommen habe, einfacher formuliert habe. Wenn wir unsere Predigten in Stille auslaufen lassen, was verändert sich formal, was verändert sich sprachlich? Was sind Ihre Erfahrungen? Was ändert sich durch Stille?

Richard: Das hängt mit dieser Erfahrung zusammen, dass niemand alles versteht, auch die Stille nicht. Das heißt, ich habe jetzt etwas gesagt in der Predigt und da gibt es noch viel anderes zu sagen. Der Heilige Geist spricht im Herzen von jedem. Darin liegt auch eine Art Demut, zu sagen, wir schließen das nicht ab, es bleibt etwas offen.

Frage aus dem Publikum: Ich hab mir gerade Frère Roger im Filmausschnitt noch einmal sehr genau angesehen und das hat mich beeindruckt. Er hat so was wie ein Charisma, eine unglaubliche Ausstrahlung. Dieses Charisma hat sicher maßgeblich dazu beigetragen, dass verständlich wurde, was er sagt. Nun scheint es gelungen zu sein, dass dieses Charisma sich auf die Brüder und die ganze Gemeinschaft übertragen hat. Ich habe den Eindruck, dass der persönliche Faktor dort in Taizé bei den Brüdern ganz wichtig ist. Gibt es denn Aufnahmeverfahren? Was ist das Geheimnis? Wie wird diese persönliche Überzeugungskraft gepflegt? Dabei geht es nicht nur um ein intellektuelles Vermitteln, es geht um mehr. Das haben sie zum Ausdruck gebracht. Gibt es Brüder, die Brüder werden wollen und man ihnen nahe legt, es nicht zu tun?

Richard: Ja, das gibt es. Also wir sind froh, dass es immer junge Leute gibt, die Brüder werden wollen. Andere Gemeinschaften haben sehr große Schwierigkeiten. Das ist nicht so selbstverständlich, sich ein Leben lang zu binden, auch in der Ehe nicht. Wir sind häufig sehr betroffen in Taizé von diesen Fragen, Beziehungsfragen, wenn Leute zu uns zum Gespräch kommen.

Es gibt keine äußeren Kriterien dafür, Bruder werden zu können. Es ist eine Art Geburtsprozess. Man wird hineingeboren in eine Familie. Und manchmal gelingt die Geburt nicht. Aber das ist auch nicht schlimm oder tragisch. Es gibt junge Männer, die ein, zwei Jahre als Brüder gelebt haben in Taizé. Und bevor es zum lebenslangen Engagement kam, haben sie oder auch wir gemerkt, dass es eine Qual ist. In Taizé leben wir wie eine Familie, nicht wie eine Organisation. Unsere Gemeinschaft ist eher etwas organisches, ein Leib. Auch die Kirche ist Leib Christi. Und in dem Sinn möchten wir, dass unsere Gemeinschaft ein Mikrokosmos der Kirche sein kann, wie Frère Roger immer sagte. Es wird vieles möglich, wenn man sich so gut kennt, zusammenkommt zu einem gemeinsamen Leben, und gleichzeitig über die ganze Welt verstreut ist.

Vielleicht noch ein Wort zu Frère Roger. Es stimmt, dass er eine große Ausstrahlung hatte. Aber er hat immer gesagt: Es geht nicht um mich, es geht auch nicht um Taizé, sondern es geht um Christus. Er hat oft von Johannes dem Täufer gesprochen. Der hat auf Christus hingewiesen.

Böse Zungen behaupteten, dass Taizé wohl keinen Bestand haben werde, wenn Frère Roger einmal nicht mehr da sein würde. Aber er hat immer gesagt: Es geht nicht um mich, es geht um Christus.

Frage aus dem Publikum: Mich hat eine Aussage von Frère Roger aus dem Film sehr angesprochen. Er sagte: niemandem unzugängliche Bibeltexte zumuten. Das ist ja nun ein diametral anderer Zugang zur Verkündigung, als das in unserem Regelwerk formuliert ist. Wie gehen Sie denn damit um, dass es unzugängliche Bibeltexte gibt? Versuchen Sie Zugang zu finden?

Richard: Es ist wichtig, diesen Satz von Frère Roger nicht so absolut zu sehen. Er meinte das in einem Zusammenhang, in dem Menschen nach Taizé oder in eine Kirche kommen und etwas hören möchten. Wenn man ihnen dann etwas zumutet, was vollkommen unverständlich ist, dann werden sie weggetrieben vom Evangelium, vom Glauben, oft für lange Zeit. Jesus hat wohl auch niemand etwas zugemutet, was unzugänglich war. Sondern er ist auf das Leben der Menschen eingegangen, die er vor sich hatte. In Taizé werden aber auch schwierige Bibelstellen besprochen. Sie werden nicht übergangen. Ich selbst bin immer wieder glücklich, wenn mir ein schwieriger Text auf einmal klarer wird, eine neue Sicht eröffnet. Jugendliche kommen mit der Bibel in der Hand auf uns zu, um uns Fragen zu stellen, die sie nicht verstehen oder die sie auch schockieren. Manchmal bleibt es einfach dabei, dass eine Schriftstelle unzugänglich bleibt – genauso wie wir auch nicht alles von anderen Menschen und nicht einmal von uns selbst verstehen können. Aber manchmal geschieht es auch, dass sich ein unzugänglicher Text beim Nachdenken, Studieren und im Austausch auf einmal öffnet und einem selbst und auch anderen ein unerwartetes Licht aufgeht. Um eine Lieblingsschriftstelle Frère Rogers zu zitieren: Das Wort ist „ein Licht, das da scheint an einem dunklen Ort, bis der Tag anbricht und der Morgenstern aufgeht in euren Herzen" (2 Petrus 1,19).

Perspektiven

Zu Zeiten der Reformation hatte die Predigt dafür zu sorgen, dass die rechte Lehre unter die Leute kommt. Dabei wurde die Predigt flankiert von der Bibelübersetzung Martin Luthers, den Chorälen und auch den Bildnissen von Lucas Cranach und anderen. Spielt heute die Lehre noch eine vergleichbare Rolle in der Predigt, oder hat zum Beispiel die Deutung von Erfahrung ihr den Rang angelaufen? Wohin wird gepredigt und was bewirkt sie? Kann sie Gemeinschaft stiften und, wenn ja, wie müsste sie beschrieben werden, in welchem „Sinnfeld" (Markus Gabriel) müsste sie Gestalt annehmen? Am Ende steht der Versuch einer Perspektive von Predigt im Übergang auf eine ihr entsprechende oder von ihr (hervor-) gerufene Gemeinschaft.

Dietrich Sagert

Predigt im Übergang

ἐγώ εἰμι ἡ ὁδὸς καὶ ἡ ἀλήθεια καὶ ἡ ζωή
„Ich bin der Weg und die Wahrheit und das Leben."

Als Olivier Messiaen 1931 mit 22 Jahren zum jüngsten Organisten einer Pariser Kathedrale ernannt wurde, musste er sich in die Begleitung der Gottesdienste und das liturgische Spiel erst einarbeiten. „Zu Anfang habe ich viel Bach gespielt, dann habe ich begonnen, darüber zu improvisieren, und über die Improvisation ist der Wunsch entstanden, bestimmte Momente festzuhalten, zu organisieren, schließlich zu komponieren."[1]

Auf diese Weise entstand sein erstes Orgelwerk aus dieser Zeit: „L'Apparition de l'Église Éternelle", die Erscheinung der ewigen Kirche. Sehr langsam zu spielen, besteht es aus Klangschichtungen, die zuerst ein hypnotisches Crescendo und dann, genau gespiegelt, ein Decrescendo bilden. Das Ganze ist auf einer rhythmischen Struktur (ein Jambus verbunden mit zwei gebundenen Longae) aufgebaut.[2]

Das Hin und Her geschichteter und rhythmisierter Klänge lässt sich als eine Technik des Überganges verstehen (vgl. Text 1). Aus der Improvisation geboren, ist es in diesem Stück Messiaens der komponierte Übergang, der die ewige Kirche erscheinen lässt. Der musikalische Gedankengang dieses Orgelwerkes von 1932 bildet in unserem Zusammenhang

---

1   Brigitte Massin/Olivier Messiaen, Une poétique du Merveilleux, Aix-en-Provence 1989, 65.

2   Vgl. Michel Roubinet in Begleitheft zu Messiaen par lui-même, Orgelwerke, 1992.

den klanglichen Hintergrund für die Frage, wohin, an wen eine Predigt im Übergang zwischen Kultur und Glauben sich richtet und was sie gestaltet. Kann Predigt, komponiert in der Dialektik des Überganges, Gemeinschaft erfahren lassen? Und wenn ja, ist eine solche Gemeinschaft nicht nur eine Versammlung von Zuhörern, sondern Kirche im Übergang? Wie könnte sie beschrieben werden als mögliche oder auch unmögliche Gemeinschaft von Menschen im Übergang? Kann von ihr gesprochen werden, oder muss man sie singen bzw. auf der Orgel spielen (vgl. Text 10)?

Wie ist eine solche Gemeinschaft denkbar? Eine solche Gemeinschaft im Übergang müsste sich unterscheiden von anderen Gemeinschaften, in deren Formen sie sich auflöst, mit denen sie sicher vermischt ist, hinter denen sie sich bestenfalls verbirgt. Sollte Kirche als eine Gemeinschaft im Übergang denkbar sein, so müsste sie anders entworfen sein als ein Staat, ein Ministerium, anders als das, was im bürgerlichen Telefonbuch unter Parteien, Vereine und Verbände erscheint. Sie müsste sich unterscheiden von sogenannten Gemeinschaften, deren Hauptinteresse sich in Mitgliederzahlen ausdrücken lässt.

Eine Spur: Zum letzten Reformationstag hat der Ratsvorsitzende der Evangelischen Kirche in Deutschland, Nikolaus Schneider, über etwas nachgedacht, was ungehört geblieben ist. Er sei bei aller Freude über reformatorische Freiheit und Vielfältigkeit zu der Überzeugung gelangt, dass man den vier reformatorischen Grundsätzen: allein Christus, allein der Glaube, allein die Gnade, allein die Schrift, einen fünften hinzufügen sollte: allein in der Gemeinschaft.

Was für eine Gemeinschaft wäre das? Sie wäre eine Gemeinschaft, die nur mit und wegen Christus existiert, in der es nur um Glauben geht, die allein aus Gnade zustande kommt und deren einzige Tätigkeit der Umgang mit der

Schrift ist. Sie wäre eine „neue Schöpfung", eine „gemeinsame Schöpfung".

Eine weitere Spur: Welche persönlichen oder politischen Motive auch immer es waren, die Benedikt XVI. dazu brachten, sein Amt niederzulegen; die zukunftsweisende Dimension seiner Geste ist die des Machtverzichts. Mit dem Machtverzicht hat Benedikt das Ende des konstantinischen Christentums bezeichnet. Die Zeit von Christentum als Herrschaft ist zu Ende, ganz gleich ob in seiner imperialen, landesfürstlichen oder nationalen Ausprägung.

Welche Veränderungen diese Geste langfristig nach sich ziehen wird, ist offen. Was kann sie schon jetzt für das Konzept von Gemeinschaft bedeuten?

Gehen wir auf Spurensuche außerhalb von „Kirche"[3]: Wenige Jahre nachdem Olivier Messiaen an der Kirche zur Heiligen Dreifaltigkeit in Paris auf der Orgel zu spielen begann und oben genanntes Stück komponierte, am Vorabend des Zweiten Weltkrieges und unter dem Druck des Faschismus, auch in Frankreich, fragte sich eine Gruppe junger Intellektueller in Paris, ob und inwiefern der Begriff Gemeinschaft überhaupt noch brauchbar sei. Faschistische und kommunistische Formen von Gemeinschaft stellten nicht nur reale Bedrohungen dar, sie okkupierten das Wort Gemeinschaft nachhaltig. Weitaus bedrohlicher noch, verschmutzten sie die mythischen, sakralen und religiösen Quellen und Ausdrucksformen (Mythos, Ritual, Initiation, Opfer, Ekstase) von

---

3   In größerem Rahmen müssten auch etwa der Kreis und Stefan George untersucht werden, der sog. Kreisauer Kreis, die Charta 77, Solidarność, das Neue Forum, aber auch Künstlergruppen und Künstlerkollektive. Im Kontext von Kirche müsste man Gemeinschaften genauer betrachten, die sich selbst als Zeichen der Gemeinschaft, bzw. als Ferment der Gemeinschaft, die die Kirche ist, begreifen.

Gemeinschaft. Sie benutzten diese für ihre politischen Zwecke und machten sie auf diese Weise grundsätzlich suspekt. Die realen Kirchen samt ihrer Verwicklungen in Herrschaft und Repression in Geschichte und Gegenwart machten der Gruppe um Georges Bataille[4] jeden direkten Anknüpfungspunkt an ihre Traditionen unmöglich.

Aus verschiedenen antifaschistischen Kampfbünden und kommunismuskritischen Zirkeln gründete sich schließlich die Geheimgesellschaft „Acéphale" und eine gleichnamige Zeitschrift. Ein jeder Teilnehmer des Experimentes bzw. der Erfahrung (das französische Wort *expérience* bedeutet beides) sollte seinem „Kopf entfliehen, wie der Verurteilte dem Gefängnis"[5] und die sakralen Dimensionen einer Gemeinschaft, die politisch und sozial dem Gebot der Stunde entsprachen, erforschen. „Sie bekämpften die nationalen, religiösen und rassischen Begrenzungen der sozialen Formen, um eine Wahlgemeinschaft zu entwerfen, eine Gemeinschaft, die sich nicht durch die Bindungen des Blutes und des Bodens definiert, sondern aus der Solidarität unter Menschen entspringt"[6]. Eine kleine Gruppe fand sich für kurze Zeit zu diesem Experiment zusammen (1936/37). Eine soziologische Studiengruppe sollte die Erfahrungen theoretisch begleiten und kontrollieren. Aus ihr ging das „Collège de Sociologie" hervor,[7] das in seinen Auswirkungen auf die Religionswissenschaft bzw. die Religionssoziologie nicht ohne Bedeutung bleiben sollte. Ein Kreis von Künstlern und Intellektuellen, unter ihnen auch deutsche Emigranten, von denen Walter Benjamin, dessen Dialektik der Passage wir

---

4 Vgl. Jean-Luc Nancy, Die undarstellbare Gemeinschaft, Stuttgart 1981, 40–60.

5 Georges Didi-Hubermann, Formlose Ähnlichkeit, München 2010, 314.

6 Rita Bischof, Tragisches Lachen. Die Geschichte von Acéphale, Berlin 2010, 11.

7 Denis Hollier (Hg.), Das Collège de Sociologie 1937–39, Frankfurt a. M. 2012.

schon kennen (siehe Text 1), der bekannteste ist, standen diesen Versuchen nahe.

Das bis heute mit Verschwiegenheit umgebene Experiment, dem es an Konflikten, Skurrilitäten und Verschrobenheiten nicht mangelte,[8] wurde schließlich von den Beteiligten als gescheitert betrachtet.[9] Menschliche Zerwürfnisse, Meinungsunterschiede, Rivalitäten nahmen überhand. Das Ergebnis des Experiments/der Erfahrung wurde folgendermaßen formuliert: „Acéphale" war „die Gemeinschaft derer, die keine Gemeinschaft haben"[10]. Dieser Gedanke ist hier nicht resignativ, moralisierend oder wertend gemeint, sondern ist der Ausgangspunkt von Reflexionen über Gemeinschaft. Was ist Gemeinschaft, wenn sie unmöglich ist? In dieser Frage kommt eine „negative Dialektik" als Dialektik des Übergangs zur Sprache. Versuchen wir, diese Frage einzugrenzen und den oben ausgelegten Spuren ein wenig nachzugehen:

Wie ist Gemeinschaft als neue Schöpfung, als Gemeinschaft ohne Herrschaft zu beschreiben? Als unmögliche Gemeinschaft, als Gemeinschaft derer, die keine Gemeinschaft haben? *Via negationis* stellen sich folgende Fragen:

Was kann Gemeinschaft anderes sein als Seinsgemeinschaft, Blutsgemeinschaft oder Volksgemeinschaft? Was kann Gemeinschaft anderes sein als das Aufgehen des Einzelnen, der seine Freiheit und sich selbst aufgibt, in einer homogenen, das Individuum in sich auflösenden, totalen bzw. totalitären Gemeinschaft? Was kann Gemeinschaft anderes

---

8 Vgl. Pierre Klossowski, Die aufgehobene Berufung, Berlin 2002.

9 Zu seiner philosophischen Aporie vgl. Giorgio Agamben, Das Offene. Der Mensch und das Tier, Frankfurt a. M. 2003, 14–17.

10 M. Blanchot, Die uneingestehbare Gemeinschaft, Berlin 2007, 9.

sein als eine Mitglieder-, Interessen- oder Zweckgemein-
schaft? Diesen Konzepten und Realitäten von Gemeinschaft
ist gemeinsam, dass sie alle sich selbst ins Werk setzten, sie
haben Substanz und Wert in sich, sind in sich abgeschlossen
und funktionieren über Einschluss oder Ausschluss. Beides
wird durch sie selbst bestimmt. In diesen Gemeinschaften
verwirklicht sich Gemeinschaft „als ihr eigenes Werk"[11].

Was kann eine Gemeinschaft also anderes sein als eine
Gemeinschaft, die sich selbst ins Werk setzt? Eine Gemein-
schaft, die nicht auf etwas ausgerichtet ist als auf ihr
Werk?

In den Reflexionen über Gemeinschaft, die an das Experiment bzw. die Erfahrung von Acéphale anknüpfen, in ihnen
aber lediglich ihren Ausgangspunkt nehmen, fällt ein Wort
befremdlich auf: *desoeuvrement*.[12] Es heißt aus dem Französischen übersetzt eine Tätigkeit einschließend: „Entwerkung",
und an einen Zustand erinnernd: „Werklosigkeit", kann aber
auch „Müßiggang" und „Tatenlosigkeit" bedeuten.

Eine „werklose" oder „entwerkte" Gemeinschaft. Sie lässt
sich mit zwei Wesensmerkmalen bezeichnen:

> „1)   Die Gemeinschaft ist keine beschränkte Form der Gesell-
> schaft, ebenso wenig, wie sie nach der kommuniellen Ver-
> schmelzung strebt.

> 2)   Im Unterschied zu einer sozialen Zelle untersagt sie sich,
> ein Werk zu schaffen, und sie hat keinerlei Produktionswert
> zum Ziel. Wozu dient sie? Zu nichts, wenn nicht dazu, den
> Dienst am Anderen bis in den Tod hinein gegenwärtig zu
> halten, damit der Andere nicht einsam zugrunde geht, son-

---

11 Jean-Luc Nancy, Die herausgeforderte Gemeinschaft, Zürich, Berlin 2007,
    25.

12 Siehe auch Jean-Luc Nancy, Die undarstellbare Gemeinschaft, 69.

dern sich dabei vertreten findet, wie er gleichzeitig einem Anderen diese Stellvertretung gewährt, die ihm zuteilgeworden ist. Die Stellvertretung im Sterben ist das, was die Kommunion ersetzt".[13]

Versuchen wir probehalber, die Kirche als werklose Gemeinschaft zu entwerfen. Wenn sie, die Kirche, keine beschränkte Form der Gesellschaft ist, dann grenzt sie also niemanden aus. Ganz im Sinne der Stellvertretung im Sterben, die jeden Menschen angeht, müsste sie für alle Menschen offen sein. Kirche wäre dann Gemeinschaft, insofern sie gegenüber allen Menschen eine Solidarität im Sterben praktiziert. In einem derart dem Tod eines jeden Menschen gezolltem Respekt zielt die *via negationis* auf den Respekt vor seinem Leben, als reinigende Umkehrung derer gedacht, die keine Gemeinschaft haben. Kirche wäre allgemeine, jedem Menschen in seinem Tode solidarische Gemeinschaft, geschenkt, umsonst. Als eine derartige werklose Gemeinschaft würde sie permanent traditionelle Begriffe samt in ihnen eingeschlossenen Erfahrungen und Vollzügen wie *caritas*, *gratia* und *donum* entwerken. Gemeinschaft wäre geschenkte Gemeinschaft der Liebe, umsonst.

Wenn Gemeinschaft nicht nach kommunieller Verschmelzung strebt, dann müsste sie ein „Zusammen-Sein", „Gemeinsam-Sein" oder „Mit-Sein", als Singulär-Plural-Sein erfinden und gestalten: „Fast ununterscheidbar vom ‚co' der *communauté* (Gemeinschaft), trägt es doch mit sich ein deutlicheres Indiz des Abstandes im Herzen der Nähe und der Intimität. Das ‚Mit' ist trocken und neutral: weder Kommunion noch Atomisierung, lediglich das Teilen eines Ortes, allerhöchstens der Kontakt: ein Zusammen-Sein ohne

---

13 Maurice Blanchot, Die uneingestehbare Gemeinschaft, 25.

Zusammenfügen."[14] Der Einzelne bliebe singulär, einzigartig. Jeder Impuls, eine(n) Einzelne(n) als Teil einer Menge oder Masse wahrzunehmen, würde umgangen. Im Gedankenbild von Jean-Luc Nancy besteht die einzige Gemeinsamkeit im Bindestrich. Ontologisch gesprochen „ist" Gemeinschaft nicht anders als im Bindestrich oder in der Präposition „mit" bzw. „co". Es bleibt immer die Spur eines Abstandes. Negativ gesagt bleibt die Spur des Todes. Und das ist ein eminent theologischer Gedanke, der direkt ins Herz dessen führt, was traditionell Taufe (Röm 6,3) und Abendmahl (1Kor 5,7) genannt wird, nur eben entwerkt: ohne organisatorischen Eintritt, ohne familiale Verwechslung, ohne bürgerliche Sozialisation, bevormundende Heilsverfügung oder gefühlige Zusammengehörigkeit im Sinne von Stärkersein-Als ...

Werke zu schaffen, Produktionswerte herzustellen, wäre nicht Aufgabe der Kirchen, ebenso wenig jegliche praktische Bewerkstelligung, die Erfüllung administrativer Zwecke, die politische Vertretung von Interessen. Zusammengefasst: Jeglicher Form von Herrschaft müsste sich die Kirche enthalten, um eine werklose Gemeinschaft zu werden.

Ohne den Begriff der Werklosigkeit zu gebrauchen, beschreibt Peter Sloterdijk die Transformationen von Gemeinschaft vom Volk Israel am Sinai an bis zur heutigen Situation der Kirchen als „Metamorphosen der Mitgliedschaft"[15]. Diese Studie kann in unserem Zusammenhang gelesen werden als Beschreibung von Entwerkung im Sinne eines Erwachsenwerdens sowohl des Einzelnen als auch der Gemeinschaft. Sloterdijk beleuchtet viele Aspekte der Werk-

---

14 Jean-Luc Nancy, Die herausgeforderte Gemeinschaft, 31, vgl. ders., singulär plural sein, Zürich/Berlin, 2005.

15 Peter Sloterdijk, Im Schatten des Sinai, Frankfurt a. M. 2013, 52 ff.

haftigkeit von Gemeinschaft und ihre Funktionsweisen im Laufe der Geschichte.

Auf einen problematischen Aspekt des Begriffes Werklosigkeit / *desoeuvrement* verweist Georges Didi-Huberman im Zusammenhang von Kunst und Kunstwerk.[16] Huberman entwickelt seine Untersuchungen zur Gemeinschaft am Begriff Volk/Völker anhand des künstlerischen Umgangs mit „Volk" unter dem Stichwort seiner Ausstellung bzw. Darstellung durch Statisten. In unserem Zusammenhang lässt sich Didi-Huberman als Übergang zur Denkfigur des „Volkes Gottes" lesen und bietet somit die Möglichkeit einer weiteren begrifflichen Entwerkung.

Unter dem Gesichtspunkt des Offenen und seiner Unzugänglichkeit betrachtet Giorgio Agamben eines der letzten Gemälde Tizians, das in Wien ausgestellte Bild „Nymphe mit Schäfer" und verankert *desoeuvrement* folgendermaßen:

> „Gewiss, die Liebenden erkennen in der Befriedigung vom anderen etwas, dass sie nicht hätten wissen dürfen – sie haben ihr Geheimnis verloren –, ohne deswegen weniger undurchdringlich zu werden. Aber in diesem gegenseitigen Verlust des Geheimnisses gelangen sie zu einem neuen und glückseligen Leben, das weder animalisch noch human ist. In der Befriedigung wird nicht die Natur erreicht, sondern, wie es das Tier symbolisiert, das sich neben dem Baum der Erkenntnis und des Lebens aufbäumt, ein höheres Stadium, das jenseits der Natur und der Erkenntnis, der Verborgenheit und der Unverborgenheit liegt. Diese Liebenden haben sich ihrer eigenen Geheimnislosigkeit als ihrem intimsten Geheimnis hingegeben, sie vergeben sich gegenseitig [...] Die Liebenden, die in der Befriedigung ihr Geheimnis geteilt haben, schauen

---

16 Georges Didi-Huberman, Peuples exposés, peuples figurants, Paris 2012, 100–111, insbes. 103.

auf eine menschliche Natur, die vollends untätig ist – die Untätigkeit und das desoeuvrement des Humanen und Animalischen als höchste und unrettbare Figur des Lebens."[17]

In diesem Bild spiegelt sich die unmögliche Gemeinschaft im *Hoc est enim corpus meum* der konkreten Erfahrung einer werklosen Gemeinschaft.

Mit Werklosigkeit oder besser mit der tätigen Übersetzung des französischen Wortes *desoeuvrement*: Entwerkung, ließen sich rhythmisch in Variationen immer wiederkehrende Transformationsbewegungen der Kirche analysieren und beschreiben. Sie sind bis heute vielleicht am anschaulichsten in der minoritischen Entwerkung des Heiligen Franziskus zu erkennen. Im protestantischen Protest gegen die Werkgerechtigkeit, der sich in dieser Linie lesen lässt, wird ebenso anschaulich, dass Entwerkung kein Automatismus ist, sondern Gefahr laufen kann, sich ebenfalls selbst ins Werk zu setzen. Dennoch kann der Impuls der Reformation als Entwerkung im Sinn des *sola gratia* verstanden werden. Heute müsste er mit dem Begriff der Gratuität aktualisiert werden. Gratuität heißt Absichtslosigkeit, Uneigennützigkeit, Selbstlosigkeit, ohne Zweck, Unentgeltlichkeit, also Umsonstigkeit (I. Illich), u. U. auch Erfolglosigkeit. Als heutige Übersetzung des *sola gratia* ist Gratuität theologisch im Sinne des groß- und freizügigen göttlichen Wohlwollens, also des göttlichen Gnadenhandelns begründet. „Ohne Erfolg" und „ohne etwas dafür zu erwarten" sind zwei Aspekte der Gratuität, die auch christologisch herausfordernd sind. In anthropologischer Hinsicht lässt sich mit Gratuität der „entscheidende Gesichtspunkt zur Bestimmung der Würde des Menschen

---

17 Giorgio Agamben, Das Offene, 5 f.

und seines Personseins"[18] beschreiben. Gratuität meint auch einen Sinn fürs Provisorium, Zutrauen in die schöpferische Kraft der Einfachheit und einen grundlegenden Respekt vor der Freiheit der/s Anderen. In unseren von Interesse und Zweck dominierten Gesellschaften stellte eine Entwerkung der Gemeinschaft, die Kirche genannt wird, ein Zeichen von politischer und ökonomischer Tragweite in der globalisierten Welt dar.

Seine eigentliche Kraft als werklose/entwerkende Tätigkeit entfacht der Begriff *desoeuvrement* allerdings erst, wenn man die in ihm verborgene Zeitstruktur heraus erarbeitet und sie in ihren entsprechenden Zusammenhängen interpretiert. Sie stellen Werklosigkeit oder Entwerkung direkt in die eingangs beschriebene Dynamik des Überganges. Zurückgehend auf die Experimente, die den Begriff *desoeuvrement* hervorgebracht bzw. angeregt haben, ergibt sich folgender Zugang:

> Das Experiment der Geheimgesellschaft „Acéphale" suchte nach Erfahrungen, die an den mythischen Grund von Gemeinschaft anknüpfen konnten. „Der neue Mythos, mit dem Bataille und einige seiner Zeitgenossen experimentieren, setzt zwar so wenig wie die neue Mythologie bei der Vergangenheit an; wohl aber bei gewissen geschichtlichen Tatsachen, die symbolträchtigen Charakter haben. Diese Fakten spielen in ihm in etwa dieselbe Rolle, die den Tagesresten im Traum zukommt. Beide sind an die Bedingung geknüpft, dass die Kontinuität zerrissen wird, das heißt, die Tatsachen werden nicht in ihren Zusammenhängen ergriffen, sondern aus dem Strom der Ereignisse isoliert und so kombiniert, dass sie blitzartig verborgene Bedeutungen enthüllen.[19]

---

18 O. Bayer, Nur ein Zellhaufen? Die Zeit, 2000/01.

19 Rita Bischof, Tragisches Lachen, 94.

Der Obelisk auf der *Place de la Concorde* in Paris diente Bataille als Kristallisationspunkt des neuen Mythos und der ihm innewohnenden Zeiterfahrung. Diese konkretisiert sich

> „in der Konfrontation zweier Zeiterfahrungen [...], die entgegengesetzter gar nicht sein könnten: auf der einen Seite die Flucht vor der Zeit, die zu monumentalen Konstruktionen führt, deren Dauer die verderblichen Wirkungen der Zeit aufzuheben verspricht; auf der anderen die ‚heraklitische Welt der Flüsse und Flammen', die innerhalb der historischen Welt fortbesteht und bisweilen mit der Gewalt eines Vulkans hervorbricht" (Ebd.).

Die Zeiterfahrung des neuen Mythos nach Bataille hat eine frappierende Nähe zur Zeitkonstruktion des „dialektischen Bildes" von Walter Benjamin: „Ursprung, wiewohl durchaus historische Kategorie, hat mit Entstehung dennoch nichts gemein. Im Ursprung wird kein Werden des Entsprungenen, vielmehr dem Werden und Vergehen Entspringendes gemeint. Der Ursprung steht im Fluss des Werdens als Strudel und reißt in seine Rhythmik das Entstehungsmaterial hinein."[20] Diese Denkfigur von Walter Benjamin war uns schon als Figur einer Dialektik des Überganges begegnet. Ihre Zeitkonstruktion wird in folgender Paraphrase noch deutlicher: „Das dialektische Bild ist jenes Bild der Vergangenheit, welches mit der Gegenwart eine blitzhafte und augenblickliche Konstellation bildet, so dass jene Vergangenheit nur in dieser bestimmten Gegenwart verstanden werden kann, weder vorher noch nachher".[21]

---

20 Walter Benjamin, Ursprung des deutschen Trauerspiels, Frankfurt a. M. 1978, 28, vgl. Georges Didi-Hubermann, Formlose Ähnlichkeit, München 2010, 267.

21 Rainer Rochlitz/Walter Benjamin, Une Dialectique de l'Image, zitiert nach Georges Didi-Huberman, a. a. O., 168.

Nun ist die Konzeption des dialektischen Bildes bei Walter Benjamin nicht strikt auf Bilder begrenzt. Sie bezeichnet alles, was diese Konstellation eines Augenblickes der Vergangenheit und eines Augenblickes der Gegenwart erfahren lässt. In ihrer zeitlichen Konstruktion decken sich neuer Mythos und dialektisches Bild. Sie liegen als Schichtungen einer Denkfigur aufeinander. Für unseren Zusammenhang zielführend ist eine weitere Schichtung dieser Art, die sich mit dem Bild der Geschichte herstellt, das Walter Benjamin in seinen testamentarischen Thesen *Über den Begriff der Geschichte* formuliert.[22] Wie führt uns diese Zeiterfahrung zur Gemeinschaft im Übergang als eine werklose Gemeinschaft, gar zur Kirche als werkloser Gemeinschaft?

Im ersten Clemensbrief an die Korinther, einem der ältesten kirchlichen Dokumente, wendet sich die „in Rom weilende Kirche Gottes" an die „in Korinth weilende Kirche Gottes". Der Autor des Briefes verwendet, um Das-am-Ort-Weilen auszudrücken, nicht das griechische Wort, das einen ständigen, festen Wohnsitz bezeichnet, sondern im Gegenteil, er schrieb *paroikein*, das Wort für „den vorübergehenden Aufenthalt des Exilanten, des Kolonisten oder des Fremden". Es bezeichnet den „Aufenthalt des Christen auf Erden und seine messianische Zeiterfahrung". Im Ersten Petrusbrief (1,17) wird es zu einem *terminus technicus* und bezeichnet die Zeit der Kirche, *paroikia*. „Das Wort ‚Aufenthalt' sagt nichts über dessen Dauer aus; Gleich ob der Aufenthalt der Kirche auf Erden Jahrhunderte oder – wie es tatsächlich der Fall ist – Jahrtausende währt, an der eigentüm-

---

22 Giorgio Agamben, Die Zeit, die bleibt, in: Kommentar zum Römerbrief, Frankfurt a. M., 158 f.

lichen Natur ihrer messianischen Zeiterfahrung ändert dies nichts."[23]

> „Es handelt sich weder um die ununterbrochene, endlose Linie der chronologischen Zeit (die zwar dargestellt, aber nicht erfahren werden kann), noch um den unvorstellbaren Moment des Endes. Ebenso wenig kann man sie als den Zeitabschnitt denken, der sich von der Auferstehung bis zum Ende der Zeit erstreckt. Wir haben es vielmehr mit einer Zeit zu tun, die in der chronologischen Zeit wächst und drängt und sie von innen bearbeitet und verwandelt. Einerseits ist sie die Zeit, die die Zeit benötigt, um zu enden, andererseits ist sie die Zeit, die uns bleibt, die Zeit, die wir benötigen, um die Zeit zu beenden, um mit der gewohnten Zeitvorstellung abzuschließen, uns von ihr zu befreien. Als Zeit, in der wir zu sein glauben, trennt sie uns von dem, was wir sind, und macht uns zu ohnmächtigen Zuschauern unserer selbst. Die Zeit des Messias hingegen ist als operative Zeit, in der wir zum ersten Mal die Zeit begreifen, die wir selber sind. Und diese Zeit ist keine andere Zeit, keine in einem unwahrscheinlichen Jenseits oder der Zukunft angesiedelte Zeit, sondern die einzig wirkliche Zeit, die Zeit, die wir haben. Die Erfahrung dieser Zeit verwandelt unsere Lebensweise, uns selbst von Grund auf."[24]

Paulus nennt diese Zeit die „Jetztzeit": „Jetzt ist der rechte Augenblick, jetzt ist der Tag des Heils" (2 Kor 6,2). „Der Aufenthalt des Fremden und die Anwesenheit des Messias haben dieselbe Struktur [...] eine Anwesenheit, die die Zeit dehnt, ein schon, das auch ein noch nicht ist, eine Verzögerung, die kein Verschieben auf später ist, sondern ein Sprung, ein Bruch in der Gegenwart."[25]

23 Giorgio Agamben, Kirche und Reich, Berlin 2012, 9–11.
24 A. a. O., 17 f.
25 A. a. O., 23.

Diese Zeitkonstruktion, dieser Sprung bei Paulus entspricht nicht nur genau der blitzhaften oder vorbeihuschenden Zeitkonstellation bei Walter Benjamin (vgl. Text 1). Überraschenderweise hat Walter Benjamin sie bei Paulus gelernt.[26]

Von dieser Zeitdynamik aus müsste eine Gemeinschaft des Überganges erfunden und gestaltet werden. Eine Gemeinschaft des Überganges wäre eine werklose Gemeinschaft, deren werklose Tätigkeit in ihrer rhythmischen Entwerkung besteht. Sie müsste als eine singulär plural gestaltete Gemeinschaft gelebt werden, als Gemeinschaft, die sich nicht ins Werk setzt, sondern werklos tätig ist.

Was sind werklose Tätigkeiten? Werklose Tätigkeiten sind nicht „Arbeit", sondern „Untätigkeit". Untätigkeit wiederum ist nicht zu verwechseln mit „Trägheit", sondern im Sinne von *katargesis* – vom neutestamentlichen Wort *katargein*: aussaugen, wirkungslos machen, außer Kraft setzen, vernichten, beseitigen, ablegen, aufhören, vergehen, entbunden werden, loskommen – ist eine werklose Tätigkeit „eine Tätigkeit, in der das *Wie* das *Was* vollkommen ersetzt hat, in der das formlose Leben und die unbelebte Form in einer *Lebensform* zusammenfallen." Es kommt also nicht darauf an, was man tut, sondern wie man etwas tut.[27]

Neben dem oben skizzierten Dienst am Anderen bis in den Tod hinein sind das Tätigkeiten wie: glauben, taufen, essen, trinken, beten, lesen, singen, hören, denken, lieben ... eben Tätigkeiten, die überhaupt nur in besagter Zeitkonstellation sinnvoll sind und ansonsten absurd erscheinen. Predigen als werklose Tätigkeit zu denken, heißt „getreu erfinden" (Bruno Latour), sich Übergängen auszusetzen, wie dem

---

26 Vgl. Giorgio Agamben, a. a. O., 13 und ders., Die Zeit die bleibt, 153–162.
27 Giorgio Agamben, Die kommende Gemeinschaft, Berlin 2003, 105.

Übergang zwischen Kultur und Glauben, heißt, vom Leben als Übergang zu erzählen.

Olivier Messiaen folgte der richtigen Intuition, das Erscheinen der Kirche auf der Orgel erklingen zu lassen.

Die Autorinnen und Autoren

Alexander Deeg
Prof. Dr. theol., Professor für Praktische Theologie, Leipzig

Christoph Fleischmann
Diplom-Theologe, freier Journalist, Köln

Anne Gidion
Theologin, Pastorin am gottesdienst institut nordkirche, Hamburg

Thomas Hirsch-Hüffell
Theologe, Pastor am gottesdienst institut nordkirche, Hamburg

Angelika Hüffell
Theater- und Religionspädagogin, Hamburg

Jasmin El-Manhy
Theologin, Vikarin, Berlin

Kathrin Oxen
Theologin, Pfarrerin, Leiterin des Zentrums für evangelische Predigtkultur, Wittenberg

Dirk Pilz
Dr. phil., Publizist, Redakteur, Berlin

Frère Richard
Communauté de Taizé, Frankreich

Dietrich Sagert
Dr. phil., Referent für Redekunst/Rhetorik, Zentrum für evangelische Predigtkultur, Wittenberg

Martin Treml
Dr. phil., Religionswissenschaftler, Forschungsdirektor Institut für Literatur- und Kulturforschung, Berlin

Daniel Weidner
PD Dr. phil., Germanist, Komparatist, stellvertretender Direktor des Zentrums für Literatur- und Kulturforschung, Leitung des Forschungsbereichs Religion/Repräsentation und des Forschungsprojekts Tragödie und Trauerspiel, Berlin

Bo Wimmer
Poetry-Slammer, Marburg

Kerstin Wimmer
Theologin, Pfarrerin, Lund (Schweden)